国家出版基金项目
NATIONAL PUBLICATION FOUNDATION

王富仁学术文集

第三卷
中国现代文学论集（中）

王富仁 ◎ 著
李怡 宫立 ◎ 编

山西出版传媒集团
北岳文艺出版社
·太原

文学史与文学批评

关于文学史，我想谈三点意见。

一、只有相对稳定的文学史，没有终极性的文学史

"史"，在中国古代文化中有很高的地位。在中国古代文化中，"经"是皇帝，"史"就是宰相。"史"是辅佐"经"的，是国家意识形态的重要载体，所以每一个朝代都要修史。唐宋以后的"正史"都是钦定的，一旦修了，就不能轻易动，就要用权力维护这个历史的框架。因为维护这个历史的框架，就是维护了现行的政治秩序，维护了现实政权的安全。这种"史"的观念，到了"五四"之后，就发生了动摇。这种动摇是因为"五四"那代人的"史"的观念已经从中国古代"经""史"的固定关系中解放出来，重新找回了"史"的独立地位。实际上，这种独立地位，在司马迁的历史观念中就已经建立起来了，只不过到了后来，儒家的伦理道德占据了社会思想的统治地位，儒家的"春秋笔法"成了史家的固定笔法，"史"又成了"经"的附庸罢了。司马迁说他的《史记》是"究天人之际，通古今之变，成一家之言"。这"一家之言"，显然就是历史家之言，就是历史家的思想，它根本不等同于儒家的伦理道德思想，不等同于道家的哲学思想，不等同于法家的政治思想，也不等同于墨家的社会和平思想。所有这些思想学说，都只是社会性

的，而不是历史性的；都只是空间性的，而不是时间性的。它们是在静态中抽象出来的一种性质的规定，而不是在动态中表现出来的一种变动的力量、变化的轨迹。这种变动的力量，来自"天人之际"，来自自然现象与自然现象之间的矛盾运动、人与人之间的矛盾运动、人类与大自然之间的矛盾运动，所有这些，都成为人类历史变化的动力，从而构成了人类社会的历史变动，构成了"古今之变"。历史就是叙述这个"古今之变"的，历史家的思想也是在这个古今之变的历史中形成的。这样的历史，实际上就是我们现实的社会、现实社会的思想、现实社会的文化的一种历史地构成过程，也是我们每一个人在社会中成长和发展的文化基础。人类的现实社会就是通过这些历史的变动最终地造成的，并且还要发生各种不同的变化而向未来演化和发展；我们现实社会中的每一个人也是首先通过了解这个变化着的历史和历史上已经形成的知识和思想而获得自己成长和发展的基础的。它是我们存在的基础，也是我们创造的基础，没有从过往历史上接受过来的这一切，我们既没有能力在现实社会中生存，也没有能力创造自己的未来。只要从这个意义上看待历史，我们就会看到，历史不是，也不会只是某种思想学说的注脚，而是一个更加广阔、更加渊深的知识和思想的海洋。我们所书写的历史，只不过是赋予这个无限丰富、无限渊深的历史的一个相对固定的清晰框架，以便我们能够通过这个框架走进历史，并由此而触摸到它的那些更细微、更隐蔽的内容。这样的历史是相对的，而不是绝对的。正像只有一个相对稳定的宇宙演化史，而不可能有一个终极的宇宙演化史一样。

人类的或一个民族的社会历史是这样，一个民族的一个历史时期的文学史也是这样。只有一个相对稳定的文学史，而没有一个终极的、永恒正确的文学史。

为什么一个历史时期都有一个相对稳定的文学史，而没有一个终极的、永恒正确的文学史？因为只要能够构成一个独立历史阶段的文学史的文学现象，都是无限复杂、无限丰富的，没有任何一部文学史能够将其完全包含在自己的内部。并且所有这些文学现象，既能够互相发明，也可以互相遮蔽，我们不可能穷尽它，也不可能将其中任何一个有价值的侧面都放在同样一个显豁的位置上将其叙述出来并引起读者应有的注意。它总是相对合理的，而不是绝对合理的。"文革"前的中国现代文学史，突出了20世纪30年代的左翼文学，突出了鲁、郭、茅、巴、老、曹这些作家的成就，就相对遮蔽了像徐志摩、戴望舒、沈从文、张爱玲、张恨水这些非左翼的作家；"文化大革命"之后，我们重视了这些非左翼的作家，但同时也相对遮蔽了那些左翼作家。它们的合理性都是相对的，而不是绝对的。但是，尽管如此，在一个历史时期，文学史还是要有一个相对稳定的形态的，还是不能一天一变、因人而变的，不但因为一个历史时期的文学发展原本就是有一个基本形态的，另一方面也因为一个历史时期不同的文学史家之间也会有一个相对集中的认识，并不是没有任何纲纪可循的。在这里，我们应该着重强调一点，就是我们可以有"改革"的文学史，但不可以有"翻案"的文学史；可以有"改良"的文学史，但不可以有"革命"的文学史。所谓"改革"的文学史、"改良"的文学史，就是要随着社会的发展和研究的深入，对前代或别人撰写的文学史进行一番改革，以适应于当时的时代要求和新一代读者的口味，但不要将这种"改革"做成"翻案"，不要将这种"改良"做成"革命"。不要将前人或别人所肯定的，都变成自己所否定的；将前人或别人所否定的，都变成自己所肯定的。这在文学批评中是允许的，因为文学批评针对的是个别的对象，而文学史则是一个整体的结构。对个别对象的认识有可能发生根本性变化，而对一个整体结构的认识则不可能发生180度的大转弯。"文化大革命"结束后，在文学批评中充斥着大量的翻案文章，因为对过去那些被否定了的作家和作品，需要重新给以肯定性的评价，而对过去给以不适当吹捧的作家，则应当指出其失实之处，这叫作"拨乱反正"，具体表现为"翻案"文章。但对于"文革"前的中国现代文学史，则不存在一个"拨乱反正"的问题，因而也不可能有一部翻案文学史。将前人的文学史整个地"翻"过来，就不成其为一部文学史了。"革命"也是这样：有政治的革命、思想的革命、文学的革命，但没有文学史的革命。苏联十月社会主义革命之后的俄国文学史，写的还是普希金、果戈理、列夫·托尔斯泰、陀思妥耶夫斯基这些作家；五四新文化、新文学革命之后的中国古代文学史，还得写屈原、陶渊明，还得写李白、杜甫、白居易。永远不要企图由自己写出一部全新的中国现代文学史来。"文化大革命"之后,我们提出了"重写文学史"的口号,但"重写"不是"翻案",不是"革命",从那时开始,我们书写的中国现代文学史发生了很显著的变化,但这些变化都是局部的,而不是整体的。在整体上,我们现在的中国现代文学史与那时的中国现代文学史仍然具有同构性,在整体结构上是相通的。李何林、王瑶、唐弢那代学人所建立起来的中国现代文学史的框架不是绝对错误的,我们现在所使用的中国现代文学史的框架也不是绝对正确的。时代变了,我们的审美趣味变了,读者的阅读期待变了,我们的文学史也变了,但这个"变"是相对的,是有了变化,而不是完全变了。这些变化都有其合理性,但又不是完全合理的,并不是说以前的中国现代文学史就没有了自身的合理性。

注意到文学史的这个相对性,我们就会意识到,一部文学史,应同时具有三种合理性,而不能只有其中的一种合理性。这三种合理性是:历史的合理性、现实的合理性和未来的合理性。所谓历史的合理性,就是我们的文学史在历史上曾有的合理性,这种合理性往往是在我们前人撰写的文学史中最突出地表现出来的,它在我们看来已经不是最重要的,甚至是与我们的主观愿望和要求有矛盾的、有抵触的。但是,只要我们意识到我们的主观愿望和要求也不是绝对合理的,也只是在已经变化了的现实环境中产生的,我们就必须承认,我们前代人在他们自己的历史条件下曾经有过的那些愿望和要求,也不是没有合理性的,也是不能一概抹杀的,也是需要我们的理解和同情的。我们需要抛弃的,不是那些更有效、更有力地体现了前人的主观愿望和要求的文学作品,而是那些在现在看来,并没有真正有效、有力地体现了他们的主观愿望和要求的一些没有独创性的粗制滥造的作品,一些没有真情实感的滥竽充数的作品。例如在"文化大革命"前的文学史的写作中,我们的前辈更重视的是文学的革命性和战斗性,而我们这些经历过"文化大革命"或在"文化大革命"之后成长起来的新一代中国现代文学研究者,则对文学的革命性和战斗性已经没有像我们的前辈那样强烈的渴望,反而更加习惯于那些表现人与人之间的情感联系的作品。我们中的很多人,更喜欢周作人的小品散文而不喜欢鲁迅的杂文,更喜欢徐志摩的诗而不喜欢郭沫若的诗，更喜欢张爱玲那样的女性而不喜欢丁玲那样的女性……但是，我们却不能仅仅按照我们的这种审美趣味编写中国现代文学史，因为我们的审美趣味也是在这样一个特定的历史条件下形成的，也不是完全合理的，而我们的学术前辈的审美倾向尽管也不是完美无缺的，但也不是不可理解的。我们可以将我们的感受注入我们现在的文学史写作中去，但却不能用我们的感受完全取代他们的感受。我们的文学史应该成为内涵更加丰富的文学史，而不能仅仅用一种单纯性代替另外一种单纯性。

我们的主观愿望和要求往往表现为一种现实的合理性，它是我们在现实的历史条件下产生的。自然这些愿望和要求是我们在我们的历史条件下产生的真实的愿望和要求，它就有它的合理性，这种合理性也是应该得到体现的。如果我们明明感到一个作家是一个有成就的作家，一个作品是一部好作品，仅仅因为它不符合前代人的审美倾向或与权威性的观点相左，就不敢写到自己的文学史中去，我们就感觉不到我们的文学史的现实合理性了，我们的文学史也就没有新意，没有生命活力，甚至也没有存在的必要了。但是，这种现实的合理性要坚持，又不能仅仅咬住自己的合理性，从而排斥了所有其他的合理性。那样，我们就成了一些自私狭隘的人了，我们的文学史也成了残缺单薄的文学史了，因为人类历史并不是从我们这里开始的，也不会到我们这里结束，就是同时代的人，也是各有各的感受，各有各的愿望和要求的。我们的愿望和要求，只要是真实的，就是人类的一种愿望和要求，就是合理的，但它却不是人类唯一的愿望和要求，它的合理性也不是人类唯一的合理性。我们的思想需要更加丰富，我们的心胸需要更加开阔，我们的眼光需要更加远大，我们就必须更多、更深入地理解人类历史上曾经有过的那些同样有其合理性的愿望和要求，也就是要将历史的合理性尽量多地包含在我们的思想愿望之中。

所谓"未来的合理性"，就是我们的文学史不能仅仅具有历史的合理性，在历史上看来是有价值的；更不能仅仅具有现实的合理性，在现在看来是有价值的，同时还要有未来的合理性，在未来看来它仍然是有价值的。所以，我们文学史的功能，永远不能仅仅停留在为历史和现实的某项具体的社会任务服务的层面上，更不能受到这些历史事件的干扰和破坏。如果我们在抗日战争时期写的文学史仅仅是为了争取抗日战争的胜利，抗日战争胜利之后这部文学史就没有一读的价值了；如果我们在"反右派"的运动中写的文学史仅仅为了适应"反右派"斗争的需要，"反右派"运动过后这部文学史就不再是一部真实的文学史了。这样的文学史还能称其为文学史吗？这个问题，说起来非常简单，但真正实行起来，却是非常困难的。——在中国历史上，修史从来就不是一件多么轻松愉快的事情。

"文化大革命"结束后的这三十年，是中国现代文学史的写作得到繁荣发展的三十年。但我认为，时至今日，还有一简一繁的两种中国现代文学史是我们最缺乏的。其一是一部更加简明扼要的中国现代文学史，以适应大学中文系学生学习中国现代文学史的需要。这样的文学史不是需要较之以前的文学史更加全面、更加深入，而是需要较之以前的文学史更加简明、更加扼要。像鲁迅的《中国小说史略》一样，像杨周翰的《欧洲文学史》一样，将中国现代文学主要作家的主要作品按照时间脉络介绍给学生，并让学生将主要的精力放在阅读那些有代表性的作品上，而不是放在记忆中国现代文学的知识上。我们必须面对中国现代文学史相对经典化、中国当代文学史和海外华文文学史已经从中国现代文学史中独立出去、影视网络文化已经取代书面文化而成为流行文化的文学现实，当代中文系的大学生再也不可能像我们读大学的时候那样将中国现代文学作品既作为畅销书也作为专业知识来阅读。对于他们，即使钱理群等先生的《中国现代文学三十年》仍然是一个太庞杂的知识系统，我们应该影响他们将主要精力放在阅读那些需要阅读的文学文本上。与此同时，对于中国现代文学专业的硕士研究生、博士研究生和我们这些中国现代文学研究者，我们则需要一部较之现在的中国现代文学史更加详尽全面的《中国现代大文学史》。这样的文学史，需要像唐弢、严家炎先生编写的那套《中国现代文学史》那样，动用集体的力量来完成，最好将中国现代历史上各种不同的文学现象和文学作品，尽量详尽具体地集中展示出来，不要只有正面的而没有反面的，只有雅的没有俗的，只有新的没有旧的，只有"左"的没有"右"的，或者相反，只有"右"的没有"左"的，而要像全景式镜头一样将这个时代的文学全貌呈现在读者面前，以成为一个中国现代文学研究者在进入具体的课题研究时的较为充裕全面的知识基础。在我看来，我们现在的中国现代文学史，作为一般读者的阅读，显得太庞杂，他们并不需要知道中国现代文学作家及其作品的那么多的细节、那么多的观点，并不需要对中国现代文学作家的经历知道得那么详细、那么具体；而对于我们专门从事中国现代文学研究的人们来说，则又显得太不全面、太不严密，这也是我们的研究论文常常缺乏"度"的精确性而常常推向一个不切实际的极端的原因。

二、文学史是文学作品的历史

文学史是文学作品的历史，因有文学作品才有文学史，这原本不应该成为一个有争议的问题，因为它只是一个像说"石柱是石头的柱子"一样以同义反复形式对文学史下的最简单的定义，但因为文学作品又与诸多因素有密不可分的联系，所以在实际理解和运用"文学史"这个概念时才变得模糊起来。

文学作品是人创作的，所以就有了一个作者、作家的问题，我们的文学史也常常被写成为文学作家树碑立传的历史。但是，我们永远不要忘记，文学作家之所以被写进文学史，是因为他有文学作品，是因为他的文学作品应该被写到文学史之中去，如果他根本没有自己创作的文学作品，或有文学作品而这些文学作品没有写进文学史的价值，文学史也就没有将其作为一个文学作家来介绍、论述的必要了。在这里，还有一些特殊的情况，例如，像《精卫填海》《夸父追日》这样一些古代神话作品，我们永远不再可能知道它们的原作者是谁，但它们都是优秀的文学作品，所以我们还得将它们写到文学史之中去；再如，像王之涣的《登鹳雀楼》，在我们中国，是家喻户晓、妇孺皆知的一首好诗。对于我们，是因为这首诗而记住了王之涣，而根本不是因为王之涣才记住了这首诗。所以，对于我们文学史家，作品永远是第一位的，作家是因为他的文学作品才受到我们重视的。这到了杜甫这类作家的身上，似乎作者变得重要起来，但实际上，我们之所以要首先讲作者，是因为他一生写了很多好诗，要想对这些诗都有一个整体的更深入的感受和理解，必须知道他的生平和思想。所以，在这里，讲作家还是为了讲作品。如果他像王之涣一样，一生只有一首或几首传世之作，我们能够直接感受和理解他的作品的价值和意义，我们也就不必知道他的更详尽的生平经历了。历史上的人太多，每个人的一生都经历过太多的事情，记住太多与我们感受和理解文学作品无关的作家的事情，实在没有太大的必要。

从道理上讲，这原本是非常容易理解的，但到了实际的文学史写作中，这个事情实际上并不是那么容易处理的。在这里，更因为文学作家常常是当时社会上的公众人物，包括饮食起居、婚丧嫁娶在内的所有事情都颇受当时社会的关注，这对于我们更切近地了解一个作家当然是有帮助的，但也常常发生这样一些情况，即一个作家一生并没有创作出多么有价值的文学作品，绯闻轶事倒留下了不少，俨然成了一个名作家。文学史家也常常因为其有名、有"影响"，而不是因为其有作品、有好作品而将其写入文学史。另外一种情况则是因为作家研究成了我们文学研究中的一个独立的门类，我们常常自觉与不自觉地将其引申到与文学无关甚至相反的道路上去。这在文学史研究资料的搜集和整理中常常是难免的，但若具体到文学史的写作，就有了仔细分辨的必要。我们必须意识到，在我们的作家研究中，是有很多这类与文学研究无关甚至是有干扰功能的历史资料的，我们必须善于将所有这些无关甚至有干扰功能的历史资料同那些对于理解一个作家的文学作品有启示意义的有价值的历史资料区别开来。

文学作品是人创作的，而人则是有思想的，文学作品也是有思想的。我们的新文学就是在新文化、新思想的运动中诞生的，所以我们中国现代文学研究，特别重视思想性。这原本是一个很好的现象，是文学社会功能进一步加强的表现，是我们文学研究者的社会责任感进一步加强的表现。但在这里，也必须有一个区别，即文学的思想性，首先是文学作品的思想性，是从文学作品中自然流露出来的，而不是外在于文学作品的；是在文学作品之中流动着的一种生命的活力，而不是凌驾于文学作品之上的一种理性的教条。在我们的观念里，常常觉得好像是一种"思想"像赶着一群鸭子那样赶着一批作品在文学史上走，实际上，这种"思想"就不是文学作品的思想了。文学作品的思想，实际是一个作品有一个作品的思想。《狂人日记》有《狂人日记》的思想，《阿Q正传》有《阿Q正传》的思想；《雷雨》有《雷雨》的思想，《日出》有《日出》的思想。这种思想是由诸多数不清的思想元素以特定的形式在作品中现实地构成的，各有各的形态，各有各的内涵，不会重复，不会雷同，不会像一头死猪一样没有生命活力。这样的思想，是伴随着文学作品走的，是与文学作品共始终的。直至现在，我们仍然感到屈原的《离骚》是有思想的，陈子昂的《登幽州台歌》是有思想的。这样的思想，需要分析，需要解读，需要用心灵去感受和体验，因而也使文学史成为群星灿烂的夜空，是丰富多彩、变化万千的。所以，我认为，我们一定不要这样意识我们的文学史：好像我们的文学史只是由一个思想或几个思想流动而成的河流；而应当这样意识我们的文学史：我们的文学史是由无数闪着思想光辉的文学作品构成的满天星斗。所以，归根到底，文学史还是文学作品的历史，而不是思想的历史，更不是哲学的历史。

五四新文化运动之后，是西方社会思想，其中也包括西方的哲学思想大量输入中国的历史时期，因而我们也常常用西方的思想、西方的哲学解读中国现代文学作家的思想。毫无疑义，这些思想对中国作家都是有影响的，但这种影响并不说明一个文学作家的思想就与这些思想家、哲学家的思想是等同的了。这到了西方文化史上看得就更加清楚和明白。西方的文学作家，在接受西方思想家、哲学家的思想影响的过程中是更加直接、更加方便的，但是，列夫·托尔斯泰作为一个文学家的思想还是既不等同于沙皇的思想，也不等同于列宁的思想；既不等同于教皇的思想，也不等同于卢梭、康德的思想。一个文学家的思想就是他自己的思想，而不会完全等同于任何一个思想家和哲学家的思想。西方作家与西方思想家、哲学家的关系是如此，中国的文学家与中国思想家、哲学家的关系也是如此。

三、文学史与文学批评

文学研究向来有两条腿，一条是文学史，一条是文学批评。这两条腿是相互为用的，是你中有我、我中有你的，但它们又是两条腿而不是一条腿。这两条腿，在一条腿向前迈的时候，另外一条腿就要先停一停，就要先踏在地上；而在另外一条腿向前迈的时候，这条腿就要先停一停，就要先踏在地上。否则，我们的身子就不容易保持平衡了，就容易摔跟头了。

20世纪50年代，是建构中国现代文学史框架的历史时期，那时的中国现代文学研究者首先重视的是我们这个中国现代文学史的总体框架，文学批评是受到严格控制的，是不能想说什么就说什么，想怎么说就怎么说的。这个道理是不难理解的，因为文学史的框架，首先是要建立在一个相对确定的价值体系之上的，是要以这样一个价值体系分出优劣、高下、主次乃至正反两个方面的。文学史是要有统一性的，不能婆说婆有理，公说公有理，各行其是，没有一个相对统一的价值体系的。所以，在那时，首先确定的不是文学批评自身的原则，而是文学批评的共同标准，这个共同的标准实际就是那时所建立的文学史框架的要求。在那时，你是不能说喜欢沈从文的小说而不喜欢鲁迅的小说的，是不能说喜欢徐志摩的诗而不喜欢郭沫若的诗的。因为在这个文学史的框架里，他们的关系是不能颠倒过来的。一旦颠倒过来，莫说中国现代文学史，就是我们中国现代文学这个学科，也是无法得到整个社会承认的。这不是一个理论的问题，而是一个实践的问题；不是一个文学的问题，而是一个社会的问题。在当时，中国现代文学学科只能以那样一种形式诞生出来，中国现代文学史也只能以那样一个文学史的框架而存在。

但是，一旦有了一个相对固定的文学史框架，一旦有了一个相对统一的中国现代文学史的教材，文学史就要先停一停了，就不要一天一改、一天一变了。在这时，文学批评就变得相对重要起来了。实际上，文学批评更是体现研究者个人的文学感受和理解的，自然文学史已经有了一个相对固定的文学史框架，这就说明研究者已经对其中一系列主要的问题有了一个相对集中的认识，至少那些文学史的编写者是承认这个总体框架的合理性的，是有他们自己的文学感受和理解做根据的，不是人云亦云的，不是别人一有异议就会改弦易辙的。必须看到，文学史是有自己的力量的，因为不但文学史教材的编写者都是在一个学科范围内有权威性的专家和学者，而且它的出版和发行都是在国家和国家法律的许可范围内进行的,因而也是有着更广泛的信任度的,是能够让更广大的文学史阅读者或教材使用者放心接受的。在任何一个历史时代,人们都是首先通过文学史建立起对这个学科范围内的文学作家的文学作品的基本观点和基本印象的,因而文学史上的观点能够得到更广泛的传播,有着更深厚的社会基础。而文学批评则是一些个人的感受和理解,个人的研究成果,并且主要是在本专业研究者内部进行交流的。所以,一旦有了一个相对固定的文学史框架,就不必担心不同的人有不同的观点了,就不必担心有人喜欢沈从文的小说而不喜欢鲁迅的小说了,就不必担心有人喜欢徐志摩的诗而不喜欢郭沫若的诗了,因为这些与文学史框架的要求不同的观点,充其量只是将自己的不同意见充分表达出来罢了,充其量只是将沈从文、徐志摩的文学作品的意义和价值充分揭示出来罢了。它们对文学史这个整体框架的影响作用只是局部的,最大的影响也只有对现行文学史有局部的充实和微调的作用,只有相对改变人们对沈从文、徐志摩这些在文学史上没有受到充分重视的作家作品的认识作用,而在一般情况下,是不可能从根本上改变人们对鲁迅、郭沫若这些在文学史上已经得到了更充分论述的作家的认识的。因为在文学上,人们可以喜欢上一首过去并不喜欢的诗,但绝不会不再喜欢一首过去已经喜欢上了的诗;人们可以由认识不到《红楼梦》的文学价值到认识到《红楼梦》的文学价值,而不会从认识到杜甫诗的文学价值而到认识不到杜甫诗的文学价值。与此同时,文学批评是个人化的、多样化的,自然有不同意见的发生,现行文学史的编写者和同意现行文学史观点的研究者同样会以研究者个人的身份参加到文学研究的行列之中去,从而以平等的姿态与持有不同意见的批评者进行讨论和辩驳。总之,文学史的力量是强大的,它像一个堤坝一样阻挡着文学批评的潮水的一次又一次冲击,并在这种冲击中发生着渐进性的更加丰满充实的变化。

文学史的力量是强大的,但文学史又永远只是一个粗略的框架,而不可能穷尽对其中任何一个文学作家的任何一个文学作品的认识;它是被文学史家精心挑选和组织起来的这个学科的文学知识和思想,而不是这个学科知识和思想的全部;因而它也只是人们进一步学习、探讨和研究的基础,而不是这个学科研究活动的终结形式。在文学史框架的基础上展开更广泛和细致的阐释、分析、讨论和研究,就成了这个学科学术研究的主体内容,而所有这一切,都是在文学批评的范围内进行的。没有文学批评的繁荣发展,任何一部文学史都无法独立地支撑起这个学科的研究活动,甚至也无法独立地支撑起自己,因为文学史本身也是建立在此前文学批评活动的基础之上的。这样,文学批评自然就不能仅仅以文学史框架的要求为其标准了,就不能处处都符合当时文学史上的结论了,就要以批评者自己的真实感受和理解为基础了。因为只有这样,人们才能实际地、深入地进入这个文学史上的文学世界之中去,并将其中更丰富、更具体、更隐蔽的价值和意义充分发掘出来。一部文学史是要有一个相对统一的文学价值体系做基础的,是要有共同认可的价值标准的。而文学批评则是完全自由的,因为文学批评发表的只是个人的意见、个人的观点和个人的研究成果。它是争取别人的理解和同情的,而不像文学史一样是要求别人的一致同意和支持的。但也正是因为如此,文学批评才是远比文学史更加灵活、轻捷的文学研究的方式,才会得到持续的繁荣和发展,从而也给文学史的写作不断注入新血液。在20世纪50年代,也讲"百花齐放、百家争鸣",也鼓励大家畅所欲言、各抒己见,但当时的文学批评的标准就是当时那个文学史框架的固定要求,就是文学史上已经做出的那些现成的结论,有些"花"就不能放了,有些"家"就不能鸣了。一切都有了结论,文学就不用研究了。那时的情况是,只要文学史上说好的,你就得说好;文学史上说不好的,你就得说不好。一般人是没有批评文学史的权利的,只有那些有更高社会地位的人,才会对文学史上的观点提出批评,而一旦有了批评,文学史家就得重新修史。文学史改过来了,我们这些普通的研究者就又没有话可说了。所以那时的文学批评,实际并不是真正的文学批评,并不是批评者个人对文学作家的文学作品的真实感受和理解,而只是为了强化文学史上的那个固定框架的,是为了强化文学史上已经做出的那些现成结论的。在那时,有了文学史,但正常的文学批评没有开展起来,文学批评这条腿没有迈得出去,只靠文学史这条腿,像单腿跳,来一个政治运动就改一次,天天改,改到后来,文学史就不成其为文学史了,就只剩下一些文学的口号了。

文学史与文学批评

"文化大革命"结束后的中国现代文学研究,实际是从文学批评的繁荣开始的。那时的中国现代文学研究,虽然也是在原来的文学史框架的基础上展开的,但那时发展起来的是作家论和作品论,重视的是研究者个人的感受和理解,在其根本的意义上更属于文学批评,而与修史是没有直接等同的关系的。此后的发展,更是任马由缰,可谓新潮迭起,变化万千,各种"奇谈怪论"都出现了。这在文学批评的意义上,是完全正常的,但对于文学史的写作,却平添了许多根本无法克服的困难。实际上,这时的文学史,是需要等一等的,是需要停下来看一看的,因为在各个人都有各个人的研究重点,各个人都有各个人不同的观点和见解,还没有得到更充分的交流,还没有取得更多共识的时候,是很难建立起一个相对统一、相对固定的文学史框架的。这就是为什么从那时开始,出现了多套中国现代文学史,就其中每一套,实际都比王瑶、丁易、刘绶松、唐弢等主编的中国现代文学史有了更丰富的内容和更新颖的观点,但就其影响的普遍性却远不如他们的文学史。在这个文学批评空前繁荣的时代,一人难调众人口,是很难有人将这么多彼此不同的倾向和观点统一在自己的一部文学史之中的,不但我们的文学史家在中国现代文学研究领域已经不具有李何林、王瑶、唐弢等学术前辈那样的个人权威性,而且我们中国现代文学学科也不再具有那时的中国现代文学研究学科在整个中国社会中的权威性。必须看到,文学史是要有一点权威性的,它起到的是统一人们的思想的作用,起到的是给那些不知走哪条路好的人做定盘星的作用。

但是,这并不是说我们的文学研究将永远停留在文学批评的时代,永远不再可能编写出一部能够受到国人普遍重视的中国现代文学史来。但我认为,那样一个历史时期还没有正式到来。到那时,不论什么原因,也像20世纪50年代初的中国现代文学研究者一样,经过一段龙争虎斗的文学批评阶段之后,个人创新的愿望又重新被统一的愿望所代替。在那时,就会有一种集体的力量,将当时那些有影响力的中国现代文学研究者组织起来,并给以充分的时间和经济的支持,使他们静下心来,将最近几十年中国现代文学研究界发生的变化进行一番细致的梳理,然后再以在他们之间取得的共识为根据,重新建立起一个在当时看来更加合理的文学史框架，并以此编写出一部或几部新的中国现代文学史来。

但在此后，还得有文学批评，还得有主要立于个人立场上的文学欣赏和文学研究。

在此之前，我认为，我们每个人，或每个学校或地方，可以根据自己的实际需要编写适用于自己科研和教学用的中国现代文学史。但这样的文学史，不要有统一全国文学史的奢望。

原载《学术研究》2014年第3期

中国现代文学批评略说

一

在中国当代文化界，以各种不同的形式实际地、具体地从事过或从事着文学批评活动的人已经为数甚多，但我认为，在这些为数甚多的从事过或从事着文学批评活动的人之中，却很少有人思考过文学批评的这样一个基本问题："什么是文学批评？文学批评到底是做什么的？"

"什么是文学批评？"这个问题似乎很容易回答：文学批评就是对文学及其具体文学作品、文学作家的批评，但这是仅就文学批评的对象而言的。如果仅仅从这个文学批评的对象出发，我们很容易形成这样一种印象，即越是那些伟大的文学批评家，对同样一个作家、同样一部文学作品的感受和认识越是相同的，因而他们对文学也有更加相近的观念，所谓"英雄所见略同"。但是，显而易见，这是与古今中外文学批评的实践不相吻合的。人类文学批评实践的历史证明：越是在那些伟大的文学批评家之间，越是存在着更加深刻的矛盾和分歧，并且往往流传至今，成为我们当代文学批评者之间各种具体矛盾和分歧的内在根据和历史渊源。实际上，上述的回答遮蔽了另外一个同样关键的问题，即文学批评是"谁的批评"的问题。我认为，正是在"谁的批评"这个问题面前，我们常常终止了我们的思考。我们在下意识中就常常认为，文学批评就是那些文学批评家的批评。但是，这个回答等于什么也没有回答，犯的是同义反复的毛病，因为它并没有回答文学批评家到底是一些什么样的人，因而也没有回答文学批评家的批评到底是一些什么样的人的批评的问题。只有当我们进一步追问"文学批评家是一些什么样的人""文学批评是一些什么样的人的批评"的问题的时候，我们才算真正打开了"文学批评"的大门，一系列关于文学批评的问题也正是在这扇大门被打开之后才会清晰地显现在我们的面前。文学批评是谁的批评？在这时，我们几乎只有一种回答方式：文学批评是文学读者的批评。文学批评不是文学创作，文学批评家不是文学创作家；文学批评家首先是文学的读者，他读了文学创作家创作的文学作品，有所感，有所思，需要表达，也能够表达。这种表达就是我们所说的"文学批评"。

只要意识到"文学批评是文学读者的批评"，我们就会意识到，不论在我们实际的文学批评活动中有多少人真心诚意地将自己的文学批评活动视为对文学作家文学创作活动的指导和帮助，起到的是为文学创作家分辨优劣、指点迷津、进而为他们的文学作品厘定等级的作用，我们都无法改变这样一个基本的事实：文学批评首先表达的是一个文学读者对其批评对象的感受和认识，体现的是他自己的文学观念，使用的是他自己认为确当的批评标准。也就是说，在其最根本的意义上，文学批评不是为文学创作家的文学创作而存在的，而是为文学读者的自我表达而存在的；这种表达首先实现的是文学读者与文学读者之间的交流，而不是文学批评者与文学作家之间的直接交流（如果文学批评家的文学批评仅仅是为了与文学作家的直接交流，他给作家写封信就可以了，不必在刊物上公开发表出来）。实际上，我们批评的绝大多数文学作家和文学作品，特别是中外历史上那些经典的文学作家和文学作品，早已是定型的、不可移易的，文学批评家的文学批评活动对这些作家的文学创作已经起不到指导和帮助的作用。与此同时，文学批评家未必都是文学创作家，即使文学批评家同时也有自己文学创作的经验，他的文学创作经验归根到底仍然只是自己的经验，对另外一个文学创作家未必具有指导的意义。文学崇尚独创，独创性的作品可能受到别人的启发，但却不可能接受别人的指导。总之，在其最根本的意义上，文学批评不具有对批评对象的指导意义，它首先不是为文学创作家的文学创作而存在的，而是为文学读者的自我表达而存在的。——文学读者通过文学批评表达了自己对文学及其具体的文学作家、文学作品的感受和认识。

"文学批评是文学读者的批评"，说明文学批评本身就具有广泛的社会性质，不仅仅是"文学的"（"文学性质的"）批评。文学作品也有广泛的社会意义，但不论文学作品具有多么广泛的社会意义，但就其自身的性质仍然只是"文学的"；不是"文学的"，就不是文学作品了，人们对它的批评就不是文学批评了。文学批评则不然。同样一部《红楼梦》，社会各阶层的人都有可能阅读它，这就为从各种不同的角度感受和理解《红楼梦》提供了可能性，同时也为从各种不同的角度评论《红楼梦》提供了可能性。也就是说，"文学批评"是对文学及其文学作家、文学作品的批评，但却不一定是"文学的"（"文学性质的"）批评，不一定是立于文学家立场上的批评。政治家可以立于政治家的立场上感受和理解一部文学作品，军事家可以立于军事家的立场上感受和理解一部文学作品，社会学家可以立于社会学的立场上感受和理解一部文学作品，民俗学家可以立于民俗学的立场上感受和理解一部文学作品，这都无不可，也都属于"文学批评"。正像"政治"是一个民族全体国民的政治，其影响可以扩及全人类，任何一个人都有从自己的角度对政治家的政治活动进行批评的权利，"文学"也是一个民族全体国民的文学，其影响可以扩及全世界，任何一个人都有从自己的角度对文学作家和文学作品进行批评的权利。正是在这样一种广泛的文学批评活动中，扩大了文学作品、特别是那些优秀文学作品的社会影响力，不断地发现或发掘出文学作品、特别是那些优秀的文学作品的内在潜力，文学读者也通过广泛的交流不断提高着自己的文学鉴赏的能力和思想洞察的能力。文学作家的收益往往不是在文学批评家的直接批评中获得的，而是在文学批评所构成的这种文学的氛围中得到启发的。也就是说，文学读者不都是从事文学创作或准备从事文学创作的人，他们有从各种不同的角度感受和理解文学作品的自由，因而也有从各种不同的角度对文学作品进行批评的自由。

在这个意义上感受和思考中国现代的文学批评，我认为，在总体上，它可以被分为三个大的类别：其一是以毛泽东为代表的政治批评，其二是以鲁迅为代表的人生批评，其三是以梁实秋、朱光潜、李长之、李健吾等诸多学院知识分子为代表的学院批评。

二

我们现在的文学批评，是从反思"文化大革命"及其以前的文学批评的基础上发展起来的。那时的政治批评给中国当代知识分子带来了太多的痛感，对中国当代文学艺术的发展也造成了诸多的实际伤害，但在我们反思的时候，却极少注意分析这种文学批评的内在根据以及它在中国大陆之所以能够成为主流批评话语的原因。实际上，只要我们能够沿着中国现代文化发展的历史脉络感受、认识和思考中国现代文化发展的历史，而不是仅仅根据我们个人的、当下的、主观的好恶臧否中国现代文化，以毛泽东为代表的政治批评之在中国大陆成为主流的批评话语，就是不难理解的。中国是一个历史悠久的文明古国，但中国又是一个文盲充斥的国家。在中国古代历史上，除少数官僚知识分子和在野知识分子，广大社会群众并没有获得受教育的权利，也没有书面文化的阅读能力。用我们文学批评的话语来说，就是他们并不是"文学的读者"，更不可能成为文学的批评者。五四新文化运动就是在这样一个基础上发生的。在《新青年》同人发起五四新文化运动的时候，他们只是中国当时"最高学府"北京大学的几个教授，外加在教育部供职的周树人（鲁迅）。即使在这样几个人中，真正立足于新文学并始终坚持着新文学创作活动的只有周氏弟兄（鲁迅、周作人）二人而已。他们的影响，首先在少数青年学生中间，这在四亿五千万人口的中国，只能用"凤毛麟角"这个成语来形容。即使这样，读者群大于作家群也是文学格局的基本特征之一。也就是说，即使在那时少得可怜的新文学的读者中间，也只能有极少数的人成为文学作家，而多数的新文学读者却不能不散处在各种不同的社会职业中，在大量非新文学读者的汪洋大海的包围中从事着本质不属于新文学的工作。与此同时，不论在五四新文化运动之前，还是在五四新文化运动之后，中国社会在其整体上仍然是一个文化极端落后

中国现代文学批评略说

的社会，这决定了政治对中国社会整体的决定性作用，也决定了政治关系对整个社会关系的主导作用。新文学的读者不论在其主观上多么重视新文学，但实际进入的莫不是本质上属于政治关系的社会关系的网络，新文学意识的淡化以及政治意识的强化几乎是每一个中国知识分子自身成长和发展过程中一个不可避免的"大趋势"。在这里，固有的国家机器当然是政治性的，即使那些不满于现实社会的大量新派知识分子，也不能不越来越感到以政治的力量改造现实社会的重要性和急切性，强化的是政治意识。1917年的新文化运动与1919年的青年学生运动的一个根本的差别就是前者重视的更是一般的社会文化上的问题，而后者重视的则已经是具体的现实政治上的问题了。在这时，陈独秀、李大钊和胡适走的尽管不是相同的政治道路，但其政治的性质则是不言而喻的。李大钊、陈独秀有自己的马克思主义的革命政治理想，胡适有自己的"好政府主义"的社会政治理想，其基本性质都是政治的，而不是文学的。毛泽东就是在这样一个历史时期走进中国社会的青年学子，他接受了五四新文学的影响，而后又走上了革命政治的道路。他是中国新文学的读者，但同时更是一个政治革命家；他有很高的文学素养，但从事的却是实践的政治革命活动。他的文学批评主要不是为了新文学创作的发展、而是为了他所领导的实践的政治革命的胜利。他的文学批评属于文学的政治批评。

必须指出，毛泽东绝对不像某些学院知识分子所想象的那种根本不懂文学、不懂新文学，对文学作品、特别是新文学作品毫无鉴赏能力，因而其文学批评的思想也毫无独创性和深刻性可言的人。恰恰相反，即使相对于我们这些直接从事文学研究活动的学院教授，他的文学鉴赏力和思想感悟力也有着超凡脱俗的性质，他的文学批评思想也有着难以企及的高度。在中国，即使实际从事文学研究的人，也没有对五四新文化、新文学运动做出过像他那样高屋建瓴的历史评价，也没有对鲁迅及其作品的思想价值做出过像他那样明敏而又深刻的整体判断。历史必将证明，他的这些论述将是颠扑不破的，这同时也是我们中国现代文化史、中国现代文学史能够作为一个独立的学科存在和发展的基本根据。他的文化视野开拓了他的政治视野，他的政治视野也开拓了他的文化视野，他是站在整个中国历史和整个中国文化史的高度感受和理解他所领导的政治革命的，也是站在整个中国历史和整个中国文化史的高度感受和理解中国文学以及中国新文学的。这使他的文学批评具有一种宏观的视野和凌厉的气势，因而也有"一览众山小"的感觉。但是，他是一个政治领袖，他是在与以工农兵为主体的社会群众构成的政治关系中建构起自己具体的文学批评思想的，他不是为了将他领导下的工农兵群众都培养成新文学的作家，而是为了将他领导下的工农兵群众培养成无私无畏的革命战士；他不会要求这些本质还不属于文学的读者、更不属于新文学的读者的工农大众都亲近、理解和尊重那些凤毛麟角的新文学作家，却必须要求他领导下的新文学作家亲近、理解和尊重这些革命战士。他是站在政治的立场上批评文学的，而不是站在文学创作家的立场上批评文学的。他的"政治标准第一，艺术标准第二"的批评标准绝不是偶然的，而是他的文学批评思想政治性质的必然反映。我认为，即使到了现在，到了未来，我们仍然必须明白一个浅显的道理：对于一个政治家，政治是他的命根子，文学艺术则不是他的当务之急。不论什么原因，只要文学艺术的发展历史地陷入到与其现实政治利益的不可调和的尖锐矛盾之中，文学艺术发展的历史使命就必须由文学艺术家自身来担当，而政治家首先维护的则必然是现实的政治利益。

三

在中国现代文学批评史上，真正属于中国新文学作家、因而也是为了繁荣和发展中国新文学创作的文学批评思想是以鲁迅为代表的文学的人生批评。

在我们的观念中，一个全身心地投入到文学创作、视文学为自己的生命的人，其文艺思想一定是"为艺术而艺术"的，其文学批评也一定是"艺术的批评"，而事实却往往相反：越是那些首创的、伟大的、在文学艺术的历史上具有划时代意义的文学作家，重视的越是他自己以及他那个时代的社会人生，而在其文学批评的实践中首先重视的也不是文学的创作方法与艺术技巧，而是作家的人生态度。屈原并不在自己的诗中

中国现代文学批评略说

谈诗，谈诗的创作方法，谈写诗的技巧，而是整个地沉浸在自己人生悲剧的感受中；曹雪芹在《红楼梦》的第一回首先表达的也不是自己独立的艺术追求，而是他的真实而又具体、真切而又深入的现实人生体验、人生感受。这具体到中国现代文学史上，具体到鲁迅身上，就有了更加明白无误的证明。鲁迅在谈到自己的小说创作的时候说："说到'为什么'做小说罢，我仍抱着十多年前的'启蒙主义'，以为必须是'为人生'，而且要改良这人生。"[①]我认为，这也是不难理解的。中国新文学是在反叛中国固有的文学传统中诞生的，是一个由"无"到有的创造过程。在过往的历史上，我们常常认为，中国新文学的诞生是因为受了外国文学、特别是西方文学的影响，似乎西方文学就是中国新文学的"根"。但是，时至今日，我们这些学院知识分子大都阅读过较之鲁迅更多的外国文学作品，但我们却没有创作出像鲁迅的《呐喊》《彷徨》《野草》和他的杂文那样的划时代的文学作品。所以，中国的新文学既非直接产生于中国古代的文学传统，也并不直接产生于西方文学的影响，而是像古今中外所有具有独创性意义的文学作品一样，直接产生于文学家自身对现实社会人生的真切的、深刻的人生体验和人生感受。到了像鲁迅这样的中国新文学作家这里，不但体验的对象与中国古代知识分子有了根本的差异，甚至连作家自身的体验方式也有了根本的变化，正是在这样一个意义上，他们的文学才成为"新"文学。与此同时，不论他们体验的对象、还是他们体验的方式，又是与外国作家不尽相同的，所以他们的文学仍然是"中国的"文学，而不是"外国的"文学。也就是说，像鲁迅这样的中国新文学的奠基者，是在其对社会人生的新的感受和体验的基础上创造了自己的文学作品的，他们这样看待自己的文学创作，也这样感受和认识别人的文学创作。这形成了他们文学批评思想的总体特征。——他们的文学批评属于文学的人生批评。

不论是文学的政治批评，还是文学的人生批评，都是文学读者的批评。但这两类读者又有根本的不同。政治批评的读者自身并不是文学创

[①] 鲁迅：《南腔北调集·我怎么做起小说来》，载《鲁迅全集》第4卷，人民文学出版社，1981，第512页。

作者，他是从文学的外部对文学提出的希望和要求，其批评是政治功利主义的。而文学的人生批评尽管也是读者的批评，是作为一个文学读者对自己或他人的文学作品做出的批评，是站在读者立场上的批评，但这个读者自身所关心的却是新文学的发展。如果说以毛泽东为代表的文学的政治批评是一种本质主义的批评，是对已有文学作品按照政治的标准对其做出的性质的判断和作用的评价，因而也带有强烈的客观主义和独断主义的色彩，所体现的是政治的主体性，而不是文学的主体性，而以鲁迅为代表的文学的人生批评则是生成论的，是从新文学生成和发展的需要出发对文学作品或文学现象作出的带有鲜明个性色彩的批评。所体现的是文学的主体性，而不是政治的主体性，甚至也不是外部的、纯客观色彩的社会人生现象的主体性。他们的文学批评之所以首先重视人生意义的批评，而不是为艺术而艺术的，恰恰因为他们是在文学对社会人生的影响作用上看待文学自身的价值和意义的，是在文学与社会人生的有机联系中看待文学自身发展的可能性的。这种文学的人生批评，因为人生是复杂的、不断变化的，文学也是复杂的、不断变化的，所以很难像毛泽东文艺思想那样被纳入到一个固定不变的逻辑结构之中去，但我认为，其中也不是没有脉络可寻的。首先，它反对的是瞒和骗的文艺，要求文学艺术表达作家、艺术家的真实的人生感受和体验；其二，它要求一定的艺术的表现力，反对标语口号式的文学。我之所以将这两点作为文学的人生批评的基本标准，因为这种艺术的态度也是一个人应有的人生态度。人有千差万别，但首先不能"假"。一"假"，就没有真面目了。对于作家、艺术家，就是不要搞瞒和骗的文艺，要有作家、艺术家的真面目；一个人能力有大小，但人生世间，总得做点事，而对于自己所做的事，总得有点认真的精神，不能马马虎虎，潦草从事，对于作家、艺术家，就是要有点艺术表现力，要在提高艺术表现力上下点功夫，不能光靠喊口号，贴标语。伟大的文学作品，伟大的文学作家是不可预期的，更不是仅靠文学批评之力便可得到的，但有了这两点，中国的新文学就能够存在，就能够发展，就能够不断扩大自己在中国社会公众中的影响力。我认为，这也是以鲁迅为代表的文学的人生批评的要义所在。

中国现代文学批评略说

四

在中国的《诗》《骚》时代，在古希腊戏剧的时代，有文学作品，也有文学的读者或观众，文学的读者或观众阅读或观赏文学作品之后有其反应，也就是有了最早的文学批评。有了文学创作，有了文学的读者或观众，有了文学批评，一个民族的文学传统就正式形成了，这种文学的传统就像滚雪球一样滚动起来，并且越滚越大。到了后来，文学创作在社会上的影响大了起来，成了一个事业，甚至成了一种职业，有了更多的家长希望自己的孩子从童年起就接受文学的教育，这就有了专门从事文学教育的教师。我们这些在学院里专门从事文学教育的学者或教授就是在这种社会文学教育需要的基础上逐渐生成与发展起来的。中国的新文学虽然发生在20世纪的中国，但中国的文学却有了两三千年的历史，而当中国现代的学校教育按照西方学校教育的模式建立起来，西方的学校教育也早已有了专门从事文学教育的院系，不论是中国古代的文学，还是外国的文学，都是培养学生的文学兴趣、丰富他们的文学知识、提高他们审美能力和文学写作能力所必需的教材。对这些材料，我们这些做文学教师的要阅读，要欣赏，也要评论，亦即我们也是文学的读者，我们的批评也是文学读者的批评，这就形成了学院派的文学批评。

因为我们是专门从事文学教育和文学研究、文学批评的，而我们的文学批评又是建立在相对系统、全面的文学教育基础之上的，我们有更为广博的文学知识，有比较系统的文学理论作为我们进行具体文学批评活动的基础，甚至也有比较成熟的文学批评方法供我们自由选用，所以我们往往会认为我们的文学批评才是真正的文学批评，其他所有的文学批评都是不正确或不全面的。在这里，我们忽略的恰恰是我们上文所说的关于文学批评的基本的观念，即文学批评是"谁的批评"的问题。自然文学批评是文学读者的批评，所有文学读者都有对其所阅读的文学作品进行批评的权利。我们这些文学教师尽管是以文学教育、文学研究和文学批评为职业的人，但仍然只是文学读者中的少部分人，而不是文学读者的全体，因而我们的文学批评也只是全部文学批评中的一种，而不是文学批评的全部。与此同时，文学创作家创作文学作品是为了读者直接阅读的，而不是或主要不是为了充当文学教材的，不是或主要不是为了充当学习和模仿的文学范本的，因而我们这些文学教师对文学作品的讲解和分析也不完全等同于文学作家对自己作品的感受和理解。我们的文学批评主要是建基在文学教育基础之上的，它是文学批评中的一种，但却不是文学批评中惟一的一种。

　　文学教育担当的实际主要是人类文学的传承任务，它所传承的主要是人类历史上那些最优秀的文学作品，那些文学经典，我们的文学观念就是在这些文学经典的基础上逐渐形成的。但在这里，也就有了我们文学观念的局限性，其一是这些文学经典并不能完全满足现代社会各类文学读者的审美要求，其二是这些文学经典也不是当代作家赖以进行文学创作的全部基础，现实社会各类文学读者的审美要求与当代作家赖以进行文学创作的基础主要来自于对现实社会生活的感受和体验，而在这个方面，我们这些主要从事文学教育的专家和教授却是有明显的局限性的。我们不但很难像毛泽东这样的政治革命领袖那样感受、理解和对待文学作家和文学作品，我们也很难像鲁迅这样一些更富有独创性的文学作家那样感受、理解和对待现实的社会人生。———仅仅按照传统的标准我们很难精确地把握它们自身的独立价值和意义。总而言之，我们这些主要从事文学教育的专家和教授，不论在任何时代，从总体而言，都多多少少带有一点文化保守主义的倾向。我们更多地因袭传统，而不是更多地革新传统。即使我们有"革新"，也常常是用外国的传统"革新"本国的传统或用中国的传统"革新"外国的传统，既不像毛泽东那样主要从自己领导的政治革命的实际需要出发，也不像鲁迅一样，主要从自身的独特的人生感受和体验出发。

　　我们这些学院教授或学者的文学批评尽管不是惟一正确的文学批评，尽管我们的文学批评在整体上很难完全摆脱固有文学传统的束缚和文化保守主义倾向的有形与无形的影响，但我们的文学批评仍然是一种文学批评，并且是不可或缺的。它的重要性只要联想到我们所实际从事的文学教育就可以心领神会了。文学作为一种整体的社会事业，是不能仅仅依靠自然地生灭的，这就需要社会性的文学教育。这种教育不能直

中国现代文学批评略说

接培养出像莎士比亚、列夫·托尔斯泰、曹雪芹、鲁迅这样的文学大家，但却有利于文学欣赏水平和文学创作水平的普遍提高，我们这些学院教授或学者就是为现实社会文学欣赏水平和文学创作水平的普遍提高而服务的。就我们每一个人的文学批评活动，其作用和意义都是极其有限的，甚至是有明显的缺陷的，现代文学教育那种肉丁式的专业化切割，愈加将我们的作用和意义局限在一个狭小的文学专业范围内，但作为一个学院批评的整体，建构起来的却是严肃文学在一个社会特定历史时代的活动平台，体现的是这个社会在这个历史时代文学读者欣赏水平的基本高度。太超前的，我们一时可能难以理解，难以接受，难以充分意识到它的内在意义和价值，但过于低俗的、粗制滥造的作品，也难以登上我们这个严肃文学的活动平台。不难看到，上述那些学院批评家的文学批评，虽然很难达到毛泽东政治批评的社会历史高度和鲁迅人生批评的文化与文学思想的高度，但作为文学批评的一种，却有其不可替代的独立价值和意义。我认为，我们这些学院教授或学者的文学批评在文学批评中的最突出的贡献是文体意义上的。如上所述，作为政治革命领袖的毛泽东也有自己的文学批评，但他却几乎没有自己独立的文学批评文体，他对文学作家、文学作品和文学现象的批评文字大都散见在像《新民主主义论》《在延安文艺座谈会上的讲话》这样一些在整体上并不属于文学批评的著作和论文中；作为文学作家的鲁迅，有一些是更接近文学批评文体的，但他的文学批评及其思想却更多地散见在他主旨在于进行更广泛、更根本的社会批评和文明批评的杂文中，正式的文学批评文体是由我们这些学院教授或学者建立起来的。这也是不难理解的，因为我们这些学院教授或学者的文学批评的着眼点就在于文学批评本身，在更多的情况下是就文学而谈文学的，并且在有意与无意间体现着作为一个文学教师的特征。假若说像毛泽东这样的政治革命领袖始终是以对政治革命形势及其现实政治需要的明敏感受和认识对文学艺术作家及其作品进行批评的，假若说鲁迅是以对现实社会人生和人的精神面貌的深入感受和了解对文学艺术作家及其作品进行批评的，我们这些学院教授或学者则是依靠我们对文学的广泛了解（其中也包括我们对大量文学经典的阅读感受和体验）对具体文学作家及其作品进行批评的。我们的文学批评文体中包含着更多的文学知识和相关学科的知识要素,它同时也是文学知识的一种传承形式,起到的是文学教育的作用。直至现在,我们仍然无法否认梁实秋在中国现代文学批评史上的地位和作用,其原因大概主要不在于他对中国现代某个作家的某个作品有一些怎么样的具体的看法,而在于通过他的文学批评我们可以更多地了解到白璧德新人文主义的文化与文学理论及其对中国现代文化与文学的影响,朱光潜文学批评中的西方美学与中国古代诗学理论的要素,李健吾文学批评中的法国文学的要素和印象主义批评方法的运用,李长之文学批评中的中国古代文学要素和文学欣赏、文学分析的能力,都是使我们这些后学者能够获益的重要原因,起到的是文学以及相关知识、技能的传承作用。在这个意义上,毛泽东的政治批评几乎是不可仿效的(我们和我们的学生并不具有领导整个中国革命的实际政治地位、实际的人生经历和与之相应的政治思想视野,因而也不具有站在这样的政治高度感受、理解和领导中国革命文学作家和艺术家的资格和能力),鲁迅的人生批评虽然不是不可学,但至少也不是一朝一夕便可学到家的(我们和我们的学生在更多的情况下并不具有鲁迅那种敏锐的艺术眼光和超越的精神境界,因而鲁迅那种无所依傍、开门见山、直探心源并且纵横捭阖、汪洋恣肆、嬉笑怒骂皆成文章的杂文式的文学批评风格,也是没有直接模仿和学习的可能的),而我们这些学院教授或学者所使用的文学批评的文体,则是可以直接模仿和学习的(知识是可以学习的,通过有效地组织知识而表达自己的独立见解的方法也是可以学习的,因而我们可以在具体使用着这种批评文体的过程中逐渐提高我们感受、理解、欣赏、分析文学作品以及文学现象的能力)。它使社会性的文学教育成为一种可能,所以,直至现在,直至未来,学院文学批评虽然不是一个社会历史时代文学批评的全体,但却应当是一个社会历史时代文学批评的主体。

五

我们说中国现代文学批评主要有上述三种主要类型,实际上就是说在当时的中国真正关心中国现代文学及其发展的读者主要有三种人,其

中国现代文学批评略说

一是少数政治革命家；其二是中国现代文学作家；其三是少数学院教授或学者。从总体上，中国底层社会群众（毛泽东所说的"工、农、兵"）还不是中国现代文学的读者，因而更不是中国现代文学的批评者；在政治范围内，已经获得了国家权力的政治官僚（特别是中上层政治官僚）大都有中国古代文学的素养，但对中国现代文学的发展却无所关心，作为一个整体，它甚至是压制中国新文学发展的主要力量。只有像毛泽东、周恩来这样一些在中国共产党政治革命阵营中担任着领导职务的知识分子，不但曾经接受过五四新文化革命和新文学革命的启蒙教育，而且直至那时仍然需要得到更广大知识分子的理解和同情，其中也包括那些新文学作家的理解和同情。在整体上，新文学的发展与其领导的政治革命力量的发展是具有相关性的，因而对中国现代文学的发展及其发展方向也有真诚的关心；在学院文化中，绝大多数的教授或学者，都有比较丰富的中国古代文学的素养，少部分留学归国的自然科学家或社会科学家还程度不同地接触过外国文学作品，但在当时的中国，学院知识分子是除政治官僚之外能够获得最优厚社会待遇的一个社会阶层，他们对并不具有稳定经济收入和可靠政治保障的新文学作家并不像社会知识青年那样怀有敬畏之心，他们满足于对中国古代和外国经典作家及其作品的阅读和欣赏，对中国新文学的发展较少关心，主要从事现代文学批评的教授与学者在他们中间只是极少的人数（他们往往自己就是新文学作家），甚至连这些极少数从事现代文学批评的教授和学者自己，也并不将自己的现代文学批评活动作为体现自己在学院文化中学术地位的标志。闻一多、朱自清都有自己的中国现代文学批评作品，但体现他们在学院文化中的学术地位的不是这些中国现代文学批评的成果，而是他们的中国古典文学的研究著述；当时中国都市的市民阶层，特别是小市民阶层，除极少数受到新文学影响的知识青年，与文学、特别是严肃文学基本没有关系。他们不是中国现代文学的读者，也不是中国现代文学的批评者，少部分有阅读能力的人热衷的也是鸳鸯蝴蝶派小说、武侠小说等通俗小说和中国传统戏曲。总之，在当时的中国，中国现代文学的读者主要有这么三种人，因而中国现代文学批评也主要有这么三种类型。

自然，上述中国现代文学批评的三种主要类型体现的是当时中国主要关心中国现代文学及其发展的三种类型的人，而不仅仅是个别人的个别的主观愿望和要求，所以这三种主要类型的划分就不是绝对的，而是相互交叉也能相互过渡的，这就造成了中国现代文学批评的复杂性。这不但表现在每一种类型都不是纯而又纯的，而且表现在这三种类型之间的多种过渡形式上。

首先，在人生批评和学院批评之间，五四时期的周作人是坚持人生批评的方向的，但当中国社会的政治意识在知识分子范围中再一次强化起来，他的人生观念的狭隘性就逐渐暴露出来了——他并不认为人的政治意识和政治热情也是从现实人生的特定感受和体验中产生出来的，他的人生观念的学院知识分子的性质，使他的人生批评和文学批评都逐渐带上了明显的学院化的特征。在五四新文化运动时期，他讲的是"人的文学"，后来他便开始区分"载道"与"言志"，开始提倡明末小品，这就与我们这些学院教授与学者的批评方式有了大面积的重合。实际上，从人生批评的角度，是无所谓"言志"与"载道"的区别的，因为文学作品本身就不是一种理念，一种教条，而是一个具体的呈现。列夫·托尔斯泰的《复活》是"载道"的还是"言志"的？鲁迅的《狂人日记》是"载道"的还是"言志"的？谁能说得清呢！鲁迅也对知识分子及其文学作品进行分类，但像"官魂""匪魂"和"民魂"，像"苍蝇""蚊子"和"跳蚤"，像"聪明人""傻子"和"奴才"，像"叭儿狗""丧家的资本家家的乏走狗""才子加流氓""二花脸""贾府的焦大""奴隶总管"，像"羊"和"狼"、"天才"和"泥土"、"破落户"和"暴发户"、"恶少"与"瘪三"等等，等等，显然都是人的精神类型，是从人生批评的角度入手的。周作人的《新文学的源流》也正发生在他从以人生批评为主向以学院批评为主的转变过程中。将一种文学现象完全归结到某种文学传统上，恰恰是我们学院文化的主要思维方式和主要叙述方式。人生批评重视的不是一个作家继承了历史上的什么人的传统，而是这个作家的作品体现了他的怎样一种人生态度、人生观念乃至人生哲学，这种人生态度、人生观念乃至人生哲学对于现实社会人生会发生什么样的影响作用。鲁迅《祝福》中的鲁四老爷继承的显然是孔子的思想传统，但他却不是一个孔子那样的教育家和思想家，而是一个自私、狭

中国现代文学批评略说

隘、心地冷酷的人——文化是会发生异化的，文化传统也是会发生变异的；20年代的茅盾重视的也是人生批评，但他自身对现实社会人生缺乏像鲁迅那样深刻的精神感受和内心体验，所以在他的文学批评实践中，又常常不得不将社会人生客观化和模式化，而客观化和模式化也是我们这些学院教授或学者所经常使用的批评方式：在20年代，他将纷纭复杂的具体社会人生现象置入自然主义、现实主义创作方法的模式和进化论的模式中，在30年代，他则将中国社会历史的变动置入马克思主义阶级矛盾和阶级斗争的模式中——实际上，从人生批评的角度，一个人缺乏明确的自我意识和本阶级的阶级意识更是大量的、常见的现象，一个民族的历史并不是按照任何人预先设计好的道路发展的，任何一种思想学说都只是影响社会历史发展的一种因素，而不是惟一的因素；在其文学批评实践中，沈从文其实与周作人有着相当类似的特征。作为一个优秀的小说作家，沈从文感受和理解文学作品的方式实际是人生派的，但他与周作人都想把自己的人生观念视为惟一合理的人生观念，而将带有激进主义性质的革命倾向排斥在合理的人生观念之外，这就使他的文学批评具有了学院派的特征。直至现在，多数学院派知识分子还是不容许别人的思想带有一点激进主义性质的，在他们的"人性"的观念中，也不包括像拜伦、雪莱、艾青那样的火辣辣的炽热情感和像果戈理、鲁迅那样的不留情面的社会批判精神和讽刺精神。从人生批评的角度，文学既不等同于政治，但也并非无关于政治。特别是中国社会，几千年以来都是主要依靠政治加以维系的，什么样的人生能够完全脱离政治的关系而孤立存在呢？我们这些学院教授或学者之所以常常感到与现实政治无关，无非是我们能够受到现实政治的有效保护罢了。——因而我们的与政治无关的感觉，也是一种政治的观念：默认现实政治的合理性与有效性。这在林语堂的幽默论中感受得格外清楚，在当时腥风血雨的现实社会中，他之所以还能"幽默"起来，无非因为他以及与他有着直接联系的那个社会阶层，还是能够受到现实政权的有效保护、不致担心自己的生命安全罢了。（他的文学批评，是跟从周作人的脚步的，开始主要是人生批评，后来则向学院批评转化。）

其次，在人生批评与政治批评之间，将政治批评绝对化，毫不顾忌文学创作的普遍的社会人生价值的是在20世纪20年代末首倡革命文学的创造社、太阳社的诸君子，因而他们的批评几乎已经不再具有文学批评的性质，而成了审判一切文学作家和文学作品的执法官。如果说毛泽东至少在鲁迅作品面前还能表现出一个文学读者的清醒意识的话，那末，他们甚至在鲁迅作品面前也已经忘记了自己只是一个文学的读者，并不是所有文学作家的皇帝；瞿秋白、周恩来与毛泽东一样，都是中国共产党领导的政治革命的领袖人物，他们的文学批评归根到底仍然是为了中国共产党领导的政治革命的胜利，属于文学的政治批评，但他们的文学批评中保留了更多的社会人生批评的成分，更能为当时的文学作家所接受、所理解，因而在团结党内外作家的政治实践中也发挥了更大的作用。但我认为，从另外一个角度，它们却也无法完全代替毛泽东的文学的政治批评，因为正是毛泽东的文学的政治批评，更能集中而又明确地体现当时中国共产党领导的政治革命对文学艺术的要求，从而也将其与文学艺术创作自身要求的差异和矛盾呈现出来。实际上，鲁迅的《文艺与政治的歧途》等文章也从人生批评的角度揭示了二者的这种差异和矛盾。这是一个客观的事实——人类各种文化之间的矛盾和差异在任何时候都是不可能完全克服的，因而也带有一点不依人的主观意志为转移的"客观规律"的性质，而不单单是由哪一种思想学说造成的。将政治与文艺完全对立起来固然是没有根据的，但将二者完全等同起来也缺乏应有的说服力；如果说瞿秋白、周恩来在政治革命实践活动中仍然能够具体而微地接触到革命政治实践与文学创作实践、革命政治实践者与文学艺术创作者之间所经常发生的差异、矛盾乃至冲突（瞿秋白的《多余的话》甚至揭示了二者在自身心灵内部的这种矛盾和冲突），因而也不会完全走向毛泽东文学的政治批评的反面的话，冯雪峰则常常在二者之间发生游移和摆动，并未必正确地总是将弥合二者的差异和矛盾作为自己努力的主要目标。他有时将鲁迅的人生批评完全政治化，有时又将中国共产党的政治批评完全社会化、人性化，在其实质意义上，他的文艺思想和文学批评实践与毛泽东的政治批评和鲁迅的人生批评都有不同，因而也会走上对毛泽东文学的政治批评（如在对胡风文艺思想的看法上）和鲁迅文学的人生批评（如在对鲁迅《野草》所体现的人生哲学的态度上）的反面，这是一个企图调和两种本质不完全相同的思想的人所难以避免的。完全混淆了政治批评与人生批评的差异和矛盾的则是胡风。他的文艺批评的总体特征是企图完全以马克思主义阶级斗争的观点解释中国社会的人生现象和文学现象，这种混淆甚至导致了他后来的悲剧处境——他在主观上认为自己的文艺批评实践是对中国共产党领导的政治革命的拥护和支持，而毛泽东从其领导的中国共产党政治革命的实际利益出发，则认为他的文艺批评实践是对中国共产党领导的政治革命运动的破坏乃至颠覆，存在着极大的潜在危险性——它"分裂"了中国共产党领导下的革命文艺队伍，"破坏"了这个队伍的团结，因而也"涣散"了这个队伍团结战斗的力量。对文学的人生批评与政治批评的差异和矛盾有最清醒的意识的是周扬，为此他很快便放弃了在自己人生感受和体验基础上形成的更加朴素的文艺观念，而完全转向了以毛泽东为代表的文学的政治批评，并成为毛泽东文艺思想的阐释者和宣传者。——如果说梁实秋在中国国民党国家政权的统治形式下是一个严守国家法规的文学批评家，周扬则是在中国共产党革命政权的统治形式下一个严守革命法规的文学批评家。

最后，在文学的学院批评与政治批评之间，胡秋原的马克思主义文艺观实际是当时学院派的政治批评：就其批评的理论性质而言，是政治的（马克思主义文艺理论在其本质上就是在对资本主义社会进行革命性改造的基础上产生和发展起来的，是政治性的），但胡秋原本人却不是从中国共产党领导的政治革命实践的意义上、而只是在文学教育的学理的意义上理解和运用马克思主义文艺学说的，所以我认为它是学院批评与政治批评之间的一种中间形态；1949年之后，像蔡仪、黄药眠、李何林、陈涌这样一些学院教授或学者，实际也是政治批评向学院批评的一种转化形态：1949年之前，他们的文学批评的性质主要是政治性的；1949年之后，他们文学批评的性质则主要是学理性、学院化的了。但不论是1949年之前，还是之后，他们的文学批评都既不完全是政治性的，也不完全是学理性的，而处在二者之间的过渡带上。

六

我认为，只要将上述三种不同类型的文学批评投入到整个中国社会历史的变迁过程中，我们就会知道，以毛泽东为代表的文学的政治批评之所以在1949年之后的中国当代文学批评史上成为一种主导的文学批评思潮，并不是那么难以理解的。

1949年中华人民共和国的成立标志着一个统一的中国（中国大陆）的出现，这个经历了半个世纪的分裂而实现的中国的统一标志着中国共产党领导的政治革命的胜利，中国共产党也顺理成章地成为这个统一的中国的主要政治领导力量。必须承认，这个新的政权是以极大的力量推动了中国社会文化的发展的，而在文化领域里中国现代文化史诸学科包括中国现代文学史学科的建立也直接得益于这个政治领导力量的存在与发展，但与此同时，在这样一个政治领导力量直接推动下的中国社会文化的发展，却也不能不直接表现为中国现实社会关系政治性质的进一步加强，不能不直接表现为中国社会现实政治观念和现实政治意识的进一步普及。这具体到文学批评领域，就是以毛泽东为代表的文学的政治批评不但成为覆盖整个文学批评领域的一种批评形式，同时也是覆盖整个中国社会的文学批评形式。直至那时，直至现在，文学，更莫说"新文学"，仍然只是全部中国社会中极少数人所关心的一项事业，而所有这些并不真正关心文学的广大社会成员与这极少数关心文学的文学读者却都无一例外地生活在中国社会的政治关系中，并且这种政治关系也越来越成为决定他们实际人生命运的社会形式。毛泽东文学的政治批评是作为毛泽东思想的一个重要组成部分而成为整个中国社会的思想观念的，即使那些从来未曾真正阅读过文学作品、因而对中国文学的发展也漠不关心的社会成员，也能直接从社会上接受毛泽东文学的政治批评的一系列观念，当他们实际地面对文学与政治、文学家与政治家的现实矛盾，他们都不能不首先按照毛泽东文学的政治批评的原则予以感受和理解：在他们的观念里，文学是现实政治的一个组成成分，而现实政治却绝对不是文学的一个组成成分；文学要为现实政治服务，而现实政治却绝对不

中国现代文学批评略说

是为文学服务的,这同时也是他们关于政治家与文学家相对固定的人际关系模式。不难看出,毛泽东文学的政治批评在这个政治关系既笼罩着全部社会关系、也笼罩着全部文学作家和文学读者的关系的社会上,不但成为毛泽东用自己的政治理想统一中国的社会思想、推进中国社会政治化发展的有力武器,同时也是绝大多数社会群众观念中的一个不言而喻的"真理"。也就是说,在1949年之后的中国大陆,毛泽东文学的政治批评之成为一种主流形态的文学批评话语,是有其内在的历史根据的,并且直至现在,这种根据仍然没有全部丧失——它体现了政治在中国社会历史发展中的决定性作用和文学在中国社会发展中的无力地位。

如前所述,尽管毛泽东有着极高的文学素养,是一个在文学感受力和文学理解力方面都有着超凡脱俗能力的文学接受者,但他的文学的政治批评却不能不是一种外部的批评,是从外部对文学及其文学家提出的要求和愿望,贯彻的是政治的主体性,而不是文学的主体性。在这里,也就孕育着一种危险性,即一旦这种文学批评形式成为一个社会文学批评的主导形式,就会在整个社会上造成一种文化幻象,而少数文学家和文学批评家在社会上相对优裕的政治、经济地位,更是这种文化幻象之所以产生的深厚的现实社会根源。这种文化幻象使一部分人、特别是那些还没有完全独立的人生感受和人生体验、还没有足够广阔的文学阅读体验的青年知识分子认为不必拥有自己完全独立的人生感受和人生体验、不必通过广泛的文学阅读而提高自己的文学审美能力和文学写作能力、只要依照现实社会政治的政策和法令并以当下流行的一些文学作品作为样板,就能源源不断地创作出大量文学作品,成为文学作家;认为不必阅读中外历史上大量的文学经典、不必拥有大量相关学科的文化知识、只要依靠当下的几条政治批评的原则和几篇流行的文学批评的样板文章,就可以对中外历史上任何一个文学作家的文学作品进行批评乃至批判,成为一个文学批评家。严格说来,他们还不是一个货真价实的文学读者并且也不想成为这样一个文学读者,而想直接成为一个文学创作家和文学批评家;他们根本不爱好、不关心中外历史上那些伟大的文学作品,因而也不想为中国文学的存在与发展担负任何的社会责任,而只想享受文学作家和文学批评家的崇高社会地位和优裕生活条件。对于这些人中的任何一个个别的人,我们都是无可厚非的(追求个人在现实社会的发展、追求个人的光明前途和幸福生活,原本是每一个青年人的本能愿望和合法权利),但他们作为一个群体,却借助毛泽东文学的政治批评而成为中国当代文学及其文学批评中的一个独立而强大的社会文化力量。实际上,假若只有这样一个社会的力量而没有毛泽东文学的政治批评在现实社会中的政治权威地位,这个力量中的任何一个人要想实现自己的文学和文学批评的追求,就必须不断丰富和发展自己独立的人生感受和人生体验,不断提高自己的审美能力和写作能力,从而也以自己的方式推动着中国文学和中国文学批评的整体发展,而不可能仅仅依靠政治权力的支持而一跃成为著名作家和文学批评家;假若只有毛泽东文学的人生批评的理论原则而没有这个社会文化力量的支持,毛泽东文学的政治批评也不会直接转化为一个强大的社会力量,并对现实社会的文学、文学批评以及作为文学作家、文学批评家的人身造成直接并严重的伤害。总之,这个力量的存在,直接破坏了中国文学和文学批评相对完整的格局,使中国文学和文学批评永远处在激烈震荡的过程中,并逐渐加速了中国文学和文学批评的政治化进程。从积极方面言之,这是中国社会在西方社会的挤压下不得不借助政治之力对中国文化和中国文学进行"恶补"过程中的必然现象,但从消极方面言之,却也不能不是在严重缺乏"民主、科学、自由、平等"等文化传统的中国社会上的一种完全畸形的文化现象。从鲁迅文学的人生批评的角度,我们可以更清楚地意识到,他们既不像鲁迅一样拥有自己完全独立的人生感受和人生体验,也不像毛泽东一样拥有领导中国政治革命的实践经验和与此相关的宽广的社会历史视野,甚至也不像那些学院教授或学者一样拥有通过中外文学经典的阅读而积累起来的丰厚的文学知识和文学素养,而是仅仅具有成为文学创作家和文学批评家以改变自己人生命运的强烈主观愿望,这就使他们不但不会主动承担并消解愈来愈强化的政治权力加于中国文学和中国文学批评的强大压力(这是一个真正的文学读者所自然能够起到的作用),而且总是紧紧抓住任何一个政治机遇,并通过对已有文学作家和文学批评家的政治伤害而实现自己人生命运的改善(一个不珍爱文学的人是不可能珍爱文学作家其人、因而也不会起到保护文学作家

中国现代文学批评略说

的人身权利的作用的)。在外没有真诚的社会追求,在内没有真诚的艺术追求,他们的文学和文学批评就不能不流于虚无主义的"做戏"性质。这同时也是他们的文学文体和文学批评文体的基本特征。他们的文学文体是政治图解式的,他们的文学批评文体则是革命大批判式的。这种革命大批判文体的一个根本特征就是直接用当时具有政治权威性的思想教条对文学作家及其作品进行政治性质的批判,既缺乏独立的艺术分析,更不会有独立的政治见解——彻头彻尾、彻里彻外的空虚。所以,我称这样的文学为虚无文学,这样的文学批评为虚无批评。

毫无疑义,在上述现代文学批评的三种类型之间,向来是存在着深刻的差异和矛盾的,这种矛盾和差异也引发了一次次隐蔽的或公开的乃至十分激烈的斗争,带有虚无主义性质的文学和文学批评也时有发生,但在中国现代历史条件下,这三种不同的文学批评类型,却都有自己相对独立的文化空间,任何一种类型也没有力量从根本上剥夺另两种批评类型的存在权利,并将自己上升到绝对的统治地位之上去,因而这时的虚无主义文学和虚无主义文学批评也不具有实质性的力量:毛泽东的文学的政治批评是在他所领导的中国共产党及其革命队伍中发挥其主导作用的,这个革命队伍本身的政治性质及其在整体处境上的严峻性,使每一个"投奔"革命的解放区文学作家,都应该有一个明确的意识,即他们投奔的是"革命"而不是"文学",因而也应该有一种严格遵守革命纪律、绝对服从中国共产党政治领导的思想准备,即使他们在这个队伍中受到了实际的或自己认为的不公平待遇,也必须从革命的整体利益出发而忍耐这种不公平,并将这些视为一个革命作家必须接受的政治考验。毛泽东的文学的政治批评原则,虽然不能不影响到解放区作家和文学批评家自身才能和智慧的充分发挥,虽然也曾多次导致对文学作家和文学批评家的过火的乃至残酷的斗争,但在这个革命作家的队伍中,仍然不能不说是在保护和发展革命文学的意图下创建起来的,而并非意在从根本上否定乃至毁灭革命文学,它对于中国共产党领导的政治革命的全局性胜利更不是没有其重要性的。也就是说,毛泽东的文学的政治批评虽然不是绝对的真理,但也不是绝对的虚无,它在中国共产党领导的政治革命的极其严峻的社会历史条件下,尽其所能地为文学艺术的生存和发展保留了一个有限的发展空间，而对国统区文学作家的文学创作却没有实质意义上的限制作用；鲁迅的文学的人生批评是在国统区文学作家和文学读者之中发挥作用的，虽然在这个范围中也存在着各种尖锐复杂的矛盾和斗争，但鲁迅却始终坚持在自己独立人生感受和人生体验的基础上对文学及其具体文学现象、文学作品进行批评，它抗拒着从左和右、上和下、外和内等多个方面来的政治、经济、文化的压力，捍卫了中国新文学的独立性，捍卫了中国新文学存在和发展的权利。不难看出，正是中国新文学与中国现实社会人生的紧密联系，使其经受了迄今为止各种复杂历史条件的考验，使中国新文学的传统贯彻至今，没有被任何强权势力所完全毁灭。也就是说，鲁迅的文学的人生批评不是万能的，但也不是完全虚无的，它在充分发挥了自身职能的前提下却没有可能对任何一个独立的文学作家和文学批评家构成有实质意义的政治和经济权力的压迫；如上所述，任何一个学院教授或学者的文学批评都不是无可挑剔的，但在中外文学传统的传承过程中，他们的作用也是不可替代的。它不像他们自己想象得那么完美，但也绝非虚无空洞的。它对现实政治权力、经济权力的压迫没有反抗的力量，但同时也使他们对任何一种独立的政治追求和文学追求也没有实质性的约束力量。总之，在中国现代文学和文学批评的格局中，毛泽东文学的政治批评在其政治空间中有其政治价值，鲁迅文学的人生批评在其文学空间中有其文学价值，学院教授或学者文学的学院批评在其文学教育空间中有其学术价值，彼此之间的差异和矛盾乃至激烈的斗争，都不可能导致任何一个批评类型的根本毁灭，三者之间的张力关系决定了中国新文学传统虽然艰难曲折但却持续不断的发展态势。但1949年之后的文学的虚无批评，却借助毛泽东文学的政治批评的政治权威地位以及与此伴随的政治经济的权力，直接破坏了这三种文学批评类型之间的均衡关系，当他们以毛泽东文学的政治批评原则直接推翻了以鲁迅为代表的文学的人生批评和以学院教授或学者为代表的文学的学院批评的原则之后，却无力也无意像毛泽东那样为中国现实政治的发展开辟出更加广阔的发展空间，甚至也将自己置于了极不稳固的危险地位上。不难看出，正是这个借助毛泽东的文学的政治批评原则在整个中国社会上发展起来的力量，从20世纪50年代最初的政

中国现代文学批评略说

治运动开始，一路杀来，逐渐清除了在中国现代文学史上发展起来的各种不同的文学倾向和文学批评倾向，最终导致了"文化大革命"中国文学和文学批评的全军覆没。（近些年来，中国的"新左派"通过对毛泽东的研究，对其发动的"文化大革命"的意义和价值也有重新肯定的倾向，但我认为，这不能直接移用到文学和文学批评上，因为政治与文学发展的不平衡现象是时有发生的，并且"文化大革命"对中国文学和中国文学批评的窒息作用是一个无法否认的事实，与对"文化大革命"的政治评价毫无关系。——在"文化大革命"中，"文学"死了，"政治"却活着，并且活得异常亢奋。）

"文化大革命"之后的文学批评，是以鲁迅为代表的文学的人生批评和以学院教授或学者为代表的文学的学院批评的同时复苏，从发展的态势看，从外国学院批评中得到直接助力的中国学院批评，似乎有着更大的雄心和魄力，"全球化的语境"也为学院批评以"崛起的大国"姿态走向世界提供了物质的和精神的基础，但我认为，这并不意味着以毛泽东为代表的文学的政治批评已经不是中国文学批评中的一个决定性的力量，政治关系的全民性质与文学在中国现实社会生活中的无力地位仍然孕育着中国文学和中国文学批评的危机，并且这种危机也一定会以虚无文学和虚无批评的形式表现在中国社会上。在这种情况下，以鲁迅为代表的文学的人生批评也就仍然有其重要性。这种文学的人生批评不是依托在政治权力和经济权力的基础上在社会中得到传播的，也不是依托在中外文学传统固有理论上得到社会的重视的，而是以其与现实社会人生的有机联系、以其与文学读者在深层精神上的呼应得以在社会上存在和发展的。总之，中国现代文学批评的三种类型在中国文学批评中将长期存在着，只是彼此之间的关系会发生各种不同形式的变化。

原载《北京师范大学学报（社会科学版）》2011年第3期

一个男性眼中的中国当代女性文学研究

女性文学研究是新时期以来中国文学研究的一大支脉。正像这个名称所昭示的一样，它是与男性文学相对举的，是在与男性文学相区别乃至相对立的意义上建构起来的。反对男性霸权主义、弘扬女权主义思想，几乎成了新时期女性文学研究的主旨。

这也是女性文学研究的必由之路：自然女性文学是与男性文学不同的文学，它就有与男性文学相区别的本质特征，研究者首先着眼于这种本质特征的研究，也是理所当然的。但是，这种研究也有自己的局限性，即：它常常用这种定义性的抽象本质代替活生生的、复杂多变的研究对象。这不但不利于对具体对象的研究，有时也会派生出诸多似是而非的思想观念和文学观念，并由这些观念导致更加似是而非的研究结论。至少从我这个男性研究者的视角看来，在当前世界范围内的女性文学研究中，普遍存在着这样一个不尽合理的文学观念，似乎男性文学只是男性文化的产物，女性文学只是女性文化的产物。实际上，正像世界上没有任何一个男人只是由男人创造的，没有任何一个女人只是由女人创造的，世界上也没有任何一个男性的文学作品只是由男性文化创造的，也没有任何一个女性文学作品只是由女性文化创造的。它们无一例外的都是男女两性及其文化交媾所产生的宁馨儿。二者的区别仅仅在于，在男性的文学作品中，其男性文化的特征"有可能"得到更大程度的巩固和加强，而女性文化的特征则更少得到生长和发展的条件。这正像一个男孩在成长的过程中其男性的特征会越来越明显，而其女性的特征则越来越不明显一样。但即使这样一个结论，也是在排除了一切具体的内在与外在条件之后而得出的，而不是一条绝对的真理。与此相联系，在世界范围的女性文学研究中，也普遍使用着这样一种前提性的文化观念，即迄今为止的人类文化，都是男性文化，因而也都带有男性霸权主义文化的特征。这在抽象的意义上是正确的，但若用为论述的前提，则是极不精确的。在这里，存在的是如何看待男性文化本身的复杂性的问题。

仅就男女两性的整体关系而言，在中国古代文明的历史上，男尊女卑的观念是贯穿始终的，中国古代社会在整体上就是一个男权社会，中国古代的文化在整体上就是一种男性霸权主义文化。这是不容怀疑的。但必须看到，这只是一个整体的、本质的、理念化的结论，而不是"历史事实"的总和。假若离开男女两性这样一个特定的关系，我们又可以发现另外一个带有规律性的东西，即在中国古代文化的历史上，中国的男性文化本身则是其男性特征逐渐弱化而女性特征逐渐强化的过程。这里的原因是不难了解的：一个人，除了生活在男女两性的关系之中，还同时生活在君臣、父子等一般性的社会关系之中，而在这样一些关系中，一个男人在大多数的情况下所处的地位实际上也等同于一个女性在男女两性关系中所处的地位，是依附性的，是以"服从"为天职的，所以中国古代儒家教育在本质上就是一种臣妾道德教育，是为适应大量依附性关系而进行的教育。在君臣、父子、夫妻三种关系中，臣文化、子文化与妻文化本质上是相同的，而儒家实施的教育则是这三种文化的总和，都可以纳入"妾妇之道"这个总体的概念之中。所以，中国古代的男性文化在总体上不是带有更加雄强的男性特征的文化，而是带有更加阴柔的女性特征的文化。

从中国文化发展的具体状况而言，我认为，中国男性文化可以分为下列几个主要的演化阶段：

一、原始文化阶段。在这个阶段，所有固定的文化价值观念及其价值标准还没有正式形成，所以也无法谈论男性文化与女性文化的关系。

二、前文明阶段。我将像老子、孔子这样的知识分子产生之前的中国社会，称为前文明社会；将这个历史阶段，称为前文明阶段。这是中国文化生成的历史阶段。在这个历史阶段所生成的文化，带有更纯正的男性文化的特征。它是伴随着国家的产生而产生的文化，有了国家，就有了政治，有了政治权力，有了以维护个人权力为目的的矛盾和斗争，有了以维护国家权力为目的的人类战争。所有这一切，都是男人干的事情，都是武力与武力、生命与生命的直接冲撞。这种文化，已经带有十分鲜明的霸权主义的特征。但这种霸权主义，在原初的意义上，还不是男性对女性的霸权，而是男性对男性的霸权，男性中强者对弱者、统治者对被统治者的霸权。从男女两性关系的角度，与其说体现的是男性对女性的压迫，不如说是男性对女性的保护。战争是残酷的，是以生命的牺牲为代价的，而人类和种族的繁衍直接依靠女性，男性用生命保护女性与小儿就成了人类和种族繁衍发展的需要。这是一种男女两性最原始的分工形式向社会分工形式转变的产物，至少在最初的阶段，并不是男性对女性的压迫。这种两性分工的形式在此后的历史发展中始终是存在的，尽管其中越来越多地注入了男女两性不平等关系的因素，但我们却绝对不能将所有这种分工关系的本身都视为男性对女性的霸权。只有当用一种文化价值观念体系将这种社会分工固定下来之后，只有当与男性直接相联系的国家、政治、社会权力获得了较之与女性直接相联系的生殖、生命、情爱更高的社会价值之后，这种社会分工的形式才成了男性压迫女性的形式。严格说来，这是在知识分子文化产生之后才发生的文化现象。

三、文明阶段。我将知识分子文化产生之后的人类历史统称为文明阶段。知识分子文化的产生，标志着人类或一个民族在直接的现实生产或生活活动之外，还存在着一种或多种文化价值观念体系。人们不但实际从事着各项生产与生活的活动，而且还存在着一种或多种感受、思考和评价这些活动的价值观念体系及其价值标准。具体到中国历史上，这个阶段又可以分为三个不同的历史时期：

1. 从先秦到汉唐。这是一个中国知识分子文化生成与发展并逐步实现了与国家政治的有机结合的阶段。在这里，实际上有两种不同的因素在同时发挥着作用。首先，在"文"与"武"的对立中，知识分子文化的本身具有更明显的女性文化的特征。如上所述，在前文明阶段，发展起来的是一种更纯正的男性文化，它是以"武"为特征的文化，是肉体与肉体、力量与力量、生命与生命的直接冲撞。在这种冲撞中，从整体上，男性是具有绝对优势的。而"文"，主要是一种话语形式，"君子动口不动手"。在这种话语关系中，男性并不占有绝对的优势，从长远的历史发展来看，它实际是更有利于女性文化而不利于男性文化发展的。（我认为，从当代文化发展的实际状况，我们已经能够发现，在不以强权为背景的情况下，女性运用语言的能力更强于男性。）但这时的知识分子文化，是以前文明阶段造成的男性社会为背景的，不但这时的知识分子都是男性，而且他们赖以形成自己的价值观念体系的现实政治社会也是由清一色的男性构成的。所以，就其形式，它具有明显的女性文化的特征，而就其内容，则主要属于男性文化。"男尊女卑"的价值体系就是在这个时期正式形成的。这也决定了中国知识分子文化产生之后，逐渐实现了与现实政治权力的直接结合。在这种结合中，现实政治权力赋予了这种原本不具有强权性质的文化价值观念以霸权的性质，成为当时社会上的一种霸权话语，这同时也是男权社会对女性的霸权统治。但是，在这个历史时期，这种结合并没有完全实现。"秦皇汉武，略输文采；唐宗宋祖，稍逊风骚"，他们还是以"武"为主，还是表现着比较纯正的男性文化的雄强特征的。这种以雄强为主要特征的男性文化，是具有霸权主义性质的，但仍然主要是男性对男性的霸权，而不是男性对女性的霸权。"武皇开边意未已"与"汉皇重色思倾国"是相互联系的两个方面，从整体上，中国仍然主要上演着"英雄美人"的故事。虽然当代女性不会满足于这种关系，但这种关系仍然主要是相互征服的关系：男性以"力"对女性的征服，女性以"美"对男性的征服，二者构成的是相互依存的情爱关系，不能简单地归结为男性对女性的压迫。

2. 从宋至清末。科举取士制度的形成，知识分子文化普及程度的提高，宋明理学的昌盛，使中国政治社会开始呈现出"文"盛"武"衰的特征。就其整体特征，是男性霸权主义文化的衰退与女性情爱文化的胜出。这同时导致了两种相互联系的不同后果。其一是男性文化女性特征的加强。这不但使少数女性在文化上取得了与多数男性相当的社会地位，产生了像李清照这样著名的女性词人，而且使女性在男性文化产品中的地位得到了提高。到了《红楼梦》，就有了"男人是泥做的骨肉，女人是水做的骨肉"的感叹，虽然这也是在男性立场上产生的两性观念，但要将曹雪芹生生地判定为男性霸权主义者，则显然是有些冤枉的。在这时，"英雄美人"的两性模式仍然存在着，但逐渐发展起来的却是"才子佳人"模式。如果说"英雄美人"模式是政治与生活的结合，权力与情爱的结合，男性是担负着社会的、政治的责任，担负着用生命保护女性的社会责任的，而女性则成为男性的精神家园或精神支柱，那么"才子佳人"模式则完全是生活的与情爱的了。在这种模式中，男性并不承担较之女性更严峻、更重大的社会责任，而只是女性在情感上感到满足的一个对象，女性对于男性也是这样。从表现形式上，在"才子佳人"模式中，男女两性的地位更是平等的。但事情总是有两面性的，男性的男性特征的弱化、女性特征的加强，社会责任感的降低，享乐主义倾向的发展，尽管在某些情况下会加强对女性生活命运的感同身受的能力，但在更多的情况下，则是加强了男性对女性压迫和束缚的残酷性。文弱的男性只能统治更加柔弱的女性，白面书生只能压迫小脚女人，只要男尊女卑的观念还是社会上流行的一种两性关系的观念，只要女性的社会作用仍然仅仅局限在为男性传宗接代的动物性生殖范围内，女性就要受到男权社会的更严重的摧残和压抑。所以，正是在这个历史时期，出现了大量为男性殉身的节妇烈女，女性的自由也受到了更加严重的束缚。但是，即使在这样一个历史时期，落实到具体的男女两性的关系中，也仍然有各种形式的例外。在一个存在着男性霸权主义的社会里，是不可能不存在女性对女性、女性对男性的霸权主义统治的。女性与女性的竞争，男性与男性的竞争，使有些女性与男性霸权相结合而实现对另外一些女性乃至男性的霸权统治，就成了表面上溢出男尊女卑模式的另外一种模式。总之，在任何历史时期，都不可能是所有男性的意识都属于男性霸权意识，所有女性的意识都属于被压迫、被禁锢的女性意识，在存在着男性对女性的统治的地方，也一定会存在着女性对男性的统治。事物总是复杂的，社会总是复杂的，文学总是复杂的。一旦进入具体的研究活动之中去，任何绝对的理性的历史判断、社会判断都是苍白无力的，我们必须进入对具体事物的具体分析之中去，而不能用观念代替研究。

3. 五四新文化运动之后。我们的女性文学研究多集中于这一时期，但恰恰在这一时期，男女两性文化呈现着最为复杂的状况。首先，在民族危机的社会条件下，早已呈现着明显女性化特征的中国男性知识分子文化开始寻找自己早已失落了的雄强的男性文化的特征，这从鲁迅的"立人"思想、陈独秀的《敬告青年》、胡适的《易卜生主义》都可以看出其中的端倪，但也正是他们，首先提出了妇女解放的问题。显而易见，只有这些男性的觉醒，是不可能真正实现妇女的社会解放的，他们的作品归根到底仍然是男性意识的产物，但我们却不能否认，中国现代女性的觉醒，是与"五四"男性文化意欲强化自我的权力意志的愿望紧密联系在一起的。这里的区别仅仅在于，弱化了自我本质的中国古代知识分子是在强化自我对女性的权力意志的前提下意识自我的男性本质的，五四新文化的倡导者则是在强化自我对外部世界的权力意志的前提下意识自我的男性本质的，因而他们的自强愿望与同情并支持女性权力意志的觉醒并不矛盾。在男女两性文学的二分模式中将这时男性作家的作品也视为男性霸权主义的产物，分明是违背当时的历史事实的。鲁迅将子君（《伤逝》）、祥林嫂（《祝福》）等女性形象置于"被看"的位置上，固然反映了男性作家所不能没有的局限性，但其目的却是为了加强读者对女性生活命运的感受力和对女性内心精神痛苦的想象力，从而突破男性主观体验的狭隘性而进入对女性生命体验的精神空间之中去，在更大程度上实现男女两性的精神沟通。中国现代女性意识确确实实是在反对男性霸权主义的过程中逐渐发展起来的，但这并不意味着是在反对五四时期男性文学的霸权主义的过程中建立起来的，而是在反对儒家"男尊女卑"的传统观念及其在现实社会的严重影响的过程中建立起来的。而在这个过程中，五四时期男女两性的文学是站在同样一条战线上的，将这个时期的中国女性文学与中国男性文学简单对立起来，不但无法正确地描述中国现代的男性文学，也无法正确地描述中国现代的女性文学。女性，是一个弱势群体，而弱势群体的解放首先表现为在特定历史条件、历史环境中的自强自立。直至现在，弱势民族反抗强势民族的侵略和压迫、被压迫阶级反抗压迫阶级的统治和压迫、女性反抗男性的歧视和压迫的斗争仍然常常结合在一起。在中国现代历史上，我们也能发现这种历史的发展趋势。所以，女性意识的独立性绝不意味着女性拒绝与任何男性群体相结合。恰恰相反，女性由家庭走向社会、由边缘走向中心的每一步，都具体表现为进入当时仍然以男性为主体的群体联系之中。在这种以男性为主体的社会关系中，女性有可能受到男性文化更直接、更严重的压制和束缚，但在这种更直接、更严重的压制和束缚面前仍然能够坚守自己独立的女性立场却是女性意识走向独立的主要标志。我认为，意识到这一点，对于中国现当代女性文学研究也是非常重要的。在中国现代文学史上，女性独立意识的发展有三种主要模式：张爱玲模式、萧红模式、丁玲模式。这三种模式都是存在的，但也都有自己无法克服的困难。片面强调一种模式而贬低另外一种模式，即使仅仅从女性文学发展的角度，也未必是合情合理的。与此同时，在任何一个历史时期，都会有一些女性表现出较之男性更加极端的"反叛精神"，但在很多情况下，这又是对男性社会政治、经济霸权的主动适应形式，而不是现代女性意识发展的产物。直至现在，很多研究者仍然将鲁迅笔下的爱姑称作"辛亥的女儿"，我倒认为，爱姑的反叛不是真正的反叛，而是以某种强权势力为心理依靠的。在中国现代社会，这种"心理依靠"，有时可能是中国固有传统的习惯势力，有时可能是现实的政治经济强权势力，有时又可能是外国的政治、经济强权势力。——凡是不建立在自身生命体验基础上并以自身的生命力量所承担的愿望和理想，都无法导致自我意识的真正觉醒。男性是这样，女性也是这样。

  在这里，我们还必须注意"文学"自身的特征。如上所述，相对于"武化"的"文化"，本身就是在和平条件下平等交流的方式，所以相对于"武人"的"文人"，也更具温柔和平的性质。即使战斗的文章，仍然只是"文章"，而不是杀人的刀剑，只能震撼人的精神，而不能伤及人的皮肉和生命。"语言"本身是没有阶级性的，是没有霸权性质的，话语霸权是"话语"与政治、经济等现实的强权相结合的产物，不是话语本身的特征。也就是说，男人可以用话语表达自己的思想感情和情绪，女人同样也可以用话语表达自己的思想感情和情绪。不论何种形式的话语，在其本质上起到的都是人类之间的思想与情感的沟通作用，而不是相反。将一种与政治、经济等现实权力毫无关系的话语形式直接称之为话语霸权或男性话语霸权，在本质上是不合理的。与此同时，凡是拥有政治、经济等现实权力的阶级、阶层或个人，凡是经常借助政治、经济等现实权力直接实现自己的欲望和要求的阶级、阶层或个人，其运用语言的能力是不会得到较为充分的发展的，所以，文化的真正发展，总是通过像老子、孔子、墨子、庄子、韩非子、屈原、司马迁、陶渊明、杜甫、蒲松龄、曹雪芹、鲁迅这样一些没有实际的政治、经济权力的知识分子实现的。他们的作品，在其本来的意义上是直接诉诸读者的思想和感情的，是不伴随对读者的强权压迫的，是通过读者的主体感受而发挥其具体的影响作用的。成为话语霸权的往往不是这些作品本身，而是具有霸权性质的主流意识形态对它们的解读和界定。《论语》本身不是霸权话语，董仲舒提出"罢黜百家、独尊儒术"的国家文化战略之后对《论语》的各种权威的阐释才具有真正的霸权性质。这种话语要求的是直接的接受和遵从，而不是读者的独立感受和理解。在脱离政治、经济权力关系的"语言"关系中，所有的人都处于平等的地位，男女两性更是如此。在中国古代，女性只是被剥夺了说话的权利，不是她们不具有语言才能。在这个意义上，"快嘴李翠莲"是有典型意义的。也就是说，构成了对女性歧视和压迫的实际不是语言本身，更不是那些具体的语言文本，而是剥夺了女性说话权利的政治、经济、文化的专制统治，是"权力"，不是"语言"。只要将"话语"从权力关系中剥离开来，"话语"就没有"霸权"。具体到"文学"，就更是如此。文学是传达人的内心感受和感情情绪的文体形式。如果说在男女不平等的社会上，男性更多地占领了社会和社会的理念，而在个体性的内心感受上却远不如女性更加敏锐和精细。所以，只要是一部真正伟大的文学作品，即使是男性的文学作品，也只是有可能带有明显的男性特征，而不能认为就是男性的霸权话语。霸权话语是让人不能不服从的话语，文学话语是让人不能不感动的话语，二者是有严格的区别的，不能混淆在一起。男女两性的爱情诗是互相发明的，男性的爱情诗往往是引发女性爱情诗的触媒，女性的爱情诗也往往是引发男性爱情诗的触媒。不能认为男性爱情诗就是男性在爱情上对女性的霸权占有，而女性爱情诗则是对男性这种霸权占有的反抗。文学就是文学，真正意义上的文学，不论是男性文学还是女性文学，与政治霸权、经济霸权都是毫无关联的。在这个意义上，女性文学是在参与过往主要由男性从事的文学活动的过程中产生的，而不是在反对男性文学的霸权地位的过程中产生的。在它产生之后，它自身的成长和发展同时也推动了人类文学事业的存在与发展，为人类的文学提供了男性作家所不能提供的文学范例和文学空间，而不是推翻了由男性作家创造的文学范例或占领了男性作家能够发挥自己创造才能的文学空间。也就是说，二者不是在对立的意义上联系在一起的，而是在相互推动和相互发明的意义上联系在一起的。

什么是"女性意识"？女性意识也像中国古代的"道""阴""阳"一样，是可感而不能确指的惚恍概念，是随着女性文学的发展而不断发生着改变的意识，而不像现在很多中国女性文学研究者所说的那样明白和确定。李清照有李清照的女性意识，张爱玲有张爱玲的女性意识，一千年之后的女性作家怎样理解女性我们是很难断定的。即使同样一个时代的女性，对自身的感受和理解也是不一样的，同是小说家的两姐妹，夏洛蒂在《简·爱》中流露出的对女性的感受和理解，同艾米莉在《呼啸山庄》中流露出来的对女性的感受和理解就是有差异的。女性文学研究要通过不同的文学作品具体摸索和探求各个女性作家对自身的感受和理解，摸索和探求一个时代、一个民族女性作家自我意识变化和发展的大势，而不能仅仅以一部或几部论述女性的书的观点作为衡量和判断具体文学作品的标准。不同国家和民族女性意识演变和发展的轨迹也是极不相同的，一般说来，在一个普遍具有相对明确的人权观念的国度里，女性意识发展变化的曲线振幅较小、且有某些规律可循，人权观念可以被视为这个国家或民族男女两性意识起伏波动的一个中轴线；而在一个人权观念相对模糊的国度里，因为缺乏这个中轴线，女性意识和男性意识发展变化的曲线常常是杂乱无章的，摆动的幅度有时很大，有时极小，这在很大程度上取决于权势者本人的意识状况及其思想统治能力。前者像一个健康心脏的心电图，后者则像一个不健康心脏的心电图。将这二者等同起来，会影响研究活动的有效性。如前所述，男性意识与女性意识在任何一个人的一个作品中都是相互交织在一起的，特别是在戏剧、小说这类叙事性的作品中，作者必须具有尽量深入地进入各种不同的男女主人公内在心灵世界的能力，具有将自己对象化的能力，这同时也加强了男女两性心理对作家本人的影响作用，使男女两性的感受和体验同时成为作家本人的感受和体验。仅仅从理性分析的角度，我们很难说明这种男女两性心理相互纠缠的情况，但在我们的具体的艺术感受里，我们还是能够清晰地触摸到它们的。例如，鲁迅是一个男性作家，但他的小说却"阴气"甚重，这种"阴气"实际是备受压抑的女性心理的特征。鲁迅对备受压抑的中国妇女内在心灵体验的入木三分的深入表现，说明他本人就能产生这种内心的体验。但是，鲁迅小说的这种"阴气"，又是即将分娩的临产妇女的那种"阴气"，并且是怀着一个像狼孩一样雄野健壮的男婴的临产妇女的那种达于极致的"阴气"。"我快步走着，仿佛要从一种沉重的东西中冲出，但是不能够。耳朵中有什么挣扎着，久之，久之，终于挣扎出来了，隐约像是长嗥，像一匹受伤的狼，当深夜在旷野中嗥叫，惨伤里夹杂着愤怒和悲哀。"(《孤独者》)我们甚至可以将这里的描写视为一个健壮男婴的诞生过程。这分明又是作为一个男性作家的男性意识的产物——他期望着一种具有男性雄强特征的中国文化的诞生。丁玲是个女性作家，但她的小说较之鲁迅小说却更具阳刚之美，这反映着丁玲是一个努力摆脱传统女性阴柔之气而崇尚男性阳刚之美的小说家，但她的小说的阳刚之美，却永远受到她的女性感受和体验的限制，而不可能达到阳刚之美的极致。这正像莎菲女士在符合她的理想的男性凌吉士那里一定会受到精神的伤害一样，她在她理想的男性化的审美境界里也不能不失去自己心理的内在平衡。——她到底是个女性，到底无法摆脱与她的肉体融为一体的"母性"。我认为，1957年以前的丁玲更是一个女儿性的丁玲，父亲崇拜使她将男性的世界视为一个光明的世界、理想的世界；而1957年之后则是她的母性承担了她的苦难，承担了她的生命，使她始终没有背叛她青年时期就已经建立起来的人生理想。她自始至终都是一个崇尚意志、崇尚反抗的女性作家，这使她的作品更带有男性的阳刚之气，但她的阳刚之气却从未使她写出像施耐庵的《水浒传》、鲁迅的《奔月》和《铸剑》、曹禺的《原野》、端木蕻良的《遥远的风砂》这样更具男性特征的作品来。也就是说，不论是鲁迅的小说还是丁玲的小说，都表现出男女两性意识的复杂纠缠，都不是只有单个性别的特征。正是因为一个杰出作家的杰出作品毫无例外地都是男女两性意识复杂纠缠的产物，所以一个杰出的男性作家对女性心理的刻画和描写，对女性愿望和要求的反映或表现，就不一定较之一个一般的女性作家更不真实、更不深刻。特别是在女性文学刚刚取得了自己存在与发展的社会空间的中国现代文学史上，就更是如此。只要我们不抱任何偏见，我们就不能不承认，像曹雪芹、鲁迅、曹禺这类男性作家，在对女性心理的刻画和描写、对女性愿望和要求的反映或表现上，是较之很多女性作家都更加真实、更加深入的。这并非贬低女性文学的独立价值和意义，而是认为，不论是男性作家，还是女性作家，都存在一个思想境界和艺术境界的问题，都存在一个艺术创造的问题，都不能仅仅依靠自己现实生活中那点狭隘的、零碎的直感经验的记录式叙写，就能创造出真正杰出的文学作品来。我们只能说，在同一思想境界和艺术境界的高度上，女性作家更能体现女性的感受和体验，更能创造出为男性作家所不可能创造出的审美范例。

不论是一个国家或民族的女性意识，还是一个具体女性作家的女性意识，都是不断发展变化的意识，它既有随着社会的变化而不断进化的一面，也有不断往复循环的一面。人类文化的发展变化从来不是直线的，因为它要通过代际的更替。任何一代人除了通过基因而继承着前代人的意识能力之外，其余所有的人生感受和体验都是后天获得的，它并不直接从前代人已有的感受和体验的基础上继续发展，而是从无知状态开始重新积累自己的感受和体验并在这些感受和体验的基础上重构自己的文化心理结构。这就有可能淡忘乃至完全忘却前代人的那些最基本的感受和体验，而主要以自我的感受和体验建构自己的文化心理。即使同一个人，也有幼年、少年、青年、成年、老年等不同人生阶段的变化，不但在不同的人生阶段会接触到不同的事物，而且不同人生阶段对同一种事物的感受和理解的方式也有不同。也就是说，并不是每一个人的自我意识都能得到像历史上那些杰出的思想家和文学家那样充分的发展的，也不是每一个人都能超越当时社会的习俗和传统观念的束缚的。即使那些能够超越当时社会的习俗和传统观念束缚的人，也有一个角度和方向的转换的问题。任何一个人生阶段的任何一种真实的感受和体验都有自己的特定性,是为他种感受和体验所无法代替的,它以自己的方式照亮了外部世界和内部世界的某个角落,但也有自己所无法照亮的空间,甚至会自觉或不自觉地遮蔽一些空间。所以,任何一个人在任何一个时刻都没有资格声称自己的意识就是臻于至善的意识,都没有资格声称自己对自我的本质已经有了完全准确的把握和完全透彻的了解。我们都是走在路上的人。对于任何一个人,都是看到自己的局限性要比看到别人的局限性更加困难也更加重要,发现自己的危机比发现别人的危机更加困难也更加重要,突破自己固有的思想藩篱比突破别人的思想藩篱更加困难也更加重要。我想,男性作家是这样,女性作家也会是这样。实际上,任何一个国家或民族的任何一个时代,都不可能是在无所遮蔽的完整意义上谈论"自我意识""女性意识"这些概念的,因而一个时代得到重视的也绝对不是它们的全部内容。至少在中国女性文学研究中,我们所说的"女性意识",还主要是城市青年女性的意识,是以这类女性的现实人生感受和体验为标准的。这是因为中国现代文学的接受对象至今仍然主要是城市青年,而"女性意识"的全部内容却绝对不能仅仅局限在这样一个年龄阶段。在中国古代,"媳妇"的意识是女性的意识,"婆婆"的意识也是女性的意识,"多年的媳妇熬成婆",如果"熬成婆"的"媳妇"的思想意识同原来的"婆婆"还是一样的,说明"媳妇"的意识同"婆婆"的意识在本质上并无不同。从家庭走进社会是五四新文化运动实现的女性革革命的中心内容,而在女性走进社会之后,社会地位低贱的女性的意识是女性意识,社会地位高贵的女性的意识也是女性意识。如果一个社会地位低贱的女性当获得了更高的社会地位之后与原来社会地位高贵的女性的意识并无不同,说明社会地位低贱的女性的意识同社会地位高贵的女性的意识在本质上并无不同。在五四新文化运动提出"思想革命"口号的时候,作为男性的鲁迅首先提出的是"我们现在怎样做父亲"的问题,但在我们的女性文学研究中,"我们现在怎样做母亲"的问题始终是一个被遮蔽着的问题。这种遮蔽不是没有代价的。在"出口转内销"的"新儒家"学派在中国文化界的影响开始大起来的时候,我曾在课堂上满怀信心地对学生讲:"新儒家"绝对不会成为中国当代文化的主流,即使中国全部男性公民都成了"新儒家"学

343

派的拥护者，至少还有占全国二分之一的女性公民不会完全顺从"新儒家"学派的观点。我还说：从"五四"以来，"新儒家"学派大家辈出，你们看哪一个是女性？我当时的根据是，儒家文化是歧视女性的，是公开宣扬男尊女卑思想的，只有到了五四新文化运动，才提出了"男女平等"的口号。中国当代女性，特别是知识女性是不可能意识不到"五四"反传统的价值和意义而完全站在"新儒家"学派的立场之上的。但在女性文学研究蓬蓬勃勃开展了四分之一个世纪之后，与我的预料却恰恰相反，不但有很多知识女性是更加同情和支持"新儒家"学派的，而且也出现了实质属于"新儒家"学派的女性学术权威。与此同时，在中国当代社会获得了与男性同等的子女教育权利的女性，在消极适应当前的应试教育制度，束缚子女健康、自由、独立个性的发展上，似乎较之男性还有过之而无不及。……所有这些，都说明我们所理解的女性意识，并不一定是完整意义上的女性意识，至少，它是有所遮蔽的。

我认为，新时期以来的女性意识的发展，大致经过了两个主要的阶段：其一是情爱阶段，其二是性自由阶段。这两个阶段在女性意识的发展上都起到了重要的作用，但也都有所遮蔽，因而也有走向自己的反面，导致女性"异化"的作用。

"新时期"女性意识的发展是以张洁的短篇小说《爱，是不能忘记的》揭开其序幕的，在被"文化大革命"完全政治化了的时代背景上重新提出"情爱"在人性发展中的作用是这篇小说之所以在当时引起轰动的主要原因，也充分显示了女性作家在当时的思想解放运动中的关键作用和主导地位。我甚至认为，新时期的思想革命在其本质上就是一次女性革命，这是它区别于五四新文化运动的本质特征。五四新文化运动不是一次针对政治权力发动的文化运动，而是针对中国传统的伦理道德、针对中国古代占统治地位的知识分子文化发动的一次文化运动，而这样一种文化是一种阴柔的文化，所以在五四新文化运动中起到主导作用的是像陈独秀、李大钊、钱玄同、鲁迅这样一些更具有男性气质的人物和更具有战斗精神的文章。而新时期的文化革新运动，是在"文化大革命"的背景上发生的。"文化大革命"中的中国社会是一个极度政治化了的社会，而中国政治，如前所述，向来是具有鲜明的男性特征的，是具有男性霸权性质的。当时的所谓"个人崇拜",在本质上就是一种男性崇拜、父亲崇拜、太阳崇拜,这造成了中国社会精神的干燥,人际关系的残酷,对人的独立性的严重摧残,情爱关系,特别是两性之间的情爱关系几乎被政治关系中的阶级斗争观念所窒息。显而易见,在这种情况下,已经进入社会关系中的女性公民受到的精神压抑更加惨重,这是女性在本能上就更加依赖两性的情爱关系所决定的。(除了两性关系的性愉悦之外,女性怀孕期与分娩期都需要男性的关怀和照料,这在漫长的人类历史上对女性的身体与心理都会产生极其微妙、极其深入的影响,所以女性对两性情爱关系的依赖程度向来比男性更加殷切,"痴心女子负心汉"的说法就是在这类社会现象的基础上产生的。)所以,在从"文化大革命"向新时期文化的转化过程中,女性体验所起到的作用较之男性更加重要,更加关键。与在"文化大革命"中发展到极致的男性崇拜、父亲崇拜、太阳崇拜相反,新时期发展起来的是女性崇拜、母亲崇拜、月亮崇拜。但在当时,对情爱关系的重视还没有脱离更广阔的社会背景,当时以回乡青年、下乡青年,特别是下乡青年为主体的青年作家群体,不仅有着较之前后两代人更加强烈的情感体验,同时也有城市与农村的两种生活经验和急遽变化着的人生经历,使这时的女性作家的作品即使在情爱关系的描写中也有着充实的社会内容和强烈的社会关怀。张洁、谌容、王安忆、舒婷等一大批女性作家登上了文学历史的舞台,其群体的成就远远超过了中国现当代历史上任何一个时期的女性作家的创作。与这批女性作家相呼应的是张承志、路遥等一大批男性作家,他们的创作虽然表现着比较鲜明的男性特征,但其目光也从以男性为中心的社会政治斗争(例如在浩然的《艳阳天》中,对立的两派政治势力都是以男性为中心的,而像《海港》《沙家浜》中的女主角也不是作为情爱关系一方的女性出现的,带有明显的男性化色彩)转向了两性的情爱关系。张贤亮的《男人的一半是女人》则体现了更多男性作家的女性崇拜、母亲崇拜、月亮崇拜的倾向,在艺术上也表现出由阳刚风格向阴柔风格的转移。但是,必须看到,即使在这个时期,我们所说的女性意识仍然是以城市女性知识青年的感受和体验为主体的,是以她们的幸福追求,特别是幸福爱情追求为杠杆的。在这一基础之上建立起来的女性意识,分明不等同于伏尼契在其小说《牛虻》、夏洛蒂在其小说《简·爱》、艾米莉在其小说《呼啸山庄》、丁玲在其小说《莎菲女士的日记》、萧红在其小说《呼兰河传》等作品中所表现出来的女性意识，温情化则是这时女性文学发展的主导趋势。到了下一代城市知识女性这里，因为少了上一代女性作家的更复杂的人生经历和更广阔的社会经验，两性的情爱关系便从更广阔的社会政治背景上被抽取出来，从而也淡化了作品的社会政治意义。在这时，女性文学同男性文学一样，发生了背景的转移——从社会政治背景转向了社会经济背景，精神幸福的追求也逐渐被物质的、感官的、享乐主义的欲望追求所取代，抒情性的特征逐渐淡化，世俗化的倾向逐渐加强。但在这时，"性自由"的思潮仍然推动了中国女性意识的变化和发展。

"性自由"是在消费欲望的推动下形成的。在五四时期，鲁迅曾经提出"娜拉走后怎样"的问题，并且指出，经济的独立是女性独立的前提。在毛泽东时代的政治关系中，城市知识女性在经济上虽然已经取得了自己相对独立的地位，但在当时严峻的政治关系中，"性自由"是受到严格的政治控制的。从政治关系中相对独立出来的城市知识女性，在经济独立的基础上有了实现"性自由"要求的现实条件，"性自由"的思潮也在少数城市知识女性中发展起来。"性自由"之所以在女性解放的过程中有着特殊重要的意义和价值，是因为在人类历史上男性对女性的控制首先表现为对女性的"性"的控制，这是使女性仅仅属于一个男子，仅仅依附在一个男性身上，成为男性的奴隶的关键的一环。女性在经济上的独立，包括避孕方法的发明，使城市知识女性可以更自由、更主动地支配自己的性关系，可以不再成为一个男人的专利品。——这同时也加强了女性对男性的权力，剥夺了男性在性关系中的绝对主导地位。但是，"性自由"只有同情爱关系结合在一起，才是实现女性灵肉一体、和谐发展的前提条件，才是女性自由权利的象征，脱离情爱关系的"性自由"对于女性精神的发展和女性意识的建构不但起不到促进的作用，反而会导致女性自身精神的分裂和女性独立意识的丧失。这里的原因几乎是不言自明的：在没有情爱感受的性关系中，女性不是作为有情感、有意志、有自己特定精神需求的人而存在的，虽然她已经不属于一个特定的男人，但其性关系的性质同过往无爱婚姻的性关系没有本质的差别，它不是加强了对女性自我独立存在价值的感觉，而是更加严重地丧失了自我以及对女性自我独立存在价值的感觉。在人的精神构成过程中，不伴随情爱关系的感官享乐是即时性的，是无法依靠记忆在心灵中重新复现的，能够长期留存在记忆之中并通过记忆在心灵中不断重构的只是在性行为之中或之外的情爱关系，女性对女性自我的存在及其独立价值，更是在这种情爱关系中得到具体的体认和证实的，是构成女性生命体验和精神感受的具体内容。在女性生命的全过程中，只有在有限年龄阶段的有限时空范围之中，才对性感官享乐有更高的需求，而对情爱关系的需求（不一定是同一个对象的，也不一定是异性的）才是终生的，它是能够长期营养女性的生命、坚定女性的生存意志、支撑女性的精神大厦的生活内容之一。中国社会的这种"性自由"，并不是在社会自由和思想自由的背景上自然而然地生成与发展起来的，在更多的情况下也不是在争取社会自由和思想自由的过程中生成与发展起来的，而是在脱离社会政治联系的个体的、世俗的、感官享乐生活的基础上发展起来的，是以漠视社会政治权益、追求个体人当下的快乐感受为前提的。但是，中国社会本身却是高度社会化、政治化了的，所谓女性在经济上的独立，也是在社会化的经济体制内部的独立，是以承担对社会、对他人的责任为前提的。当人们崇尚的只是脱离社会政治经济联系的个体人的感官享乐和快乐感觉，当人们已经意识不到个人对社会、对他人的责任，个人对世界的关系，个人对自然的关系，个人对社会的关系，个人对他人的关系，就"有可能"变成掠夺与被掠夺的关系，而这是与女性的母性本能直接相抵触的，对于女性意识的破坏作用甚至比对于男性意识的破坏作用更大，更显著。在这样一种关系中，不但两性的情爱关系更难建立起来（情爱关系是一种非实利主义关系，并且是在非实利主义关系中得到具体地体认的），而且是导致社会腐败、社会两极分化的根本原因。在这个历史时期，不但有大量男性在物质实利欲望的推动下走向犯罪的道路，而且也有大量女性在疯狂追逐物质实利的过程中走向犯罪的道路。在中国历史上，这个时期大概是女性犯罪率最高的一个时期。从其本来的意义，"性自由"是有利于女性的精神解放的，但当将它从社会自由和思想自由的追求中孤立出来，就成了导致女性重新被"异化"的原因。在这时，女性的"性自由"归根到底还是现实政治、经济权力关系的润滑剂，起到的是维系现实政治、经济权力关系的作用。这同新时期在社会追求基础上的情爱追求本质上是不同的。这个时期的女性文学，经由非政治化的"小女子"写作，直接打出了"身体写作""下半身写作"的旗帜，其中哪些属于女性自由意识发展的产物，哪些仅仅属于物质感官享乐欲望的刺激，当然还要做具体的分析。但从总体上，以"性自由"为旗帜的女性文学较之以"情爱"为旗帜的女性文学对女性意识有着更大的遮蔽面。至少在当前的中国，"性自由"对于女性意识健康发展的作用还局限在极其有限的范围，而在整个社会上，则表现为女性更严重地陷入男性社会的霸权主义文化的控制之下，其依附性的特征反而较之20世纪80年代有了急遽增长的趋势。

新时期的中国女性文学几乎是在直接消解"中华儿女多奇志，不爱红装爱武装"这样一联诗句的意义中建立起来的，但我认为，"不爱红装爱武装"尽管不是女性意识的常态表现，但在已经社会化、政治化了的当代中国社会，"不爱武装爱红装"也未必是女性意识的常态表现。女性文学有与男性文学相区别的本质特征，但与男性文学也有藕断丝连的联系，这个联系就在于它们都是文学，都具有作为一种文学产品所不能不具有的人性价值和社会意义。

以上是我作为一个男性对当代中国女性文学的一点看法，其中取的自然是一个男性的立场，但是否仍然具有男性霸权主义的性质，我自己是很难做出正确的判断的。但在主观上，却不是为了亵渎中国当代的女性文学，而是为了中国当代女性文学的持续繁荣和发展。我认为，中国当代女性文学已经处在一个转变的路口，重新获得它对中国社会和中国社会思想的发言权，则是这个转变的关节点。

新时期以来的女性文学研究是取得了很大成就的，但我认为，迄今为止，我们仍然常常囿于女性文学的定义，并多在男女两性文学的对立中使用这些定义，这就影响了我们在更广阔的视野中从多方面探索女性文学的发展。

原载《文艺争鸣》2007年第9期

中国现代主义文学论(上)

研究中国文学，必须有适于中国文学研究的独立概念。只有有了仅仅属于自己的独立概念，才能够表现出中国文学不同于外国文学的独立性。中国现代文学之所以至今被当作外国文学的一个影子似的存在，不是因为中国现代文学就没有自己的独立性，而是我们概括中国现代文学现象的概念大都是在外国文学，特别是西方文学基础上建立起来的。在创作方法的范围中尤其是如此。在过去，我们所说的现代主义文学，就是西方的一种文学；我们所说的中国的现代主义文学，就是在西方现代主义文学的影响下创作出来的文学作品。这就把中国的文学完全纳入了西方文学的价值体系之中，自身的独立性表现不出来了。在这里，我们必须把"中国现代主义文学"当作一个独立的概念，一个不完全等同于西方现代主义的独立的创作方法。实际上，五四新文化运动就是中国的一个现代主义文化运动，五四新文学运动就是中国的现代主义文学运动，从那时到现在的新文学创作就是中国的现代主义文学，它不但包括受西方现代主义影响的现当代文学作品，也包括受西方浪漫主义和现实主义文学影响的文学作品。"中国现代主义"是与"中国古典主义"相对举的文学概念，它是在追求中国文学的现代性、摆脱"中国古典主义"的束缚的努力中建立并发展起来的。它同西方的现代主义文学一样，在其产生并发展的过程中，一直居于先锋派文学的位置，是探索性的、实验性的，是与社会群众习惯性的审美心理和固有的文学传统不同的文学。中西现代主义文学的差别,是由于中西文学在共时性的发展中同时又有着历时性的差异所造成的,也是由于二者有着完全不同的文学传统造成的。当中国文学在现代性的旗帜下与中国的古典主义告别的时候,西方文学则是在告别浪漫主义、现实主义的过程中获得自己的现代性的,它们的现代性是与浪漫主义和现实主义相区别的。但西方的浪漫主义、现实主义和西方的现代主义的影响在中国共同参与了中国文学家为中国文学的现代化转变所做的努力,它们共同起到了促进中国文学由旧蜕新的现代化转变,因而它们也共同组成了中国的现代主义文学。与此同时,中国文学的现代化转变又不仅仅由于西方文学的影响,中国现当代作家是以自己的方式综合并发展中外文学传统的,是受中国现当代文化环境的制约的。它在统一的中国文学的现代化转变的旗帜下构成的是一种独立的创作方法,它们之间的不同是在这统一创作倾向中显现出的不同,而不是根本的对立。这个创作方法我把它称之为"中国现代主义"。我认为,中国现代主义文学还远没有走到自己的尽头,它至今仍是中国的先锋派文学,至今没有被社会的大多数成员当作"国粹"来接受,来理解,像西方读者把巴尔扎克、列夫·托尔斯泰、易卜生当作"自己的"文学经典一样。也就是说,中国文学的后现代时期尚未到来,在现阶段,西方后现代主义文学(假若西方真有一个后现代主义的话)的影响仍是中国现代主义文学发展过程中的外部影响力量,它仍和西方浪漫主义、现实主义、现代主义一起共同对中国现代主义文学的发展起到特定的外部影响作用,因而它们也都不可能是中国现代主义文学的本身。我们说从"五四"以来的中国新文学就是中国现代主义文学,就是说,这个文学是以中国文学的现代化转变为自己的根本目标的,是中国现代社会的先锋派文学,是以告别传统为自己的根本标志的文学。假若说,西方现代主义的创始者们是在"上帝死了"之后,因为落入现代性的孤独而有了对文学的现代主义的理解,中国的文学家则是在"圣人死了"之后,因为落入现代的孤独而有了对文学的中国式的现代化理解。二者在表现形式上是不相同的,也不应当相同,但在这一根本点上,中国"五四"以来的文学同西方现代主义文学又有着更多相同或相通的性质。也正是因为如此,我们不能把它概括为"中国现实主义文学"或

中国现代主义文学论(上)

"中国浪漫主义文学",而只能把它概括为"中国现代主义文学"。它是中国的现代主义,而不是西方的现代主义,是把中国文学提高到现代性高度的文学,是体现着中国文学家对文学的现代性理解的文学,是表现中国知识分子在现代世界的感受和情绪的文学。

只要我们把五四新文化运动理解为中国的现代主义运动,把五四文学革命理解为中国的现代主义文学运动,把中国现当代文学的发展历史理解为中国现代主义文学的发展历史,我们对中国现代主义文学与西方现代主义文学的基本关系就有了一个基本的了解:中国现代主义文学与西方现代主义文学是在世界文化和世界文学的共时性地震中发生的两种各向不同乃至相反方向发展的文学。这个结论是不难理解的,当中国文学与西方文学进行接触的时候,西方文学正在发生着从浪漫主义、现实主义向现代主义转变的过程,在这时,中国文学家对中国古典主义文学的革新愿望与西方文学家对西方浪漫主义和现实主义文学的革新愿望发生的是共时性文学地震,但这种地震一旦发生,二者就有了各不相同的发展方向。中国现代主义文学是在与中国古典主义文学的区别中意识自己的现代性的,而西方现代主义文学则是在与西方浪漫主义和现实主义文学的区别中意识自己的现代性的。在这种情况下,西方现代主义者有可能在中国古典主义文学传统中找到与自己的浪漫主义、现实主义文学传统相区别的文学经验,而中国现代主义者也有可能在西方浪漫主义和现实主义文学传统中找到与自己的古典主义文学传统相区别的文学经验。也就是说,中国现代主义文学在与西方现代主义文学具有了共同的现代主义性质之后,在表现形式上几乎必然地呈现出与西方现代主义文学迥然不同的发展方向,它不是更多地表现出与西方浪漫主义文学和现实主义文学的差别,而是会表现出与它们更多的相近的特征。中国现代主义文学作为一种统一的文学潮流,作为一种创作方法,是在中国现当代作家表现自我在现代中国社会的历史进程中产生的真实人生感受的基础上发展起来的,是在实现中国文学的现代化转变的过程中形成的,是以自己的方式综合中外文学的多种文学经验创造出来的,因而也更多地具有西方现实主义文学和浪漫主义文学的特征。西方现代主义文学在中国现代主义文学中发生的是一种倒影式的变化,即那些在主题思想、表现形式上与西方现代主义文学作品有着更为单纯的联系，在中国文学的发展史上不同时具有现实主义或浪漫主义性质的文学作品，在更多的情况下表现着意蕴上的单薄和艺术上的粗糙，因而也更少中国现代主义文学的性质；倒是那些在主题思想、表现形式上与西方现代主义文学作品有着明显的差别，在中国文学发展史上同时具有现实主义的认识价值和浪漫主义的情感表现价值的文学作品，有更鲜明的中国现代主义文学的性质，因而也有更高一些的思想艺术价值。

中国文学的现代化转变是从胡适1917年在《新青年》杂志发表《文学改良刍议》开始的，当我们追溯他的文学改良主张的直接来源时，我们却能发现他的文学改良的具体主张并不是从西方浪漫主义和西方现实主义者那里接受过来的，而恰恰是在美国意象主义者的文学主张中"抄袭"过来的。在这里，反映的不仅是一个文学来源的问题，同时也是一个如何理解胡适的《文学改良刍议》和由此引发产生的中国新文学的问题。仅以西方现代主义的具体特征为标准，我们很难把胡适当作一个现代主义者，但一旦把他纳入中国文学发展史上来理解，他的现代主义性质就是异常鲜明的了。他的文学改良主张和白话文革新的主张之所以在中国新文学的发展史上具有关键性的意义，恰恰在于它的现代主义的性质，在于它要实现的是拆除掉横亘在中国知识分子与现代世界之间的语言障壁，建立中国知识分子与变化着的现代世界的更直接更亲切更有效的精神联系，并在这种联系中创造属于中国现代知识分子的文化与文学。任何一种语言都是在主体与客体的直接联系中产生的，在这时，人类的每一个语言概念都自然地浸透着人的主体感受和由这主体感受所赋予客体的丰富意蕴。它是一种"意象"，而不是一种纯客观的"形象"；是一种呈现于直观中的意蕴，而不是一种抽象的思想、绝对的理念。古代神话之所以具有不可磨灭的文学价值，就在于它是初民在与周围世界的直接联系中产生的，是被生成的东西，而不是来自语言的语言，所以这种语言才是活的、有生命力的机体。而一旦语言成为语言的来源，它就不再具有人与外部世界的直接联系的性质，就不再包含主体的感受和由这感受赋予它的丰富的意蕴，因而也就失去了表现力。西方意象主义的具体文学主张对我们并不重要，重要的是它所提出的是西方现代诗人必

中国现代主义文学论(上)

须重新建立自己与周围世界的直接联系的问题,是诗歌语言应当浸透着诗人主体感受和由这感受赋予的丰富意蕴的问题。西方浪漫主义诗歌曾经为西方文学建立起丰富多彩的直抒主观感情的诗歌语言,但一旦这些语言已经成为现成的流行的语言,一旦人们可以很轻易地对之进行机械的复制,这些语言形式就不但不再具有表现人的主观感情的职能,而且可以成为覆盖人的主观感情的厚重的语言帷幕;西方现实主义诗歌也曾为西方文学建立起丰富多彩的描绘外部世界的形象化语言,但这些语言也大都成为人们所熟悉、所广泛运用的语言,当人们即使脱离开自己的直观感受也能熟练地运用这些语言的时候,这些语言在西方现代诗人手里的表现力就大大降低了。没有新的创造,西方诗歌的语言就有可能失去自己的生命活力,西方意象主义就是为了挽救西方诗歌的衰落而做出的一种新的努力。毫无疑义,胡适所实现的也是这样一个文学改良的任务。中国古代产生的文言文、格律诗,早在五四新文学革命之前很久,已经成为中国知识分子所反复做着的玩积木的游戏。他们的语言是从古人的语言中产生的,他们的诗歌是从古人的诗歌中产生的,他们对中国古代人创造的语言不断做着各种形式的排列组合,排了又拆,拆了再排。这种游戏僵化了中国知识分子对自我所生活的世界的活生生的感受,同时也僵化了中国的文学和中国的文学语言。中国语言的活力早就转移到了像小说和戏剧这样没有高雅地位,用更接近人的口语的白话文创作的作品中来。到了近代社会,中国传统的文言文和格律诗对大量新生成的语言的排斥已经达到了人们难以忍受的程度,它们成了把中国现代知识分子与现代世界隔离开来的一堵又厚又重的语言障壁。拆除中国知识分子与现代世界的这堵语言障壁,重新建立自我与周围世界的直接联系,并且在这种联系中创造出属于自己的语言和诗歌,实际上是胡适文学改良主张和白话文主张的实质意义。不难看出,这也是胡适与西方意象主义者最根本的联系之所在,是胡适之能够被称为中国现代主义文学运动的首倡者的原因之所在。在具体的文学主张上,胡适与西方的意象主义者之能够走到一起,是因为他们共同的目标是清除掉横亘在创作主体与外部世界中间的全部抽象的、没有表现力的词汇,而使诗歌语言成为主客体直接相会的精神场所。胡适的"八事"和美国意象主义者的

"六大信条"所追求的都是这样一个根本的目的。但是,这个根本的目的却是在两个不同的文化和文学环境中发挥作用的,这使胡适没有成为西方意义上的意象主义者。他用西方意象主义的按钮,打开的是整个中国文化和中国文学的电门,在这个意义上,他是比西方的意象主义诗人更伟大的文化和文学革新家。他的价值并没有因为他的文学主张是从西方意象主义者那里"抄袭"来的而受到西方意象主义自身价值的限制,也不因他没有成为像西方意象主义者那样的现代主义文学家而较之西方意象主义者更少历史的贡献。但在诗歌创作上,他却是比西方意象主义诗人蹩脚得多的诗人,西方意象主义的影响并没有保证他在诗歌创作上也达到西方意象主义诗歌创作的成就。这里的原因也是明显的,当西方意象主义者提出自己的意象主义诗学原则的时候,他们已经是一批有着共同追求的诗人,他们的成功不仅仅依靠他们的革新主张,更依靠他们全部的创作才能。但到了胡适这里,情况就完全不同了。他是在有了诗歌改革的愿望之后才开始自己的新诗实验的。前者正像实验成功之后做出的实验报告,后者则像看到别人的实验报告之后自己才开始做的实验;前者的成功不论大小都是已有保障的,后者能否成功则必须考之他自己的实验结果,我们是不能由西方人的成功证明中国作家的自身的成功的。西方的意象主义在胡适这里结出了一个较之它自己更大得多的文学硕果,但却没有结出像它自己那样的意象主义诗歌。

五四文学革命产生的第一个有才能的伟大文学家是鲁迅。对于鲁迅,我们过去用现实主义概括他一生的文学创作,现在有更多的人开始看到他与西方现代主义文学的有机联系。但我认为,不论我们用西方的现实主义还是用西方的现代主义,都无法精确概括这样一个独立的中国现代作家。我们只能说,他是"中国现代主义文学"的奠基者,他与西方现代主义文学的联系和区别,集中体现了"中国现代主义文学"与西方现代主义文学不能不有的联系和区别。他属于现代世界,但又属于现代中国。他的现代主义基本性质不仅仅体现在他与西方现代主义文学的共同特征里,同时也体现在与西方现代主义文学的区别里。什么是现代主义?我们已经有多得数不清的定义,也有对它的多种哲学基础、表现手法、风格特征的论述。但我认为,现代主义表现的就是现代人对世界、对人类、对自我整体存在及其存在命运的体验和感受。现实主义告诉我们现实的世界是什么样子的，它由哪些有着不同个性的人构成，他们之间发生着哪些矛盾和斗争，他们各自的命运是怎样的。现实主义作家对他所处的世界是有自己的感受的，但他不以自己的主观感受代替对客观现实的描绘，他重视的是外在于自己的那个真实的世界，而不是自己如何感受这个世界，也不是独立于外部世界之外的那个内在于人心灵中的精神世界。浪漫主义告诉我们的是作者的主观感情和主观理想，告诉我们他自己的欢乐和痛苦，他自己的想象和梦幻。浪漫主义作家对他所处的世界也是有自己的感受的，但他更重视的是他的主观感情的世界，他生活在自己的主观感情里，就像生活在上帝的身边，生活在伊甸园里，并以此摒弃掉外部的世俗的世界，抗拒着这个世界对他的心灵世界的侵扰。现代主义则不相信有一个脱离开人的主观感受的所谓绝对真实的客观世界，它认为对于人最真实的不是外在于人的那个客观的世界，而是人的感受中的世界；它也不相信有一个完全脱离开社会人生的纯粹的、美的心灵世界，它认为人的心灵世界是一个充满各种复杂矛盾的整体，是一个连他自己也难以了解和把握的黑洞。现实主义和浪漫主义都建立在一种绝对的文化价值标准上，现实主义者相信有绝对的、超于人的具体感受的客观现实。浪漫主义者相信有绝对的、超于现实人生的崇高的精神价值，而在现代主义者的观念中，所有这些绝对的价值都是人所无法把握的，人处在相对主义的漩涡中，永远也不可能抓住具有绝对性的东西。假若西方真有所谓后现代主义文学的话，那么，后现代主义文学就是已经放弃了对绝对性、对唯一性的追求，满足于这个相对主义的世界，并把人生作为在这个相对主义的世界中做毫无意义可言的人生嬉戏的文学。现代主义者并没有放弃对绝对性、对唯一性的追求，他们感到一个失去了绝对性、失去了唯一性、失去了人的存在价值感觉的世界是一个混乱的世界，人的生存意义就在于在这个没有绝对性、没有唯一性，根本没法找到人的存在价值的绝对性证明的相对主义世界上不断寻找绝对和唯一。它们是注定找不到的，但却必须寻找，因为只有在这寻找中才能模模糊糊地体验到自我的存在以及自我存在的意义。他们在绝望中反抗绝望，在相对中体验绝对，在迷惘中寻求明确，在无意义中把握意义,在荒诞中看取真实,通过死亡意识生命。只要我们从这一点上理解鲁迅和鲁迅的全部作品,我们就会看到,鲁迅是中国现代主义文学的奠基者,也是它的一个最伟大的代表。鲁迅的现代主义同西方的现代主义有着不同的但却相通的现实基础。西方的现代主义是由于西方文化统一价值体系的瓦解,是在西方文化的现代危机中产生的,而鲁迅的现代主义则是由于中国文化统一价值体系的瓦解,是在中国文化的现代危机中产生的。在西方,"上帝死了";在中国,"圣人死了"。在西方,"上帝"曾经是维系西方文化全部价值观念体系的唯一基础,是西方文化中的绝对和唯一,是人类的起源和归宿,也是人类真理中的真理。从文艺复兴到启蒙运动,再到资产阶级革命后的科学主义、物质主义人生观的发展,西方人谋杀了自己的上帝,摧毁了人们对上帝的绝对信仰,但科学和理性却无法仅仅依靠自身的力量建立起可以完全代替宗教信仰的一套完整的、无所不包的价值体系,无法以自己的力量统一整个人类的思想,无法导致人在精神上的和谐与圆融。把全人类联系在一起的那个统一的、绝对的点不存在了,人类像无数断了线的风筝在空中狂乱地、无序地飘舞。人在人类中成了孤独无依的"个人",在自由中陷入了迷惘。西方现代主义者在"上帝"已经无可挽回地死去之后重新感到对"上帝"的需要,在知道人类永难再找回"上帝"的情况下重新寻找"上帝"的身影。这个"上帝"实际就是人类共同信仰的文化以及共同遵守的文化价值标准。在中国,像西方那样统一的宗教信仰从来就没有存在过,中国人在精神上从来就是分散的、不统一的,儒家的"圣贤观念"在政治权力的支持下曾经勉强作为统一的文化标准起到过维系中国社会的作用,但中国近现代历史的发展证明了儒家思想统治地位的瓦解已是不可挽回的趋势,"圣人死了","圣人早已死了"。中国的"圣人死了"同西方"上帝死了"的意义实质上是相同的,它们都意味着作为一个民族的统一的文化价值观念的丧失,都意味着作为一种统一的文化已经不复存在,都意味着一个民族在精神上已经沙漠化。重建中国文化、重建中国人的精神支柱是鲁迅那一代知识分子的共同愿望,但几乎只有鲁迅知道中国知识分子的这一愿望是根本不可能最终实现的,这是一个无法证明的假设,一个没有胜利的战斗,一个没有拯救对象的拯救

中国现代主义文学论（上）

行动。也就是说，鲁迅作为一个中国的现代主义文学的伟大代表，首先不是形式上的，不是艺术表现手法上的，而是精神感受上的、文化观念上的；不是个别作品上的、短暂时间上的，而是整体的、贯穿他一生的。

　　正因为鲁迅的现代主义不是形式上的、表现手法上的，而是精神感受上的、文化观念上的，因而他的现代主义与西方现代主义在形式上和在表现手法上不是重合的，不是对西方现代主义作品的机械模仿。但是，这恰恰是他的现代主义之为现代主义的基本品格，是中国真正的现代主义所应具的特征。鲁迅从来不把自己同西方的现代主义作家等同起来，他是在不想成为西方意义上的现代主义作家的情况下成为一个中国的现代主义作家的。关于这一点，雅·普实克曾经这样指出："即使是鲁迅早期作品中所采用的一些手法，欧洲散文也是很久以后才开始应用。我认为从这一点可以清楚地看出，现代文学的出现不是为了适应各种不同的外来因素和逐渐改变传统结构的渐进过程，那是一种本质上的突变，是在外部动力的激发下一种新结构的兴起。这种新结构完全不需要与激发它产生的那种结构相类似，因为作家不可估量的个性和地方传统在其中起了重要的作用。"[①]普实克是在分析鲁迅1911年写的文言小说《怀旧》时说这番话的。在这里，我们应当注意的还有它所表现出的对中国社会和中国文化的感受。《怀旧》所表现的实际是一个"圣人死了""圣人早已死了"的中国社会。"秃先生"作为中国文化的代表，作为一个"圣贤之徒"，早已把文化出卖了，早已成了权势者的仆从和物质财富的奴隶。在这个"圣人早已死了"的社会里，发生的是严重的精神沙漠化现象，整个社会陷入了没有精神滋养的混乱无序状态。显而易见，这个主题也是鲁迅后来整个小说创作的总主题之一。《呐喊》中的《药》、《故事新编》中的《补天》、《野草》中的《复仇（其二）》是三篇在表现手法上各不相同的作品，但它们所表现出的人生感受和世界感受则是相通的："神"被"人"杀害了，"创世者"被他的创造物毁灭了，"拯救者"被他的被拯救者吃掉了；这个世界没有了"神"，没有了"创世者"，没有了"拯救者"，整个世界陷入相对主义的漩涡里。《狂人日

[①]《普实克中国现代文学论文集》，湖南文艺出版社，1987，第117页。

记》的现代主义性质不仅表现在意识流小说的写法上，更表现在它所制造的是一个相对主义的迷宫。在"狂人"眼里，周围的世界是"吃人"的可怕的世界；而在周围人的眼里，他则是一个可怕的疯子。在这二者之间，在一个没有至高无上的"神"的现实世界上，在一个没有统一的文化价值标准的人世间，人们到哪里去寻找最终的审判？谁能做出绝对完美的选择？这个相对主义的世界是荒诞的世界，是一个没有真实性的世界。所以，鲁迅的荒诞主义描写并不是来源于西方的现代主义，他比西方的现代主义者更早得多地展示了这个世界的荒诞，他展示荒诞的方式也与西方的现代主义者有所不同。《呐喊》中的《狂人日记》《阿Q正传》，《彷徨》中的《长明灯》《示众》，《野草》中的《求乞者》《影的告别》《失掉的好地狱》，直至《故事新编》中的历史小说，其写法各不相同，但其荒诞的意味则是相通的，也与其作品中的存在主义相同。鲁迅是在没有西方存在主义文学的时候有了自己的存在主义作品的。他与西方存在主义有着相同的思想渊源，早在留日时期，就把自己的哲学目光投向了尼采、克尔凯郭尔这些存在主义哲学的先驱人物的身上，但那时西方并没有正式标榜出存在主义文学的旗帜，鲁迅的存在主义是在他独立地面对这个相对主义的世界时所自然形成的人生观念，他的作品的存在主义也不仅仅表现在与西方存在主义作品的相同特征中。《在酒楼上》《孤独者》《伤逝》和《过客》《影的告别》在表现形式上有所不同，但其存在主义色彩则是相同的。这些作品展示的都是人在这个相对主义的世界里所感到的精神孤独，但是，人要生存，就要反抗这孤独，就要寻找与周围人精神沟通的途径。人的生存价值就在这对孤独的反抗中，在人对绝对和唯一的无望追求中。人生的意义不存在于它的结果里，它的终点中（它的结果和终点是坟墓，是死亡，是虚空），而存在于它的过程中，它的行动中，它的生存本身。人只是一个"过客"，他在人生的跋涉中才有自己的存在。吕纬甫、魏连殳、涓生的选择都是不完美的，都是以失败而告终的，但却绝不是毫无意义的，他们是比孔乙己、阿Q、鲁四老爷、赵太爷都像一个"人"的人，因为他们选择过，活动过，追求过。鲁迅的思想，鲁迅的人格，鲁迅的全部作品都浸透着这种中国的现代主义性质，它使我们必须用现代主义的方式解读它，说明它，理解它，评判它，正像我们必须用西方现代主义的方式理解西方的现代主义文学一样。

鲁迅的现代主义还向我们表明，中国的现代主义同西方的现代主义有一个根本的差别，即西方的现代主义是在与西方的现实主义和浪漫主义相区别的意义上被理解和把握的，而中国的现代主义则是在与现实主义和浪漫主义相联系的意义上被理解和把握的。西方的现代主义在其本来的意义上就不应包括现实主义和浪漫主义，它是在对现实主义和浪漫主义的否定趋势中建立起来的，而中国的现代主义理应包括现实主义和浪漫主义，在中国现代主义文学的形成和发展过程中，现实主义、浪漫主义与现代主义的发展是一个统一过程的不同侧面，在外来的影响中，西方的现实主义、浪漫主义和现代主义共同促进了中国文学的现代化过程，共同构成了中国现代主义文学的特征。在这里，看到中西文学发展的不同轨迹是十分必要的。西方的现代主义文学是流动过程中的一节，是不同文学流派在不同发展阶段相继成为文学主潮的变迁过程，中国的现代主义文学则是在对文学的现代性的一次性追求中产生的，是由各种不同的流派共同组成的新文学的整体。中国现代文学史上的任何一个阶段，都是不同文学流派共同发展的结果，而不是一个流派压倒一个流派的结果，这种一个流派压倒一个流派的现象在中国当代文学史上也曾出现过，但那不是文学自身发展的结果，而是外部力量干涉文学的结果。在西方现代主义文学成为文学主潮之前，西方的现实主义和西方的浪漫主义都曾经得到过长时间的充分发展，创造了至今仍然广为流传的众多经典性的作品，西方现代主义是作为另一种形态的文学为广大读者所接受的，它们之间的不同特征是人们把握和理解西方现代主义文学的主要形式，也是描述西方文学发展史的主要形式。西方现实主义文学的充分发展，在西方人的观念中造成了一种关于"现实"的既定观念，认为"现实"就是在西方现实主义作家笔下描写的那个样子；西方浪漫主义的充分发展，在西方人的观念里造成了一种关于"情感"的既定观念，认为人的"情感"就像西方浪漫主义作家所抒发的那个样子。西方现代主义作家的人生观念发生了变化，他们感到"现实"并不像西方现实主义者所描写的那个样子，人的情感也不像西方浪漫主义者所抒发的那个样子，因而在他们相继走入文坛之后，他们要改变的是西方人关于"现实"的现实主义观念，关于"情感"的浪漫主义观念，不论在对人的外界现实和内在世界的表现上都具有反叛西方现实主义和西方浪漫主义文学传统的意义。但在中国文学家异常自觉地追求着中国文学的现代性转变的时候，中国还没有充分发达的现实主义和充分发展的浪漫主义。充分发展作家对周围世界的精神感受力，更真切地表现作家主观感受中的世界和人的内心精神世界；充分发展作家对周围世界的认知能力，更真实地表现周围的社会现实和各种人物的生活命运；更充分地发展作家的感情表现力，更大胆地抒发作家对周围世界和周围人的感情态度，在中国现当代作家这里从来没有构成过尖锐的矛盾，从来是所有中国现当代作家同时追求着的目标。它们是一荣俱荣、一败俱败的关系。人们对感受的真实、感情的真诚、现实的真实各有不同的理解，但从没有一个作家从根本上反对这三个各不相同的标准。我说的中国的现代主义，就是这三个共同标准下发展起来的文学，它在中国作家这里实际上构成了一种创作方法，而不是三种不同的创作方法。这在鲁迅的作品中可以得到充分的说明。在鲁迅的作品里，对社会现实的真实描绘，就是对他感受中的现实的真实表现，同时也是鲁迅真实感情的表现方式。它有时是像《孔乙己》《风波》《祝福》这类的小说，有时是像《颓败线的颤动》《雪》《秋夜》这类的散文诗，有时是像《阿长与〈山海经〉》《藤野先生》《范爱农》这样的散文，有时是像《夏三虫》《推背图》《"友邦惊诧"论》这样的杂文，但不论其形式如何，这三种东西都是结合在一起的。鲁迅抓住了自己的感受，也抓住了周围的现实世界，同时也表达了自己对周围事物爱憎恶欲的感情态度。在他的作品里，写实的，抒情的，象征的，意象的，讽刺的，荒诞的，这些在西方文学中有着严格区别的东西往往非常不可思议但又是自自然然地结合在一起的。鲁迅作品中几乎所有写实性的形象都具有抽象的、多义的象征意义：它是真实的，但同时又可能是荒诞的；它切实得比切实还切实，但又朦胧得比朦胧还朦胧。像《阿Q正传》中的阿Q，《这样的战士》中的"这样的战士"，《补天》中的女娲，《铸剑》中的眉间尺、"黑面人"，杂文中的"叭儿狗"、"流氓加才子"、"豪猪"、要吸人血但又要哼哼一些吃人的

中国现代主义文学论（上）

大道理的"蚊子"等大量的艺术创造，其总体特点都不能用西方现实主义、浪漫主义和现代主义来概括。它们的特点与其说是固定的，不如说是游动的。它们是在最高的抽象性与最高的具体性、最高的客观性和最高的主观性之间游动着的虚象，你甚至无法确定它们与你自己的关系。你不会把《水浒传》中的鲁智深、《复活》中的聂赫留朵夫想得再抽象，也不会把他们想得再具体；不会感到他们离你更远，但也不会感到他们离你更近。但阿Q不同，他可以由极具体上升到极抽象，也可以从极抽象返回到极具体；有时可以与你立于绝对对立的两极，有时与你的距离又消失到无，使你感到你就是阿Q。但情况又往往是这样的：当你感到自己就是阿Q的时候，你恰恰已不再是阿Q，而当你不承认自己是阿Q的时候，你恰恰正是一个阿Q。实际上，鲁迅笔下的很多形象都具有这种特征，只不过我们还很少从这个方面意识它们。所以，鲁迅所体现的是一种与西方现实主义、浪漫主义、现代主义、后现代主义都不相同的创作方法。西方人标榜了很多自己的创作方法，为什么我们不可以把鲁迅所体现的这种创作特征作为一种独立的创作方法、作为"中国现代主义"呢？中国现代主义同样也是有自己的理论根据的，同样也是有自己的人生哲学基础的。在中国古代文化中，从来不脱离开主体感受讲客观现实，也从来不脱离开主观感情讲精神感受，三者共处在同一结构中。中国古代文学的区分是由不同的人生观念区分开来的，入世的儒家知识分子和出世的道家知识分子，各有自己感受社会人生、感受世界的不同方式，各有自己不同的真实观和不同的主观感情，它们之间的区别是所有这些方面的区别，而不是哪一个方面的区别。抒情的、写实的、梦幻的乃至荒诞的，各种不同的表现手法往往在一个作家手里同时得到应用，一部《红楼梦》几乎包含了中国古代文学中的所有艺术表现手法，并不像巴尔扎克与卡夫卡那样各自有各自的艺术描写方式。鲁迅与传统知识分子的区别也是人生观念上的区别，这种人生观念改变了他对人生、对社会、对周围世界的感受，也改变了他对客观现实的认知，同时也改变了他对周围不同事物的感情态度。在他这里，中国文学发生了由古典向现代的转化，但这种转化不只是像西方现实主义、浪漫主义和现代主义那样的转化，它是综合的，而不是分别的。直面现实的现实主义精神，敢哭敢笑敢怒敢骂的浪漫主义精神，作为"残酷的人类灵魂的拷问官"的现代主义精神，在鲁迅这里从来不是相互对立的倾向。它是中国的现代主义，而不是西方的现代主义。西方的影响是它的触媒，而不是它的结果。这些触媒在鲁迅身上发生的是综合性的影响，而不是单方面的排他性的影响。

五四文学革命之后，新文学成了中国文学独领风骚的雅文学。它把古诗词的创作挤出了社会文学的领域，把传统小说的创作挤出了社会雅文学的领域。也就是说，中国新文学是把中国现代知识分子对自我和社会人生的表现当作自己的本质特征的，它是现代主义的。但是，接续新文化的倡导者走入新文学阵营的是一大批青年知识分子，他们成了新文学界的主要力量，也把他们的特征带入了新文学界。青年文化的一个重要特征是在学习中选择，在选择中意识自己。他们还无法仅仅通过自己的而意识自己。留日时期的鲁迅喜爱西方摩罗诗人的作品，同时也以西方摩罗诗人的榜样塑造自己，后来的失败才"使我反省，看见自己了"（鲁迅：《〈呐喊〉自序》），所谓"看见自己"，就是不从自己所喜爱的对象意识自己和自己的价值，而仅从自己与自己所处的人文环境的关系出发来意识自己和自己要追求的目标。但形成了迄今为止的中国现当代文学研究的传统的新起的青年作家多数无法做到这一点，那时的青年文学家大都是以自己喜爱的文学作家或文学流派建立自己和阐释自己的，文化上的开放则使他们更多地以西方文学作家和文学流派为自己崇拜的对象，因而也以他们的标准意识自我和自我的追求。直至现在，我们几乎还只能依照中国现当代作家自己所崇拜的文学和文学流派来阐释和说明这个作家自己的作品，于是我们就有了现实主义、浪漫主义和现代主义的界定。但这是极不合理的，对一个中国现当代作家的界定应是在中国现当代文学发展的过程中，依照其作品所发生的实际影响做出的，而不应是以作家对自我的意识为标准的。如果我们严格以一个作家在中国现当代文学发展中所实际发生的影响作用为标准，我们完全可以说，没有一个中国现代作家是真正意义上的西方现实主义者，也没有一个中国作家是真正意义上的西方浪漫主义者或西方现代主义者。我们过去把文学研究会作为现实主义的文学团体，茅盾则是在理论上提倡西方现实主义和自然主义的文学理论家。但他的第一部长篇小说《蚀》就不全是现实主义和自然主义的。我们与其说茅盾是中国的现实主义的或自然主义的作家，不如说他是中国最早的也是最杰出的都会主义文学的代表作家。在《蚀》中，他着眼的并不是现实的人与人的关系，不是人的各种不同的实际追求，而是现代大都会知识青年的情绪感受。这些情绪感受的现代主义性质是异常明显的：颓废、绝望、迷惘、孤独。真正推动着他们的是连他们自己都意识不到的本能，特别是性本能的欲望。这与西方现实主义小说中的青年主人公就是根本不同的，他们追求的目标不是实际的，而是精神上的，他们是与西方现代主义作家笔下那些失去了精神家园的主人公相同的一些人物，这个主题同时也是鲁迅《故乡》的主题。茅盾对本能、特别是性本能作用的理解和运用也是现代主义的，接近于弗洛伊德而远离左拉。左拉是在生物学、特别是遗传学意义上理解和运用人的本能的作用的，茅盾则是在本能、特别是性本能的压抑或满足的意义上理解和运用它的。显而易见，小说中人物的精神迷惘也是茅盾自身的精神迷惘，它写的不是"他们"，而是"我"和"我们"。茅盾的现代主义性质还表现在他对现代大工业的向往，轮船、火车、烟囱，现代都市的繁华在他的作品中一直是作为力量的象征出现的。在《子夜》中，他尽管试图客观地对待吴荪甫，但他仍然无法掩盖他对这样一个资本家的崇拜，他在他身上体现的是现代大工业的力量、现代城市的力量。这种倾向一直贯穿到《霜叶红似二月花》等40年代的作品中。显而易见，这不是西方现实主义的总体倾向，西方现实主义是把资本主义大工业的发展作为社会的悲剧予以表现的，这种对现代工业的崇拜倒是在西方未来主义的作品中有更明确的表现。假若仅从文学影响的角度，我们无论如何也无法发现许地山与西方现代主义的关系，但他几乎是文学研究会诸作家中现代主义意味最浓厚的一个。他的《无法投递的信件》不论从内涵上，还是从形式上，其现代主义色彩都非常明显。它把人与人之间在精神上希望沟通而又根本无法沟通的存在的悲剧表现得非常充分，也非常巧妙。"信"这个意象在中国也是极为现代化的。许地山的人生观念是建立在人的存在本身的悲剧性上的，人生的意义不在于实现幸福，而在于承担苦难。实际上，宗教意识一旦成为现代社会一个个体人的内在意识，它就不再是一种迷信，不再是宗教信徒的宗教信条，而是从现代人的人生体验中形成的某种意识的寄住形式，因而也是中外现代主义文学的特质之一。他的《缀网劳蛛》等作品虽然与加缪的《西西弗斯神话》有着刚与柔、崇高与平凡的差别，但在对人的存在的悲剧性的理解上无疑有着极为相似的地方。在表现形式上，叶圣陶与西方现实主义的关系最为密切，但即使是他，表现的也多是自我的精神困惑，而不主要是对现实社会的认知。他没有巴尔扎克、列夫·托尔斯泰、狄更斯那么广阔的社会视野，他的作品的价值主要是表现了自我对现实人生的悲剧性感受。他的《倪焕之》表现的不是主人公没有具体的人生出路，而是没有精神的出路；他的主人公与莫归桑的《俊友》、司汤达的《红与黑》、德莱塞的《艺术家》、夏·勃朗特的《简·爱》的主人公都不相同，后者都追寻某种具体的东西，而倪焕之没有任何具体的人生要求，他只要求人生的和谐与完美。怎样实现人生的和谐与完美？作者自己也是迷离恍惚的。冰心有一篇小说《分》，其写作的手法的女性的温婉使我们不太注意她对人生的悲观主义理解。不论冰心自己怎样理解自己的作品，但这篇小说自身说的却是社会人生本身就是不平等、不合理的。她的《斯人独憔悴》表达的也是无可选择的痛苦，这与庐隐的《海滨故人》所表现的情境是相通的。走进现代社会的知识女性却在现代社会中找不到自己的精神出路，用满腔的热情拥抱住的却是一个虚无的世界，这是中国现当代女性作家所反复表现的主题。只要我们把她们的作品同夏·勃朗特、简·奥斯汀的作品做一下比较，便知道她们与西方现实主义作家的作品的差别是根本性的，而不只是艺术水平的。西方的现实主义也写人的悲剧，但作家本身面对这些悲剧不是迷惘的、困惑的，而中国的文学研究会诸作家的作品，其困惑不仅属于书中的人物，更属于作家自己。他们的作品在形式上大都不同于西方现代主义的作品，但其内在精神上确有很多现代主义的因素。因而，用"中国的现代主义"概括它们是比用西方意义上的现实主义概括它们更为精确的。就是从外部联系上，文学研究会对西方现代主义文学的介绍和翻译，也一点不比别的社团少。

创造社诸作家在过去被作为浪漫主义文学团体，但他们真的更接近西方的浪漫主义者吗？郁达夫是以他的《沉沦》蜚声文坛的，我们可以把他的《沉沦》同卢梭的《忏悔录》、歌德的《少年维特之烦恼》放在一起加以比较。卢梭尽管忏悔了自己一生的罪恶，歌德尽管通过小说的主人公之口抒发了自己爱情上的痛苦，但他们对自己和社会人生本身并不是绝望的，而郁达夫则不但绝望于现实人生，同时也绝望于自己。他是一个溺毙者、零余者、孤独者，他与屠格涅夫笔下的"多余的人"的形象也是不同的。屠格涅夫笔下的"多余的人"对自己是充满信心的，他们的多余是从作者眼里看出来的，而不是他们的自我意识。这种自己意识到的"多余"，恰恰是西方现代主义作家的自我感受，是卡夫卡的《变形记》所表现出来的人生观念。郭沫若是一个乐观主义者，但他的乐观主义更像西方的未来主义者，他是在对大的、有力的、有类于现代大工业特征的东西的崇拜中建立起自己的乐观主义的。卢梭肯定的是不完美的自我，歌德肯定的是痛苦着的自我，拜伦肯定的是感伤着的自我，华兹华斯肯定的是与大自然融为一体的平凡的自我，席勒肯定的是失败的英雄，雨果肯定的是普通人的不普通的心灵，而郭沫若所崇拜的实际是胜利了的英雄，成了名的文人，被人认识到的伟大，被人看到了的光明。他的诗歌创作无疑更多地受到西方浪漫主义诗歌创作的影响，但他的诗歌本身与西方浪漫主义诗歌是不同的。惠特曼的《草叶集》让我们感到的是诗人自己在抒发对世界、对美国、对现代社会的主观感情，但郭沫若的《天狗》却有所不同。他笔下的"天狗"同鲁迅笔下的"狂人"（《狂人日记》）、"黑面人"（《铸剑》）有着更多的相同特征，它们都是作者自我的变形表现。作者将自己体现在一个完全不同于自己的外部形象中，并以这个变形的自我表达自己的内心情感和内在精神。二者的区别仅仅在于，鲁迅通过变形表现的是自我的悲剧处境，郭沫若通过变形表现的是自我的力量。这是一种有类于西方表现主义的艺术形式。他的《凤凰涅槃》《女神之再生》《湘累》《孤竹君之二子》等作品都有这种表现主义的性质，但这些作品又不是对西方表现主义作品的模仿。西方浪漫主义、表现主义、未来主义和精神分析学说的影响在郭沫若这时的作品里是难以分解得开的。创造社与文学研究会的区别正像西方现代主义也有各自不同的流派一样。文学研究会诸作家当时生活在国内，更多本土生活实感的表现，而创造社诸君当时生活在国外，属于当时的留学生文学，更多域外生活实感的表现。这种区别，上升不到创作方法的高度，并且他们的缺陷也是相同的：较之鲁迅，他们都缺少在人生的反复中复杂化、深刻化了的人生体验，浮面性和单纯性是他们作品的共同特点，其中也包括许地山的宗教意识。这影响了他们在文学创作上的成就，但这与创作方法没有本质的关系，任何创作方法都不能完全决定一个作家在具体文学创作上的成功与失败。

郭沫若的诗在中国不是被作为西方的什么主义被接受的，而是被作为20世纪的时代精神的体现者被接受的。闻一多的《〈女神〉之时代精神》集中体现了当时读者对《女神》的理解和把握。他说，郭沫若的精神"完全是时代的精神——二十世纪的时代精神"[1]闻一多自己的诗追求的也是这种现代精神，过去说他早期是一个唯美主义者，这完全是从他的一言半语的言论中做出的错误结论。仅就诗歌创作而言，在20年代的中国诗坛上，可以说没有一个诗人的诗能像闻一多的诗一样，具有这么浓郁的现代主义的性质。他的现代主义不是在西方现代主义诗歌的影响下产生的，而是在对现代中国悲剧处境的切骨感受中自然产生的。我们常常以艾略特的"荒原"意识为标准在中国的诗歌中寻找现代主义，实际上鲁迅的"沙漠"意识和闻一多的"死水"意识才是中国现代主义文学中足以与西方现代主义文学中的"荒原"意识相对应的东西。闻一多诗歌的整体特征是自我的被囚禁感，他找不到一种能够直接表达内心情感的方式，他的表达就是不表达，他在不表达中实现自己的表达。他用笑的形式哭，用哭的形式笑；用赞扬的方式咒骂，用咒骂的方式赞扬。这是诗歌中的"反讽"。徐志摩的诗与西方浪漫主义的诗歌有着更多的相通之处，但他同样不是一个纯粹的浪漫主义者。他有他的《再别康桥》这类的诗，但也有《火车擒住轨》这类的诗，前者美而不新，后者新而不美。前者是用更自由的新诗形式抒写的传统的离情别绪，后者是用不尽完美的形式表达的只有在现代中国才能产生的独特人生感受。它把诗人在现代世界中所感到的不由自主的被动性，把人类无法把握自己前途

---

[1] 闻一多：《〈女神〉之时代精神》，《闻一多全集》第2卷，湖北人民出版社1995年版，第110页。

和命运的无可奈何的感受,同"火车"这个现代意象的创造结合成为一体,使它成为一个全新的艺术创造。也就是说,徐志摩作为一个诗人,既是抒情型的,也是感受型的,他还有很多直接反映现实问题的诗歌创作,并不简单等同于西方浪漫主义。徐志摩早夭,闻一多后来离开诗坛,郭沫若的诗走的是下坡路,他们后来都没有创作出更优秀的作品,而冯至的诗在中国现代文学史上则走的是上坡路。我们从他的诗歌创作道路中所得到的启示是明确的:一个中国现代作家思想艺术上的每一个有实质意义的发展,不论它发展的是哪种艺术风格,它都同时表现为现实性、抒情性和感受性的同时深化。冯至第一期的诗歌是当时中国现代青年苦闷情绪的表现,同时也带着青春期的稚弱和清轻。鲁迅在谈到冯至所在的沉钟社作家的创作时曾说:"但那时觉醒起来的智识青年的心情,是大抵热烈,然而悲凉的。即使寻到一点光明,'径一周三',却更分明的看见了周围的无涯际的黑暗。摄取来的异域的营养又是'世纪末'的果汁:王尔德(Osar Wilde),尼采(Fr·Nietzsche),波特莱尔(Ch·Baudelaire),安特莱夫(L·Andreev)们所安排的。'沉自己的船'还要在绝处逢生,此外的许多作品,就往往'春非我春,秋非我秋',玄发朱颜,却唱着饱经忧患的不欲明言的断肠之曲。虽是冯至的饰以诗情,莎子的托辞小草,还是不能掩饰的"(鲁迅:《且介亭杂文二集·〈中国新文学大系〉小说二集序》)。到了他的诗歌创作的第二期,也就是鲁迅所说的成了"中国最杰出的抒情诗人"的时期,他对中国现实社会的整体感受力加强了,主观抒情的力度加强了,其现代主义的特征也加强了:

> 这里有人在计算他的妻子,
> 这里有人在欺骗他的爱人,
> 这里的人,眼前只有金银,
> 这里的人,身上只有毒菌,
> 在这里,女儿诅咒她的慈母,
> 老人在陷害他的儿孙;
> 这里找不到一点真实的东西,
> 只有纸作的花,胭脂染红的嘴唇。

> 这里不能望见一粒星辰,
> 这里不能发现一点天真。
> 我也要了一杯辛辣的酒,
> 一杯杯浇灭我的灵魂;
> 我既不为善,更不做恶,
> 忏悔的泪珠已不能滴上我的衣襟。
>
> (冯至:《北游(之十)》)

中国的现代主义文学只能是在中国作家的现实生活感受中升华起来的,只能是在自我表现欲望的推动下发展起来的,而不会仅仅从西方文学作品的影响下直接产生出来。所以,中国的现代主义不论升华到何等的高度,你仍能感到它后面的现实生活的基础,仍能感到它的强烈的自我表现的欲望。到了冯至的《十四行集》,其抽象性进一步提高了,但你仍能感到它与他一、二期诗歌的联系。

直接在西方现代主义文学的影响下产生的中国的"现代主义文学",可以以李金发的诗歌创作为代表。新时期开始之后,西方现代主义文学在中国作家心目中的地位提高了起来,李金发的地位也提高了起来。但这里有一个问题,即创作方法不是文学的衣裳,而是文学本身,我们不能仅从一个作品穿的衣裳而确定它的创作方法。我们可以说波特莱尔的诗创造的是一个象征主义世界,鲁迅的《秋夜》《雪》《失掉的好地狱》创造的是一个象征主义的世界,因为他们面前都有一个切切实实的现实世界,他们对这个现实世界的切实感受使他们感到这个现实世界只是一个空洞的外壳,它是不真实的,是毫无意义的,现实的事物只有作为一种象征才是有意义的,现实的世界只是另一个更真实的世界的象征。鲁迅《秋夜》中所描写的那个现实世界原本是毫无意义的,它只有作为另一个更真实的世界的象征才是有意义的,真实的。在李金发的诗歌里,实际上并没有一个被象征着的世界,作为象征主义诗歌,它是一个意义的空白,因而也谈不上是象征主义的还是现实主义的。他关心的不是这个世界,而是他的诗歌的外形。直到现在,仍有很多作家企图通过对西方现代主义写作手法的模仿把自己提高到现代主义的高度,他们

中国现代主义文学论（上）

不想切切实实地感受自己，感受自己所生活的这个世界，因而他们也不可能成为一个真正的现代主义作家。一个作家不切切实实地感受自己生活着的这个现实世界，怎么会感受到这个现实世界背后的象征主义世界？他不知道这个世界原本是什么样子的，怎么会对它做出"变形"的表现？他对世界应是什么样子的无所企望，怎么会感到这个世界是荒诞的？文学本身是不可模仿的，现代主义文学就更不能依靠对外国文学作品的模仿。中国的象征主义并非从李金发开始，而是从鲁迅开始；中国的象征主义诗歌也非从李金发开始，而是从戴望舒、卞之琳、废名这些人开始。中国的象征主义与西方的象征主义是不同的。西方象征主义创造的是一个迷乱、疯狂的世界，中国的象征主义创造的是一个寂寞、悲凉、忧郁的世界。中国现代知识分子的心灵在平静得无所作为的环境中找不到自己的寄托，西方的知识分子在混乱无序的现代都会中无法得到安憩；西方知识分子的精神找不到睡觉的地方，中国知识分子的精神找不到不睡觉的地方。前者迷乱，后者寂寞。戴望舒等人的诗歌表现的就是中国知识分子感受中的世界。

原载《天津社会科学》1996年第4期

中国现代主义文学论（下）

在讲现代主义文学的时候，我们往往把30年代左翼文学排斥在外，这是不合理的。鲁迅的《故事新编》完成于30年代，是左翼文学的一部分，把它放在世界文学史上，也是一部全新的历史小说。它的时间观念不是纯现实性的，而是现实性与主观性在主观性基础上的奇特结合。他做的是有类于电影中不同镜头的重新剪接拼贴的工作，其意义是在这重新拼贴中显现出来的。如前所述，茅盾作为一个都会主义小说作家，其意义是现代主义的。在这里，我们应特别提出胡风和在他的影响下成长起来的一批左翼青年作家和青年诗人。

胡风是作为马克思主义文艺理论家的面貌出现在中国文坛之上的，但我们仍然可以感到，他是中国现代文学史上较少以西方现成文学理论为本而更多从中国现代文学的实际发展中建立起自己的文艺思想的一个杰出的文艺理论家。他的马克思主义文艺思想不是从西方马克思主义理论中照抄下来的，因而也与西方马克思主义文艺理论有着更明显的差别。这个差别不是使他更接近西方的古典主义，而是使他更接近西方的现代主义。我们过去说他的文艺思想是从卢卡契那里照搬过来的，实际上，他与卢卡契的差异是极为明显的。如果说卢卡契的现实主义理论是以列夫·托尔斯泰的作品为蓝本的，那么胡风的现实主义理论则更像是以陀思妥耶夫斯基的作品为蓝本的。也就是说，胡风的文学思想实际处于西方现实主义和西方现代主义的结合部上。西方的现实主义者把列夫·托

中国现代主义文学论（下）

尔斯泰和陀思妥耶夫斯基都作为现实主义作家而以列夫·托尔斯泰的作品为基准，西方现代主义者则把陀思妥耶夫斯基作为现代主义的前驱者之一。这种创作倾向在边缘地带的模糊性，使胡风有可能在现实主义的旗帜下注入更多的本质属于现代主义的观念。在这里，起到更重要作用的是鲁迅的创作实践和中国的五四新文学传统。胡风的出现也标志着中国新文学开始作为一种独立的文学传统而作用于中国的文艺思想。五四时期，中国文学家的文艺思想是在中外两个不同的文学传统中形成的，新文学的提倡者是中国文学的革新者，所以他们以西方文学为自己的旗帜，而新文学的反对者则是以中国古典文学传统的维护者的面目出现的。在那时，他们只能在中与外二者之间进行选择。而到了胡风，中国新文学已经成为一种独立的文学，它是现代的，又是中国的，通过对它的阐释和理解建立起自己的文学思想已有可能。如果说冯雪峰、瞿秋白在这条道路上已经迈出了最初的一步但仍然不够明确的话，到了胡风，其独立性就极为明显了，其理论的系统性也大大加强了。冯雪峰、瞿秋白做的是让左翼作家理解、认识和接受鲁迅的工作，胡风则是以鲁迅所体现的五四新文学传统为自己的文学旗帜的。"鲁迅的现实主义"这个概念的含义是什么？假如纳入列夫·托尔斯泰、陀思妥耶夫斯基、安特莱夫这三个人所体现的俄国文学发展的链条上来思考，所谓"鲁迅的现实主义"实际上就是由后面两者所体现的现代主义。胡风则是立于陀思妥耶夫斯基这个中介点的位置上理解和阐释鲁迅和鲁迅所体现的五四新文学传统的，它的现代主义性质是非常明显的。他的"现实主义"理论的主要命题是其"主观战斗精神"，是用主观战斗精神拥抱现实，用我们现在的语言翻译出来，就是最真实的现实是作家主观感受中的现实，脱离开作家的主观感受的所谓客观的现实是根本不存在的，也是不真实的，毫无意义的。现实的真实、主观的感情都必须建立在作家主观感受的基础之上。显而易见，从其基本性质上，它是现代主义的。他以这种理论，把鲁迅的《呐喊》《彷徨》《野草》《故事新编》和鲁迅杂文这诸多不同的作品都纳入他所说的"现实主义"中来，因而，他说的"现实主义"，实际上就是"中国的现代主义"，是在创作主体的主观感受基础上把感受、认识、抒情融为一体的"中国现代主义"、中国现代文学的独立传统。路翎是在他的文学思想影响下成长起来的一个著名的小说家。他的《财主的儿女们》《饥饿的郭素娥》《蜗牛在荆棘上》等作品是更接近列夫·托尔斯泰的现实主义，还是更接近陀思妥耶夫斯基的现代主义？分明与后者有更相似的特征。路翎注目的主要是人的内部精神的动荡，而不是外部现实的变化。丁玲是左翼作家中成就最大的一个女性作家，她的一生经历本身就体现着一个现代中国女性寻找自己精神栖息地而最终也没有找到的现代主义文学主题，她离开了传统女性的精神家园，但却没有找到自己新的精神归宿。她在30年代和五六十年代的两个不同的历史阶段，经历了两次性质相同的生存危机和精神危机。她的最早的成名作《莎菲女士的日记》描写的是一个中国现代女性自身的矛盾和无可选择而又不能不选择的困惑，是她的理智和情感的不可克服的矛盾纠缠。

左翼作家在文学体裁的开拓上其成就也是不可抹杀的。鲁迅杂文是中国现代文学的一个独立的文体，它是在左翼作家的队伍中首先得到承认的，也是在左翼作家中首先得到推广的，在30年代左翼作家中涌现出了像聂绀弩、徐懋庸、唐弢等一大批杂文作家。鲁迅杂文是什么主义的？这是不能由西方创作方法的现成理论来予以确定的。但是，西方现代主义显然与西方所有传统的文学派别有一个基本的差异，即它表现的是现实世界的不可居性，人的精神家园在现实世界之外，而不在其中。在中国，没有哪一种文体能像鲁迅杂文一样，带有如此强烈的"现实世界不可居性"的意味，人的精神家园不在现实世界之中，而在对它的不断的批判中。如果说以周作人为代表的中国小品散文和林语堂提倡的幽默文体也表现着对现实世界的批判，也是带有现代主义性质的，但他们努力把二者的精神距离缩小到可以互容的地步，而掩盖起二者绝对对立的基本性质。他们的作品更多地表现着主体对现实世界的无可奈何的迁就，鲁迅杂文则表现出对现实世界的不妥协的对抗。这种对抗不是物质世界与物质世界的对抗，不是传统意义上的个人恩怨，而是精神世界与物质世界的对抗，是在现实物质世界中拯救人类精神的一种方式。就其文体，鲁迅杂文更是中国现代知识分子所独有的，在中外文学教科书上未曾明文论证过的，它是适应着中国现代知识分子的写作活动而出现、

中国现代主义文学论（下）

而发展的，而不是对中外文学传统形式的简单模仿。在西方，现代主义文学一直处于先锋派文学的地位，它是实验性的，先锋性的，它通过不断的创新而保持着自己的新颖性和先锋性。它创造的是陌生化效果，不断为读者创造出需要破译的新的文本。在中国，鲁迅杂文至今是先锋性的，是需要解读的文本，它不是对读者审美趣味的消极适应，而是对读者习惯性思维方式的干预和颠覆。它的新颖性和先锋性是在自身的灵活性中实现的，它是不可直译的。中国的小品散文就其题材和内容来说是多变的，但其形式是相对稳定的，鲁迅杂文不仅内容和题材是多变的，其表现形式也是多变的。它把中国语言的表现力提高到了空前未有的高度，是一种独立的语言表现形式，是有别于写实、抒情、论说的第四种中国语言。这种语言需要的是在你的精神感受中来理解，这也正是理解西方现代主义文学作品的方式。不在感受中，西方现代主义文学作品没有真实性可言，没有感情性可言，没有哲理性可言，但当你用内心感受与西方现代主义文学作品接通了线路，这一切都活跃起来。鲁迅的杂文也是如此。时至今日，对鲁迅杂文的明与暗的蔑视仍然存在着，但所有对它的蔑视都来自在这种文体的创作中没有取得较之鲁迅更高的艺术成就的作者群中，而这恰恰是它的先锋性的表现，是像《红楼梦》所曾经受到过的否定一样的否定。鲁迅杂文是中国现代主义文学为世界文学做出的最巨大的独立贡献，它同时也显示着中国现代主义文学的独立性、非依附性的本质。时至今日，一个中学高才生可以写出满不错的小品散文，但却很难写成一篇好的杂文；任何一个舞文弄墨的知识分子都可以写出一篇洋洋洒洒的政论文或学术论文，但不一定能写好一篇杂文；在能写好杂文的作家中，多数人宁愿去写一篇普普通通的小说，也不愿去写一篇震撼人心的杂文。鲁迅杂文所能表达的是中国人想说而不能说的那部分人生感受、思想认识和感情情绪，它不是比小品散文更落后、更少技巧性和思想性的文体，而是更带先锋性的文体。

报告文学也是首先在左翼文学中发展起来的。报告文学因它的题材而极容易被作为现实主义的，但只要把它作为一种文学形式，我们就会感到它的现代主义性质比它的现实主义性质更强烈。必须看到，并不是任何一个现实事件都能产生一篇好的报告文学，报告文学是那些最不容易进入人的现实视野而又最能撼动当时读者内心感受的现实事件的文学性报导。人们极易了解而又不感兴趣的现实事件，构不成一篇优秀报告文学的题材。它的作用同西方现代主义文学有极为相似的特征。西方现代主义作品是通过陌生化效果达到对人的深层精神的震撼，中国的报告文学则是以平常人所不易了解到的事实真相引起人的精神震动，它是对广大读者现实满足感的轰击性破坏，是感受性的，而不是认知性的。具有认知性的是新闻，而不是报告文学。报告文学从产生之日起就具有先锋派的性质。夏衍的《包身工》，不论作者自己怎样意识它，但它为我们描绘出的世界图景却是一个只有狼和羊的世界，是"狼"肆无忌惮地撕裂、嚼食着"羊"的躯体的残酷的世界。从《包身工》里，我们听到的是作者发出的恐怖的叫喊，是"救救人类"的呼救声。这种叫喊与当初鲁迅的"救救孩子"的叫喊遥相呼应。时至今日，一篇好的报告文学在中国社会中发生的影响比一篇好的小说往往还要大得多，对人们的精神震悚力也更大、更强烈。它在中国现代主义文学中占有重要的地位。

巴金、老舍、沈从文、曹禺几个作家的作品在中国30年代文学中占有一个突出的位置。在西方，创作方法是有明显的时代特征的，它说明的是一个时代或一个作家的总体创作倾向，但对于像曹禺这样的中国现代作家，你能用西方的哪一个创作方法概括他的总体创作倾向呢？在短短的时间里，他创作了《雷雨》《日出》《原野》《北京人》这样四部各不相同的剧作。在西方，从易卜生、契诃夫到奥尼尔是戏剧由现实主义到现代主义发展演变的一条不可逆的道路，但在曹禺这里，从《雷雨》（主要受易卜生现实主义戏剧的影响）到《原野》（主要受奥尼尔表现主义戏剧的影响）再到《北京人》（主要受契诃夫现实主义戏剧的影响），发生的却是西方各种创作方法的大回环。它们的影响在曹禺这里表现出的只是艺术风格上的某些不同，而没有思想艺术层次上的差异。曹禺后来创作水平的下降，既不由于现实主义的影响，也不由于表现主义的毒害，而是他失去了自己对所表现对象的强烈主观感受和由这感受产生的真实的内在激情。他同鲁迅的特点几乎是相同的，他们都不受西方某种创作方法的束缚，都是以自己的方式把感受的强烈性、现实的真实性、感情的真诚性融为一体的中国现代作家。在艺术风格上，他与诗歌中的闻一多、小说中的鲁迅都有着极为相似的特征,他们都把艺术结构锻炼到密不透风的程度,并在这结构里纳入人与人的不可谐调的紧张关系,使他们的作品都具有强大的内在张力。这种艺术的结构是极为主观的,也是极为现实的,这种结构本身就体现了他们对中国社会人生的主观感受。老舍的创作倾向,我们也不能仅从他的《骆驼祥子》《四世同堂》这一类作品来判定,他还有《猫城记》。《猫城记》的出现至少说明老舍并无意坚守任何西方的创作方法,他需要的是表现力。老舍是一个不愿开罪于世、开罪于人的人,他的表现方式要比他表现的人生感受更其温和。《猫城记》是他的一次失态,但不是他的一次迷误。从他的第一部长篇小说《老张的哲学》到他的《骆驼祥子》,再到他1949年以后创作的《茶馆》,贯穿的都是对人生的悲观主义体验。他的乐观是字面上的,而不是他描绘的人生本身。《老张的哲学》同鲁迅的《阿Q正传》、郑伯奇的《忙人》在表现形式上是同类的作品,它们都不停留在对特定人物的个性塑造上,而是对中国社会的抽象的概括性的表现。这种表现方式从本质上就是属于现代主义的。现实主义的共性仍是"一类人"的共性,而现代主义则是对整个人类社会的概括。老张的哲学不只是"老张"的哲学,而且是中国人的哲学,在中国永远无往而不胜的哲学。这种哲学的本质是它的物质性,一切所谓道德的、伦理的、思想的说教都是为了物质的利益,最后都归结在一个"钱"字上。正像你从阿Q身上无法找到自新的根据,你从老张的哲学中也无法发现中国的希望。从阿Q沙漠般的心灵中生长不出精神的青枝绿叶来,在老张金本位的哲学中也生长不出人与人之间的爱来。"爱"在这个世界上注定是被摧残的东西,它没有力量同物质的力量相抗衡。直到《茶馆》中的撒纸钱,你都会感到老舍这基本上属于现代主义的内在人生感受。巴金是一个真诚热情的人,他终其一生是一个人道主义作家,他对人的善较之对人的恶有更敏锐的感受,这使他更远离西方现代主义者的人生观念。即使他,其创作也不是单一的。他有一篇短篇小说《狗》,写一个乞儿很羡慕狗的生活,其表现手法就颇接近西方的现代主义作品,它所体现出来的巴金的内心感受,就是这个世界是荒诞的。怎样才能更精确地概括巴金一生的创作?我认为,他实际是一个用"光明"照亮"黑暗"、用"善"照亮

"恶"的作家。在他的作品里，善良的人们总是受摧残的人们，他用他们的悲剧展示的是这个世界的黑暗，揭示的是人间罪恶。他的《寒夜》写出了人与人无法沟通的悲剧，作者无法忍受这样的事实，但也无法改变这样的事实，它植根在文化中，植根在人的存在中。他与西方现实主义作家的根本区别在于西方现实主义是把善和恶当作必须正视的客观现实来描绘的，于连就是于连，拉斯蒂涅就是拉斯蒂涅，不是他们本身是善是恶的问题，而是他们怎么样的问题，是你需要了解他们的存在、了解他们存在的根据的问题，"恶"在历史发展中起的作用在像巴尔扎克这一类现实主义作家的作品中得到了较任何他种文学都更为充分的肯定。即使列夫·托尔斯泰，也不把社会现实作为整体的善或恶来表现，他用现实的善来对抗现实的恶。但在巴金这里，则是一个世界的善恶问题，他不能容忍恶的存在。在这一点上，他更接近西方现代主义者。在西方，现实主义是与西方的科学主义同步发展的，它更把现实当作一个客观的存在，而西方现代主义则是在宗教意识的复苏和现代人生哲学的发展过程中发展起来的，善与恶的问题在一个新的层面上成了西方现代主义文学的基本主题。中国现代作家带着中国传统的善恶观念接触到西方现代人生哲学，"反对旧道德，提倡新道德"，关注的仍是善与恶的问题，在善恶的区分中感受现实人生成了中国现代主义文学的基本特征之一。从鲁迅到巴金再到当前的文学作家，用不同的形式反复诉说的仍是这样一个问题。他们之间有善恶观念的不同，表现形式的不同，感受深浅的不同，思想艺术高度的不同，但他们都无法逃离这个基本主题。"善"（爱、人道主义）在哪里？在鲁迅的小说中，它有两种表现形式：一、在对现实物质世界的反叛欲望里，这是在"狂人"、吕纬甫、魏连殳这些改革者身上表现出来的人道主义精神；二、在人的自然存在中，这是在《一件小事》中的人力车夫、《社戏》中的农民和农村的孩子们、《故乡》中的两个少年、《在酒楼上》的顺姑、《风波》中的八一嫂身上所表现出来的善良。沿着这个线索思考沈从文作品的价值和意义，就可看到，沈从文展开的是鲁迅未曾充分展开的一个世界，在他的湘西世界里存在着人的自然生命力和人性的自然美。它包含在"落后"的形式中，但却是现代人在精神上所追慕的。他与鲁迅的差别在于，他没有写出现代人在现代世界上所做的近乎绝望的人性的挣扎,他的作品也不带有这种绝望挣扎的色彩,对堕落着的现代社会的轻蔑态度和对一个消失着的世界的温情追忆,使他的作品缺少西方现代主义文学作品中的那种恐怖意识和焦虑意识,而鲁迅作品中则充满了对这样一个世界的恐怖和焦虑。但沈从文的作品仍在一个方向上发展了中国的现代主义文学,他用一个不同于现代世界的世界图景,表示了对现代世界的烦厌和拒绝。他是一个现代城市社会的边城来客,他在这个世界里永远地失去了自己精神的故乡,像西方现代主义者失去了自己的伊甸园一样。显而易见,他的现代主义并不来自西方现代主义文学的影响,而是来自他的独异的生活经历和独异的人生体验。

中国现代的都会,是由几个不同的层次组成的。有一个层次是进入中国历史进程并以自己的力量影响到中国历史发展的,而有一个层次则永远处在中国历史进程之外,其思想和行动也不会直接作用于中国历史的发展。前者就是茅盾所注目的范围:官僚、政客、军官、资本家、工人、有社会意识的知识分子;后者则是新感觉派小说家们所描写的对象:由形形色色的人组成的小市民阶层。他们是只生活在自己的生活目标中的人。他们有自己的小悲欢、小算计,有自己的虚荣、自己的价值观念,就是没有对社会整体的真诚关怀。新感觉派小说家写的就是他们生活中的波波折折,他们心理中的拐拐弯弯。如果说鲁迅写的是中国农村社会的"政治",沈从文写的是中国农村社会的"风俗",那么,茅盾写的就是中国现代城市社会的"政治",新感觉派小说家写的就是中国现代城市社会的"风俗"。鲁迅和茅盾把"风俗的"集中为"政治的",故显其大而重,但也相对失去了"风俗"的平凡和亲切;沈从文和新感觉派小说家则把"政治的"淡化为"风俗的",故显其小而轻,但保留着"风俗"的平凡和亲切。人必须生活在"风俗"里,但"风俗"又是一个民族最强大的习惯势力。显而易见,直至现在,中国作家描写中国城乡风俗用的仍是这两种基本方式。新感觉派是以外国现代主义文学的一个流派命名的,但我认为,他们与外国现代主义文学的联系更带有表面化的性质。他们没有日本作家对人性刻画的那种严峻态度,而更带有中国作家的随意性和趣味性。施蛰存小说是以弗洛伊德的精神分析学说刻画人物性心理的著名小说家，这为他的人物性心理的刻画带来了精微性，但他重视的实际不是潜意识，而是前意识。在他的笔下，石秀杀嫂已经不是由于潜意识的作用，而成了前意识支配下的行动。他们的价值都不主要来自对西方现代主义艺术手法的模仿，而来自对现代城市小市民生活的描写，来自他们对这个物质世界的轻蔑。尽管他们不像鲁迅那样疾视它的庸俗，但他们也不是这个世界的欣羡者。他们的精神不是安居在他们所表现的世界里，而是在这个世界之外。萧红和何其芳是两个艺术风格迥异的作家，一女一男，并且都不是着意模仿外国现代主义作品的人，但他们作品中所体现的作者的孤独感和寂寞感则是相同的。从这两个作家身上，我们可以更清楚地看到，中国的现代主义是在中国本土自然地产生的，而不主要是西方现代主义影响的结果。萧红的孤独，她在中国现代社会的精神流浪，从她的人生经历中就能得到清楚的说明。她离开了中国传统女性的人生道路和思想道路，她追求幸福，但没有找到幸福；她追求爱情，但没有得到爱情。她的精神在任何一个固定的点上都无法驻足，流浪就是她的命运。何其芳早期的诗歌和散文，浸透着他在没有安住到现实的物质世界之中的时候所感到的无所排解的寂寞。他的精神是飘忽不定的。

　　臧克家的诗歌是从闻一多的诗歌传统中走出来的，也就是说，他的诗歌并不是西方现实主义诗歌的余绪。他创造的"老马"意象，像闻一多的"死水"意象一样，其象征的意义、现实的意义、抒情的意义是不可分割地融为一体的，其荒诞性与真实性是没有任何明确界线的。40年代，是一个行动的时代，俄国未来主义的诗歌创作，特别是马雅可夫斯基的诗，为中国诗人们提供了行动的节奏、战斗的节奏、号召的节奏。它不是模仿的，而是与自己的要求恰相适应的。在中国，"阶梯诗"是先锋派的诗、实验性的诗，它把中国汉字的力量提高到了前所未有的强度，打出了马蹄的节拍、鼓点的节拍、金属敲击的节拍。它体现的虽不是个人孤独的反抗，但却是一个无法在"上帝"的审判庭中得到公正的裁决、失去了"上帝"怙恃的民族所做的孤独的反抗。在鲁迅那里，民族的孤独包含在个人的孤独里，在40年代田间、艾青和整个七月派诗人那里，个人的孤独是包含在民族的孤独当中的。七月派诗人大都是很孤傲的人，这由他们后来的表现得到了证明。你得在他们的诗中读出他们的孤傲来。田间的诗是集体的，艾青的诗则不但是集体的，同时也是个人的。他对大堰河的歌颂是痛苦的歌颂，他的痛苦的调子产生于他的精神搁浅。他诀别了生身父母所属的阶级，但并不是养母大堰河的亲生子女。这种搁浅感在殷夫告别他哥哥的诗里同样酿成了一种痛苦的情绪。早在中国第一个伟大的现代主义作家鲁迅那里，就已经明确意识到自己的被搁浅的精神处境。他是光明与黑暗之间的一个影子，黑暗能把他吞没，而光明也会使他消失，他的生存价值就在这对黑暗的反抗和对光明追求的旅途上。艾青做的也是这种向彼岸飞翔的努力，他的精神飞翔着，但没有飞到过。他的诗里充满着飞翔的艰辛和渴望的焦灼。艾青所受西方现代主义艺术和文学的影响是广泛的，但他不像李金发，把自己纳入西方现代主义诗歌里，而是把西方现代主义纳入自己的人生追求和精神追求中。

　　40年代是中国行动的年代、战斗的年代，但也正是在这样一个年代里，中国现代青年知识分子开始了人生哲学的思考。在20年代，几乎只有像鲁迅、许地山这样少数几个作家才在人生哲学的层面上思考人生和表现人生。到了30年代，人生哲学几乎成了非左翼作家的专利。那是一个中国传统人生哲学重新获得非左翼作家青睐的年代，他们试图借助中国古代的人生哲学来安顿自己狂躁的灵魂，不带有鲁迅痛苦思索、孤独抗争的色彩。鲁迅的哲学是一个没有终点的追求，他从来不感到自己已经悟了道，获得了人生的真谛，而周作人和废名则在自己人生哲学的港湾里停泊下来。他们是"自由主义知识分子""个人主义知识分子"，但却不是在"自由"中追求，而是在"自由"中安居；不是作"个人"的抗争，而是作"个人"的栖息。用"自由"的名义逃避自由，用"个人"的名义放弃个人，是中国现代主义者自我解构的基本方式。废名的《莫须有先生传》是现代主义的，但又是古典主义的，是现代主义的表现形式和中国古代哲学观念的结合物。当把"荒诞"指证为"正常"，把"混沌"当作"清晰"，把"迷惘"称为"清醒"，把"无为"确认为"有为"，现代主义的精神旅程便变成了古典主义的精神休息。西方现代主义者把世界视为一个相对主义的世界，但并不认为这个相对主义的世界是适于人生存和发展的世界，因而也无意将这个相对主义的世界绝对化。中国古代道家学说和禅学则具有把相对主义绝对化的性质，当把一切都视为相对的，也就放弃了对绝对和唯一的追求。所谓"看破"，就是不再追求，就是放弃对真理、正义和善与美的追求。周作人就以这种哲学收拢起精神的翅膀，他飞翔过，在《新青年》时期他是一个"叛徒"，这时他开始安于做一个"隐士"。他不再飞翔，只停在原来的枝头上唱着过去谱好的曲子，凭借他广博的知识为它不断填写新的歌词。他是一个凝固了的中国现代主义散文大家，一个只会唱不会飞的鸟。他不再飞了，因而任何一只强有力的手都可以捉住他，他后来就被日本军国主义者放到"大东亚共荣圈"的笼子里，伴随着侵华日军的枪声和炮声唱着他"个人"的"自由"之歌。废名和周作人沿着自己的哲学退出了人生，摆脱了人生矛盾的纠缠，40年代的青年作家们则在人生纠缠中走进了哲学，他们的人生哲学就是在人生矛盾的纠缠中产生的。在他们身上，"圣人死了""圣人早已死了"的意义又一次变得显豁起来。在西方的中世纪，"上帝"还没有"死"的时候，每一代青年、每一个人，所面对的都是一个统一的世界、绝对的世界。一个人不用做纯属于个人的选择，因而也不用为自己的选择负责。这个世界早为所有人规定了不能不走的道路，只要你真诚地信仰上帝，按照上帝的意愿塑造自己，你的灵魂就能获得安宁。上帝的标准就是所有人必须遵从的标准。一个人的敌人就是他自己，他得战胜他心中的恶魔。善恶的界限永远是清晰的，即使痛苦，也不迷惘，在那时的世界里没有什么可以迷惘的。在中国古代，"圣人"还没有"死"的时候，一个人按照"君君，臣臣，父父，子子"的原则，一切听君、父的安排，他不必自己为自己操心。一切的原则都是固定不变的，一个人只有想不想做"好人"的问题，没有一个什么样的人才是"好人"的问题。40年代的中国青年知识分子，则落入了现代性的生存危机之中。如果说"五四"那代知识分子必须在中西两种不同的文化间做出自己独立选择的话，40年代的知识分子则面临着一个更加动荡的世界、分裂的世界，一个各种各样的价值标准满天飞的世界。他们得自己选择，自己为自己的选择负完全的责任。没有任何一个人能为他们指出一条绝对完美、完全正确、万无一失的人生道路。任何一个人

中国现代主义文学论(下)

都只是各种不同人中的一个，连自己的父母兄弟、老师朋友都只是人生漩涡中的一个泡沫，连他们之间都没有共同的信仰，就更无法为人选择出一条共同认可的人生道路。中国知识分子老是觉着自己的哲学都是从西方或中国古代来的，其实中国现代人的哲学就在中国现代人的这种处境中。40年代的青年知识分子必须在这种处境中自己为自己选择，必须面对这个庞大的、分裂的世界进行选择。即使他们做出了一种自己能够认可的选择，这个世界对他们仍是沉重的，因为他们的任何一种选择都同时面临着各种不同选择的纠缠、狙击乃至围剿。只要他们的选择是真诚的，他们就得以自己的方式承担起整个世界的沉重，否则，他们的选择也就等于不选择，而不选择就没有他们的存在。老年人即使不选择也有他们的社会位置，但青年人不行，青年人必须选择，必须做出自己无可选择的选择。依靠什么来选择？自然，外部世界已经不可能为自己提供一条确定无疑的正确道路，那么，一切的选择只能是自己的选择，只能依靠自己的人生感受来选择。在他们面前，世界上的一切都成了不确定的，唯一真实的就是自己的感受，他们必须在自己的感受中建立起自己对世界、对人生的认识。没有自己确定的人生感受和在这一基础上做出的人生选择，外部世界对他们只是一片混沌，一团没有确定意义的乱麻。他们必须依靠自己的心灵直接感受这个世界，一切略带明确的东西都是在困惑、迷惘、痛苦、焦躁之中建立起来的，都是感受之后的结果，而不是感受之前从别人那里接受过来的现成标准或现成结论。不难看出，这就是西方现代主义文学赖以产生的主要文化背景，也是中国现代主义文学赖以产生的文化背景。在困惑中选择、在痛苦中追求、在迷惘中思考、在绝望中反抗、在重压下挣扎、在围困中突围的现代主义色彩，成了这个时期青年文学家文学作品的普遍色彩。路翎和以路翎为代表的"七月""希望"派的青年作家们，张爱玲、穆旦和以穆旦为代表的"九叶"派的青年诗人们，无名氏乃至钱锺书、骆宾基这些政治态度各异的40年代的青年作家，构成的是一个中国现代主义文学的交响曲。

依照政治态度，我们在张爱玲和中国现代主义文学的奠基者鲁迅之间，是很难找到共同之处的，但就其文学倾向和创作方法，二者相同的地方要比相异的地方多得多。极俗与极雅、极具体与极抽象、极悲剧与极喜剧、极正常与极荒诞的同体共生是这两个作家作品的共同特点。张爱玲的《传奇》同鲁迅小说一样，并不像西方现代主义文学作家着眼于外部的荒诞和奇幻的造型，而着眼于社会人生本身的荒诞性。他们作品有一个共同的潜台词：在中国，最荒诞的不是现实人生之外的东西，不是妖魔鬼怪、魑魅魍魉，也不是奇事异闻、洪水猛兽，这些已被像《封神演义》《西游记》《聊斋志异》这样的中国古典小说讲得像我们身边的人一样普普通通了。而在西方现代主义文学兴起之前，由于基督教排斥异端邪说，反对偶像崇拜，除了古希腊罗马的神话和宗教故事之外，西方人还没有听过多少奇奇怪怪的故事，任何一种奇幻的造型都使西方人感到有些荒诞，有些不可思议。但中国人并不这样，他们在听故事之前，就等待你讲出一些奇奇异异的事情来，一切奇异的都是正常的，只有你讲得毫无奇异之处，他们才会感到有些莫名其妙，有些不可思议，有些荒诞。中国人不会觉得诸葛亮会呼风唤雨是多么奇怪的事，像他这样一个聪明的人要是连呼风唤雨也不会才是奇怪的。中国真正的现代主义者是能在极平凡的现实生活中表现出它的荒诞性来的文学家，而不是用荒诞故事满足读者好奇心的作家。这也是为什么中国现代主义文学常常被人们误认为现实主义文学的原因，是为什么西方现实主义文学能够成为中国现代主义文学发展的一个外部影响力量的原因。张爱玲的《倾城之恋》像鲁迅的《阿Q正传》一样，写的是一个令人见怪不怪的故事。表面看来，它像一个俗不可耐的恋爱故事，但作为一个文化寓言，它也像《阿Q正传》一样，有一种至今仍使我们不敢说出口的恐怖性。它把失去了统一性的人类文化描写得极为可怕，"上帝"的死亡、"圣人"的消失、人类文化的分裂，使人类再也难以找到心灵沟通的现实道路，这种沟通只有在人类的大恐怖、大灾难降临的一天才能在瞬间中实现。它是一个喜剧，但这个喜剧却是用一个更大的悲剧完成的。她的《金锁记》可以说是最成功地运用了弗洛伊德精神分析学说写成的中国现代主义小说作品，是比她的《心经》和施蛰存的心理小说更有人性深度的小说杰作。她写的是潜意识，而不是前意识；写的是人类的精神荒芜，而不是哪个人的道德过失。在中国现代主义文学的女性形象的画廊里，曹七巧在精神上有类于毕加索画中的人物，而在外形上，则完全是写实的。她是女性形象中的阿Q。她同阿Q一样，以看来不可思议的方式表现了人性中的丑恶。像曹七巧一样用物质主义的饕餮欲望阉割掉自己的精神的、爱情的追求并把这种阉割行为施于自己子女的现象不正是人类存在的一个极其普遍的现象吗？如果说鲁迅的《狂人日记》写的是男人吃男人的恐怖历史，张爱玲写的就是女人吃女人的恐怖历史。钱锺书《围城》的幽默破坏了它的现代主义主题，但就它的主题本身则是极具现代主义特征的。人生就像一个个被围困的城池，不在其中的总是竭力挤进这个包围圈，而一旦挤了进去，他又会想方设法冲出它的包围。这是人的存在的悲剧，不是哪一个人的道德缺失。从形式上看来，"九叶"派与臧克家、田间、艾青走的不是同一条诗歌创作的道路，但只要我们从基本精神上感受他们的作品，我们就会发现，在他们的诗里，激荡着的仍是中国知识分子那永远安定不下来的灵魂。他们的灵魂要飞翔，但又被囚禁在一个无形的囹圄里。穆旦简直就是一个鲁迅《狂人日记》中的"狂人"，他发出的是一个精神"困兽"的吼叫。无名氏的狂妄的叫嚣并不说明他的现实的力量，恰恰反映了他在精神上的绝望挣扎。他也是一个被围困的野兽，叫出的是"困兽"的声音。他的一部作品的名字就叫《野兽，野兽，野兽》。在政治上，他同郭沫若走的是截然不同的道路，但作为一个作家，作为一个精神实体，我们在他的作品里，听到的不就是另一个"天狗"的声音吗？

最后，我们可以把这样几个中国现代作家排列在一起：鲁迅·闻一多·曹禺·路翎·张爱玲·穆旦。我认为，我们在这个似乎杂乱无章的不同时期、不同派别、不同性别的作家名单里，就能感到我所说的"中国现代主义文学"并不是一个凭空杜撰出来的名词。在现实的人生选择上，他们各有不同，正像西方现代主义文学作家也有各种对立的人生选择一样，但作为文学家，作为创作方法，他们之间是有极其相似的特征的。他们的作品，至少在中国读者的感受里，现实感受的强烈性、主观情感的饱满性、客观反映的真实性不是相互矛盾的因素，而是一体三面的存在。这个特征同中国古典美学中的情理统一、情景交融、天人合一有着一脉相承的历史联系，但又有着从古代到现代的纵向转变。二者的根本区别在于：中国古典主义文学作品把各种矛盾因素包含在自身内部之后造成的仍是内部的和谐，而这些作品造成的则是内部的骚动感，是内部的张力关系，有一种紧张性。这些作品与西方的浪漫主义、现实主义、现代主义有着横向的现实联系，在其发展过程中也受到它们从外部给予的影响，但与它们中的每一种创作方法都有根本的不同。这就是我说的"中国现代主义文学"的创作方法。我之所以称之为"中国现代主义文学"，不是因为它与西方现代主义文学是完全相同的，是在西方现代主义文学直接影响下产生的，而是因为它是在中国文学向现代转变的过程中产生的，是在与西方"上帝死了"有相近意义的"圣人死了"的意识危机中产生的，它与西方现代主义文学的联系具有更内在的性质。

不论是西方现代主义文学，还是中国现代主义文学，都是在不同的文化圈中的先锋派文学，它是以区分两个不同的世界为前提的：一个是现实世界，一个是精神世界。这两个世界各有自己不同的原则和规律。西方中世纪的宗教神学和中国古代的圣贤，都致力于这两个世界的和谐与统一。但是，现代文化的发展，使人们已经不可能维持对"上帝"和"圣贤"的绝对信仰。西方科学的发展，使西方人不再可能普遍相信有一个至高无上的"上帝"的存在；中国文化的发展，也使中国大多数人不再真正地相信世界上还存在着至善至美的"圣人"，中国传统文化绝对完美的神话也在中国近现代历史的发展中被彻底粉碎了。西方人对"上帝"的信仰和中国人对"圣人"的绝对遵从是达到把现实世界完全纳入精神世界的统治中以实现人类精神理想的基本前提，他们的"死亡"意味着人类的现实原则的胜利、人的欲望的胜利，现实世界已不可挽回地落入了人的欲望的血盆大口之中。但是，只有这样一个现实的世界、物质的世界、欲望的世界，人类也是无法获得幸福的，人类需要精神，需要爱，需要感情的联系、心灵的沟通。但现代人类中的每一个人都已不是上帝，不是圣人，他们无法凭借自己的权威把精神的价值带入这个世界。他们不是"神之子"，而是"人之子"，他们同是作为一个"人"而生活在这个现实的物质世界里，他们不可能像上帝一样在完全无欲无私的状态中成为单纯的人类精神的布道者。这加强了他们自身的分裂、现实世界和精神世界的分裂，同时也造成了现代人自身的人格分裂。中外现代主义文学是在人类的这种文化处境中，在人类的人格分裂中，在对

中国现代主义文学论（下）

现实世界的复杂感受里寻求人类精神价值的文学。但是，迄今为止的中国现代主义文学，还主要处在自然发展的不自觉的阶段，中国现当代文艺理论家不是主要用西方文学的影响说明中国现当代文学的发生根源，就是用中国古代的传统否定它独立存在的合理性，这延缓了它自觉意识的形成。在中国现代文学史上，几乎只有鲁迅一人，对现实世界和精神世界的分裂以及由这种分裂造成的自我精神的分裂，有着高度的自觉性。绝大多数的中国现代主义作家，大都是只在青年时期进入现实世界的过程中，由于不需要掩盖自我的矛盾和自我与外部现实世界的精神对立，才在不自觉中表现出正视自我和自我与现实世界的对立的勇气，并且敢于表现在自己的作品里，成为中国现代主义文学家的一员。但当他们在现实世界中找到了自己确定的位置，适应现实的愿望就自觉不自觉地把现实世界的原则上升为唯一的、最高的原则，精神的原则就成了现实原则的附庸。当"感情"也成了一种"投资"，自我的精神也就干枯在现实物质实利的欲望中。在这时，他们开始把自我整合到一个统一的现实原则之下，从而获得自我完美的感觉，并把这种感觉当成自己成熟的表现。原则固定下来，整个的世界和全部的自我都被纳入这个固定不变的原则之下来衡量，整个世界被凝固下来，自我的精神也被凝固下来，过去对世界和自我的活生生的复杂感觉也就不复存在，他们的作品也就没有了现代主义文学的色彩。这个过程，对于中国人，就是一个"圣人"再生的过程，并且是自我圣化和圣化他人并行的过程。它表现在文学创作中，其作品就有了训诫意味，这是他们自我圣化的表现，但这种自我圣化往往包含在圣化他人的形式中，把一个客观形象塑造成完美的人的形象是自我圣化的掩盖形式。他们像上帝一样，创造出了一个完美的人，并通过这个完美的人以实现对芸芸众生的训示。如上所述，中国现代主义文学是随着"圣人死了"的感觉产生的，但它也会随着"圣人"重生的感觉而丧失。这种圣化意识到五六十年代发展到最高峰，中国文学的现代主义性质也在那时变得极为淡薄。在这里，我不想把全部问题都归结到政治家身上，因为这不能说明全部问题。实际上，中国从五四时期"圣人死了"之后，希望重新找到自己精神归宿的社会集体无意识就一直存在着，只有很少的人像鲁迅一样把重建中国文化、再造中华民族的精神世界当成现代中国知识分子自我的事业,而大多数中国知识分子仍然企图通过树立起一个圣人的形象而实现这种愿望。这个圣人可以是中国古代人,可以是外国人,也可以是中国现代人,但只要有了他,中国知识分子就能以他为根据做出好多文章来,就会摆脱"五四"以后那种无所立足的悬空感。毛泽东实现了中国的独立和统一,他在中国现实世界的改造中发挥了在中国近现代历史上任何人都未曾有过的巨大力量和杰出才智,他实现中国独立统一的愿望体现了现代中国社会绝大多数人的愿望,他对他所领导的中国共产党提出的要求也体现了中国绝大多数人对于国家管理人员的道德要求。在这时,把自我皈依在毛泽东的身上成了很多知识分子实现自我圣化的最好方式。他们以保卫毛泽东、保卫毛泽东思想的方式保卫着自己的神圣性,"毛泽东思想"在他们手里已经不是为实现中华民族的独立和统一而摸索出的一系列战略战术原则,而成了代替自己独立创造活动的理论教条。在这时,人们对活生生的世界和活生生的自我的感觉消失了,一切都被纳入了一个固定的思想模式中,其文学的现代主义意味丧失了。但是,即使在这个时期,中国现代主义文学仍然有着自己或明或暗的表现。胡风、冯雪峰、艾青、丁玲、秦兆阳、王蒙、邵荃麟、巴人、钱谷融、李何林在现实主义旗帜下所表达的愿望实际上就是中国现代主义文学的某些方面的要求。胡风的"主观战斗精神"、冯雪峰的"主观力"不是以西方现实主义文学作品为依据的,而是以中国现代主义文学的奠基人鲁迅的作品为依据的,因而所表达的也是中国现代主义文学的创作原则;秦兆阳的"现实主义——广阔的道路"分明同国外的"无边的现实主义"的理论有着共同的特点,它们都是在现实主义旗帜下容纳现代主义文学原则的一种理论形式;王蒙的《组织部新来的青年人》所表现的正是现实世界不完满乃至丑陋的意识,邓友梅的《在悬崖上》的标题本身,就有一种现代主义的意味;邵荃麟的"中间人物论",巴人、钱谷融、李何林的所谓"人性论",表达的实际是对圣化人物倾向的不满,这些被圣化人物的总特点是:既能在现实斗争中无往而不胜,又表现了人类最高的精神价值。这在现代主义的哲学观念和文学观念中是根本不可能的,现实世界同精神世界是对立统一的两个不同的世界,那些在现实世界中无往而不胜的人

中国现代主义文学论（下）

物，是在精神上有残疾的人物；而在精神上具有超越性的人物，在现实世界里往往被视为"疯子"或"狂人"。也就是说，这个时期，中国现代主义文学是作为潜流而存在的。只有这样认为，我们才能解释为什么"文化大革命"结束之后，现代主义文学几乎是在刹那之间就成了新时期文学的主要旗帜。但是，中国现代主义文学仍是一个年轻的文学，仍没有成为中国社会普遍能够接受的文学，即使鲁迅，也仍然常常被包括一些最有学识的专家教授们所歧视，所嘲笑。中国现代主义文学还在它的继续发展的过程中，它在中国现代文学史上所遇到过的问题，在当前仍然会遇到，我希望我对中国现代主义文学的理解方式和其中一些散碎的看法，会有助于中国现代主义文学的继续发展。

原载《天津社会科学》1996年第5期

中国新古典主义文学论（上）

一

我在《中国现代主义文学论》①中曾经提出这样的观点：从鲁迅《狂人日记》开始至今的中国新文学发展的历史进程，实际是中国现代主义文学发展的历史进程。中国的现代主义文学并不等同于西方的现代主义文学，它有自己独立的表现形式和特征，但它又有与西方现代主义文学共用的"现代主义"这个名称的共同性质和相近的特征。如果说西方现代主义文学是在西方的知识分子意识到"上帝死了"因而也感受到自己的精神孤独之后产生的一种社会思潮在文学创作中的表现的话，中国的现代主义文学则是在中国知识分子意识到"圣人死了"因而也感受到了自己的精神孤独之后产生的一种社会思潮在文学创作中的表现。它们都是在争取文学现代化的形式下进行的，都是在"反传统"的旗帜下发展的。但是，西方的现代主义文学是在西方的现实主义文学和西方的浪漫主义文学得到了充分发展之后产生并发展起来的，它的"反传统"反的主要是现实主义和浪漫主义的文学传统，而中国的现代主义文学是在现实主义和浪漫主义文学没有得到充分发展的情况下产生并发展起来的，

---

① 王富仁：《中国现代主义文学论》，《天津社会科学》1996年第4、5期。

它的"反传统"反的是中国的古典主义,是从中国的古典主义文学中脱胎出来的。

正像任何一个过程以及体现这一过程的概念都不是、也不可能是单独存在的一样,"反传统"也必然是与另一个相反的概念紧密联系在一起的。它反对着传统,传统也必然反对着它。这个反对"反传统"的潮流在中国就是"反现代"的潮流。我们看到,在中国新文学发展的每一个历史时期,都同时存在着两种不同的思想潮流,"反传统"和"反现代"总是像一对孪生姐妹一样形影不离。在这里,我们也很自然地能够看到中国现当代文化与西方现当代文化的根本不同的性质。在西方,"反传统"就是"反现代","反现代"就是"反传统",这两个潮流是同样一个潮流的两种不同的概括,它是产生西方现代主义文学的思想基础。尼采是一个反传统主义者,但他同时也是一个反现代主义者,而在文学上,他则是西方现代主义文学原则的奠基人之一。可是,在迄今为止的中国,"反传统"与"反现代"则是两个完全对立着的思想潮流。中国的"反传统"是建立在对现在的不满之上的,是要摆脱现实的禁锢而走向未知的一种思想力量,因此它反对已经确立下来的古典的原则;中国的"反现代"是在全面肯定传统的原则、反对现代形式的变革的基础上建立起来的,它是对现实社会的一种精神屈从方式,是对未知领域的拒绝和反抗。如果说"反传统"意味着部分中国现代知识分子已经失望于中国古典的传统而在浑茫的现代社会开始了自己艰难的独立追求的话,那么,"反现代"则意味着另一部分中国知识分子用中国古代固有的传统抵御中国社会及社会思想的现代变化的企图,他们总是努力在动荡着的现代世界上为自己找到一个精神的避风港,并从这个避风港里取得评价乃至指挥现代世界的权利。在前一种思想潮流的基础上产生了中国现代主义文学,而在后一种思想潮流的基础上则产生了中国的新古典主义文学。虽然二者在具体的文学作家和文学现象中的区分并不是那么绝对的,但只要我们承认这两种思想潮流确确实实是中国现代社会的两种主要思想潮流,我们就不能不意识到,中国现代文学也必然是由这两种主要的文学倾向构成的。

从鸦片战争到五四新文化运动的中国思想史是一部什么样的思想史

呢？用我的话来说，它实际上是一部"圣人"在中国知识分子的意识中"死亡"的历史。"圣人"并不等同于孔子、孟子这样一些具体的历史人物，而是被一个民族、一个民族的知识分子制造出来的文化幻象。它同西方的"上帝"一样，在人们的意识中是一个文化的制高点，是一个无所不包的"圆"，是一个全知全能的"一"，是一副包治百病的万应灵丹。别人都是"相对"的，只有他是"绝对"的。他给你思考了一切应当思考的，一个民族的其他人不必再用自己的思想思考，不必再做精神的探索，也不必在人生的海洋里冒险，只要按照"圣人"的原则，遵循他早已垂示的教训，一切都会得到圆满的解决。至少对于一个民族的整体是如此。但是，现实的发展粉碎了中国知识分子的这种文化梦幻，从洋务派到革命派的知识分子，不论他们口头上怎样说，但他们的行动都说明他们对单纯依靠"圣人"的原则以应付现实环境的严重失望情绪。一个万能的文化幻象破灭了，一个无所不知的"圣人"的形象消失了，即将坍塌的现实世界必须要用自己的力量支撑起来。现代的中国人是孤独的，现代的中国知识分子是孤独的，古代人救不了我们，"圣人"救不了我们，"圣人"的圣经贤传救不了我们，外国人也救不了我们。我们必须依靠自己的力量拯救自己。我们得自己想法，自己努力。必须指出，这种"圣人死了"的意识绝不仅仅是那些先进知识分子的意识，而是稍有头脑的中国人和中国知识分子都能意识到的。这就是为什么五四新文化运动没有遇到根本性的阻碍，很快便得到了中国社会的承认的原因。

　　但是，"圣人死了"是一回事，承认"圣人死了"这个事实又是另外一回事。在西方，一个根本不相信上帝存在的人可能是一个虔诚的基督教徒；在中国，一个根本不相信孔子学说是万能的理论的人可能是儒家道统的坚决维护者。这里有一个现实需要和心理需要的问题。"上帝"存在不存在是一个问题，人类能不能离开"上帝"又是另外一个问题。当人类需要一个"上帝"维系现实社会的稳定和自我心理的稳定的时候，人类是不会承认上帝死亡是一个确定不疑的事实的。中国的知识分子也是这样。任何时代的现实社会秩序都是依靠本民族固有的强有力的文化传统维持着的，都是依靠为这个民族的大多数人所承认的固有权威和固有原则维持着的。离开传统就等于离开现实社会，离开由大多数人支持着的思想原则，就等于自己要为自己的行为担负全部的责任，也就等于离开自己固有的心理支点，进入一个自己也无法完全驾驭自己的浑茫的精神境界中去。在这里，就有一个人是忠于自己的感受还是忠于自己的现实需要的问题。忠于自己的感受，就是要公开说出"圣人死了"这个历史的事实，就是要自己和自己民族的人民不要再躺在固有的传统原则之上等待自己的死亡；而要忠于自己的现实需要，就是顺从自己民族大多数人的习惯心理和传统的规则，绝不向多数宣战，不与圣人的原则为敌，并把这两个最强大的思想势力当作自己肉体和灵魂的安全岛。不难看出，正是在这里，中国的现代主义者与中国的新古典主义者走向了两条不同的文化道路。

"假如一间铁屋子，是绝无窗户而万难破毁的，里面有许多熟睡的人们，不久都要闷死了，然而是从昏睡入死灭，并不感到就死的悲哀。现在你大嚷起来，惊起了较为清醒的几个人，使这不幸的少数者来受无可挽救的临终的苦楚，你倒以为对得起他们么？"

"然而几个人既然起来，你不能说决没有毁坏这铁屋的希望。"

是的，我虽然自有我的确信，然而说到希望，却是不能抹杀的，因为希望是在于将来，决不能以我之必无的证明，来折服了他之所谓可有，于是我终于答应他也做文章了，这便是最初的一篇《狂人日记》。

(鲁迅：《〈呐喊〉自序》)

我们与其说鲁迅在这里叙述的是一个事实，不如说他讲的是一个中国现代主义文学的寓言。它是一种感受，而不是一个确定无疑的认识和判断；它是一场没有胜利保障的战斗，是一次向未知领域的进军。但与此同时，也必然有更多的知识分子面对一个无法预知的世界感到恐怖，感到惊惶，不论他们在内在意识上如何明白"圣人"和它的原则已经不能支撑现在这个即将塌陷的世界，但他们仍然不会以反传统的面目出现在现实的世界和现实的社会关系中。他们是在古典的原则中已经获得了自己存在价值的感觉的人们，他们在古典的原则中才感到自己精神上的安全和情感上的温暖。他们对古典原则的感觉要比对现实人的人生命运的感觉更加强烈和具体，因而面对中国现代主义者向固有传统的宣战，他们走向了另外一条文化或文学的道路，他们是以古典原则的捍卫者自足的。不难看出，这两类中国现代知识分子必然是同时存在、共同发展的。五四新文化运动没有消灭古典主义，而是使它改变了自己的形态和具体的表现形式，使它变成了中国现代的古典主义，即中国的新古典主义。

时至今日，我们还没有对林纾的《荆生》《妖梦》做过较为精细的分析。在迄今为止的中国现代文学史上，我们都是把它们作为一种历史的陈迹加以否定的，似乎它们已永久性地被留在了中国古代的历史上，在现代的中国已经没有任何的生命力。我认为，这种看法是不符合中国现代文学发展的事实的。与其说林纾的《荆生》《妖梦》所体现的创作方法属于中国古典的文学，不如说它更属于中国现代的文学；与其说它是中国古典文学的尾声，不如说它是中国现代新古典主义文学的前奏。陈独秀在他的《文学革命论》中为中国的新文学提出了三大原则，也给中国的古典文学概括了三个主要特征。但依照陈独秀的标准，林纾的《荆生》《妖梦》是不属于古典文学而属于现代文学的。它们是隐逸的山林文学吗？不是！它们是极端入世的文学，是为现实而创作，为社会而创作的。它们是铺扬文字、贩卖陈词滥调的文学吗？不是！它们的内容是异常充实的，是具有明确不过的针对性的。它们是贵族文学吗？也不是！甚至连小说这种形式本身就不是贵族性的。它们与鲁迅小说是同时产生的两种不同形态的现代小说。二者之间的差异不是时间性的，而是空间性的，它们同时形成了两种不同的文学模式。如果说鲁迅的小说是用现代人生重新感受古典原则的作品文本的话，林纾的小说则是用古典的原则裁判现代人生的作品文本；如果说鲁迅小说体现了中国现代主义文学的第一个也是最典型的一个思想模式和文学模式的话，那么，林纾的小说则体现了中国新古典主义文学的第一个也是最典型的一个思想模式和文学模式。在林纾的《荆生》和《妖梦》里，整个人类世界是区分为君子和小人两类截然不同的人的。在"小人"身上，集中了社会一般群众普遍都能识别的一系列坏的品质,因而也是违背在当时社会占统治地位的文化价值标准的;而在"君子"身上,则集中了社会一般群众都能感受到的一系列优秀的品质,因而也是符合当时社会占统治地位的文化价值标准的。在这样一个黑白分明的世界上,进行着的是"君子"对"小人"的斗争,"小人"虽然能够得势于一时,但最终必将被"君子"所战胜。作者在这样一场你死我活的斗争中立于一个什么样的位置呢?他是抽身于全部斗争的事外的。他不是"君子",在"君子"面前小说的作者表现出谦卑、恭敬的态度,他没有"君子"道德高尚,也没有"君子"那么伟大的力量;但他也绝不是"小人",在"小人"面前小说的作者表现出轻蔑而又憎恶的态度,他没有"小人"那么坏,那么野心勃勃、不自量力。作者的任务就是表现出他对"君子"的崇拜并支持,对"小人"的憎恨和反对。他让那些有才有德的"君子"去毫不留情面地歼灭那些无才无德的"小人"。必须看到,在这样一个小说模式中,已经浸透了小说作者对"圣人"和他的圣经贤传的极端不信任的意识。在整个小说中,"圣人"和他的圣经贤传本身没有表现出任何的力量,他的思想的力量已经无法征服小说中的"小人",他甚至也无法依靠自己的力量保卫自己。小说写的不是"圣人"如何拯救了现代人,而是现代人怎样保护了圣人;不是"圣人"的思想维护着武人的政权,而是武人的政权保护着"圣人"的思想。必须看到,这是不同于中国古代的古典主义文学的。如果说中国古代的古典主义文学是仍然保留着对"圣人"和他的圣经贤传的真实的信心的文学的话,中国的新古典主义文学的作者已经不具有这种真实的信心。与此同时,随着"圣人"和他的圣经贤传力量的丧失,小说作者的自信心也随之彻底丧失了,小说作者对中国知识分子的信心也彻底丧失了。小说的作者是忠于"圣人"和他的圣经贤传的,但他却不能依靠自己的力量战胜那些离经叛道的"小人",而必须另寻出一个更高尚、更有力量的"君子"来代他完成自己的思想愿望,而真正有这种力量的却只能是握有政权和军权的政治家和军事家。从消极方面言之,在小说作者描写的这个现实世界上,知识分子是毫无用处的,它只由"君子"和"小人"两部分构成,没有像作者这样的知识分子,"君子"也可以战胜"小人",维系住社会的道德和社会的正义,他们至多只能起到为"君子"通风报信的作用；而从积极方面言之，像作者这样的知识分子又是在世界之外操纵世界的人，他们利用政治家、军事家的实际力量来实现消灭自己的思想上的敌人的目的，取得不战而胜的效果。小说作者在维护"圣人"的权威性的旗帜下，表现出了对现实人生命运的高度蔑视。在他的笔下，"小人"是理应被歼灭的对象，而"君子"也只不过是实现作者思想愿望的一个工具、一个手段，是为他的主观目的服务的。为了维护"圣人"和他的圣经贤传，牺牲了这些"君子"也是值得的。不难看出，这是一种思想模式，也是一种文学模式、小说模式。它体现的是在内在意识中已经消失了对"圣人"的感觉，但却不能不以"圣人"的旗帜向自己的反对者宣战的一部分知识分子的精神特征。在后来的文学作品中，"君子"可以是"好人"，是"英雄"，是"革命者"，是"工农兵"，"小人"可能是"坏人"，是"敌人"，是"反革命"，是"地主、资本家"，但这种思想模式和文学模式却是一脉相承的。这种模式不同于我们所说的中国现代主义文学的模式。在鲁迅的小说里，作者是直接出现在他所存在的世界里的，他在这个世界中扮演着一个特定的角色，并且是在这个角色的特定位置上感受并理解整个世界的。当前的文学研究特别重视人称的研究，似乎只有第一人称的小说才有作者的主体性。实际上，主体性的问题绝不仅仅是一个人称的问题，即使在鲁迅的《药》、老舍的《骆驼祥子》、巴金的《家》、曹禺的《雷雨》、张爱玲的《金锁记》、路翎的《财主的儿女们》这些大量的第三人称的作品里，也都能感到作者是在现实世界里生活和挣扎着的一个特定的人，他们不是或不仅仅是一个固定不变的道德原则的维护者。他们更同情现实社会中的人，而不是某种原则和教条。他们也不把拯救这个世界的希望仅仅寄托在某个英雄人物的身上。他们的目的是从僵死的原则和教条中拯救现代社会和现代社会的人，是使他们感受到自己的存在和自己存在的这个特定的世界，并自己掌握自己的人生命运。中国的现代主义文学和中国的新古典主义文学就在这里分手，并形成了自己不同的文学传统。

二

如果说白话文的革新掩盖了新文学领域中国现代主义文学和新古典主义文学的界限，使20年代的中国新文学呈现着浑然一片、难分难解的面貌的话，那么，在社会思想领域里的现代主义和新古典主义的界限则始终是分明的。几乎与五四新文化运动同时，中国也产生了新儒家学派。它是一个学术阵营，也是一个思想阵营。这个阵营不但没有随着五四新文化运动的发生而灭亡，反而同五四新文化同时生长起来，并至今虎踞龙盘般地蹲踞在中国文化界和世界文化界。必须指出，新儒家学派和新文化学派的差别不在于文化知识的量和文化知识的面，辜鸿铭、梁漱溟直至后来的钱穆、唐君毅、牟宗三、杜维明等新儒学大家与陈独秀、胡适、鲁迅的差别仅仅存在在一个最基本的文化观念上。如果说五四新文化体现的是中国部分知识分子力图以新的形式发展中国现代社会和现代文化的努力，新儒家学派体现的则是在现代社会和现代社会文化的环境条件下维系传统儒家文化的固有文化权威的努力。前者力图为社会文化的现代发展而遗弃旧的文化，后者则力图为了已有的文化而遗弃社会文化的现代发展。不难看出，至今这仍是摆在中国知识分子面前的两种不同的文化战略。而在这两种文化战略的基础上，产生的必然是两种不同的文化，它们就是我们所说的中国的现代主义文化和中国的新古典主义文化。

在这里，我们需要解决的是中国的现代主义文化和中国的新古典主义文化在中国现代社会的具体关系问题。而要解决这个问题，我们得首先解决什么是现代主义文化的问题。什么是现代主义文化？现代主义文化即使在西方也不是现代社会文化的全部，而是一种有着质的规定性的文化，它是以人的精神感受为基础建立起来的新的文化学派。西方的古典主义文化，是在古典原则的基础上建立起来的，这种古典的原则同时也就是当时现实社会所遵循的原则。它注重理性，注重社会的规则，强调现实的原则和团体的利益。它的力量来源于它的现实性，它所依据的也就是在现实社会生活中实际地、具体地被提倡并被贯彻着的思想原则，从而也得到作为现实社会的组织者和领导者的国家政权的有力支持。在政治上，新古典主义者同时也是国家主义者，他们是以国家或当时政治统治者的意识形态为自己的意识形态的，古典主义文化一般来说是受到国家政权的直接领导和帮助的。在现代的西方社会，古典主义的文化仍是在现实社会中发挥着重大作用的文化，是人际关系和社会关系中具有仪式意义的那部分文化的主体，是西方社会中最牢固的风俗习惯的文化支柱。到了西方浪漫主义时代，文化已经不是国家领导的一项社会事业，而成了社会知识分子的自由选择。在这些知识分子中间，个人的追求开始和实际统治着社会的现实原则发生了分裂，理想和现实发生了尖锐的矛盾。他们就用个人的情感表现和社会理想对抗统治着整个现实社会的固有的传统的规则。浪漫主义文化的力量来源于它表现的是整个人类的情感要求，反映着人类对自己美好未来的理想。到了西方现实主义的时代，知识分子开始重视对社会现实的认识和了解。但这种认识和了解不是为了屈从现实的原则，而是为了改造现实的社会，实现此前浪漫主义文化为人类塑造出的各种美好理想，因而它对现实采取的是批判性考察的态度。现实主义的力量来源于它的认识价值，来源于在同一客观对象面前人们可以产生相同的理性认识，它是与人们具体地、实际地改造社会的愿望相一致的。古典主义文化是屈从固有的现实原则的，浪漫主义文化和现实主义文化是反抗固有的现实原则的，但后二者又可以把自己的原则转化为一种现实的原则，形成一种新的现实文化的传统。浪漫主义文化把围绕个人自由、个人权利、情感表现、理想追求的一系列原则，现实主义文化把围绕社会发展、人道主义、社会关系和现实认识的一系列原则，带入了现实社会的关系中，并使它们成了共同认可的现实原则，形成了西方文化的新的传统形式。它们也是在西方现代社会实际发挥着重大作用的文化，是构成西方现代社会文化的主体部分。但现代主义的文化，则是无法转化为一种具体的现实原则的。现代主义从事的是在现实人生中拯救人的灵魂、拯救人的精神的工作。它的力量来源于它表现的是人类永远也无法纳入固定的原则和教条，永远也无法用明确的理性思维归纳起来，同时也永远不可能被当时占统治地位的意识形态所涵盖的那种直接的、流动的、变动不居的内在情绪感受，它是人的全生命的表现，是人作为人而存在的根本基础。它不是一种明确的原则，不是用理性语言表述出来的教条，而是一种对世界、对人生、对自我的感受，一种在人的具体的、变动着的生活中建立起来的精神存在形式。有了这种感受，就有现代主义；没有这种感受，就没有现代主义。可以说，它是人类社会中唯一一种不能载入宪法，不能写入爱国公约，不能对任何人做出明确许诺的文化。它采取的是激活人类的生命本能意识的方式，这种方式是以不同于在现实关系中实际统治着人的一切固有原则为其基本特征的，是以乖离人们的正常思维轨道实现其自己的目的的，因而，它也不可能转化为一种统治现实的固定不变的原则。中国的现代主义文化较之西方的现代主义文化有着更复杂的性质，但在这样一个基本点上，则是与西方现代主义完全相同的。你只要想一想鲁迅所说的唤醒国民的精神的话，就可以知道，五四新文化从一开始就与西方的现代主义文化不谋而合地走到一起来了。中国的现代主义者做的不是为中国人规定几个行为信条的工作，而是在中华民族日趋衰落的时候，去激活中国人麻木了的精神感受力，从而使他们振奋起来，去共谋新的生路。它是首先在精神世界里引爆的。鲁迅在哪里？"鲁迅思想"在哪里？它们就在你的感受中。迄今为止所有对鲁迅做出的理性概括都必须纳入具体人生感受中来理解、思考才有实际的意义，否则，它就只成了新古典主义者为自己建立的理论教条，并且像"文化大革命"中我们已经看到的那样，被他们用来扼杀鲁迅，扼杀中国现代主义文化。鲁迅是这样，中国现代最杰出的文学作品又何尝不是这样呢？郁达夫的《沉沦》给你规定了什么样的道德信条？曹禺的《雷雨》向你说明了什么样的理性原则？穆旦的诗歌教给了你怎样的处世之道？它们都是被感受着的，而不是被认识着的。它们的作用都不是教你怎么做，而是让你怎么感受。鲁迅笔下的"狂人"、郁达夫笔下的于质夫、曹禺笔下的蘩漪，永远不会被现实社会当作人的样板来提倡、来宣扬，统治着现实社会的永远不会是他们，但他们的生命力也就在这永无胜利希望的存在中。他们将永远以自己不规范的存在方式照出这个现实世界的荒谬和残酷，并呼唤着人类之间的理解和同情，呼唤着人类的自我救赎。

在这里，就形成了中国的现代主义文化与中国的新古典主义文化的极其不平等的文化地位。中国的现代主义文化不可能成为在中国社会现实关系中占统治地位的文化原则，而与之相反的新古典主义文化却是一种现实性极强的文化。这首先表现在中国的儒家文化的特征上。中国的儒家文化之所以能在中国古代社会取得自己的统治地位，其根本原因就在于它较之中国古代任何一种文化学说都有更强的现实可行性。它有着固定不变的文化模式，但也有运用这种文化模式的极灵活的方式。它把人的意志同人的社会权力紧密结合在一起，拥有权力的就能贯彻自己的意志，没有权力的则不能贯彻自己的意志，从而形成了一整套占领现实世界的文化原则。它的现实有效性不但远远超过重精神感受不重物质实利的现代主义文化，而且也大大超过依靠情感力量和理性力量重新建立新的人生原则的浪漫主义文化和现实主义文化。儒家文化的这点灵活性，使它不但能同传统的封建专制制度相结合，同时也能同现代的资本主义制度相结合，当前被广泛运用的"儒商"这个概念就是儒家文化同现代资本主义制度相结合的方式。儒家文化是一种维护权力的文化，只要一个社会阶层取得了现实社会的统治权，它就能起到维护其权力的作用。但儒家文化只能对已经取得的权力实施思想的保护，只能对已经得到普遍认可的文化原则做出理论上和思想上的说明，而不会主动积极地去反对在当时社会占统治地位的权力或思想原则，从而创造一种新的社会学说和思想学说，因而也就不能推动中国历史和中国社会思想的发展。但这也正是它牢不可破的原因，正像一只随着气候变化而迁徙的候鸟，永远占据着温暖。严寒是属于中国的现代主义文化的，它是从中国新古典主义文化实际统治着的现实社会中挣扎出来的，这种挣扎首先是并且始终是在精神上的挣扎。有了这种精神挣扎，就有中国的现代主义；没有这种精神挣扎，就没有中国的现代主义。正像人类永远处在由荒寒向繁荣的发展中而无法实现自己关于黄金世界的理想一样，现代主义也永远处在由寒冷向温暖的飞翔中而无法飞到温暖中去。社会在停止的繁荣中走向腐败，现代主义在温暖的停止中演变为它的对立面——新古典主义。在中国，新古典主义文化是海，现代主义是帆。有出海到惊涛骇浪中搏击前进的帆，就有中国的现代主义；没有出海的帆或出海的

中国新古典主义文学论（上）

帆已被惊涛骇浪葬入海底，就不再有中国的现代主义。新儒家学派的力量是建立在儒家文化对现实社会的实际统治之上的，它并不像看起来那么脆弱，那么没有力量，有时它会在书面文化的领域里暂时消失，但随着中国现代知识分子精神挣扎力的每一次衰弱，它都能随时组织起自己的力量，在当时占统治地位的思想倾向的支持下去摧毁它的反叛者——中国现代主义的文化。

　　什么是古典主义？古典主义就是不承认人的精神独立性。这是它既区别于现代主义，也区别于浪漫主义和现实主义的特征。在现实关系中，你得依靠一种更高、更大的东西，在精神上也是这样。在西方，有上帝，有君主；在中国，有圣人，有皇帝。你得宾服他们，把自己消融在他们之中，然后你也感到了自己的生存价值和意义，感到了自己的智慧和力量。在近代历史上曾经发挥过自己重要作用的洋务派、维新派、革命派，就其行为表现，是有现代主义性质的，他们的行动本身所表明的是一个万能的"圣人"的死亡，一个必须由自己为自己寻找出路的愿望，但就其思想实质，却仍是古典主义的。他们不愿也不能把自己行动的基点放在自己生存和发展的基础上，放在自己独立力量与才能的基础上，他们是在一个固有的文化模式内部思考自己文化选择的意义的，他们用一种抽象的整体的目标粉饰了自己的行为，也限制了自己人生选择的自由性。五四个性解放的思潮，危及了他们的精神依靠，于是他们就较前更紧地抓住中国传统文化，并在这种文化的梦幻中栖息自己疲软了的精神追求力。梁启超就是他们的一个代表。五四新文化运动之后的梁启超与此前的梁启超在文化知识的量上和文化知识的面上没有减少和缩小，反而大大增加和扩大了，但他的致力方向却发生了一个根本的变化：如果说此前的梁启超用他的中国古代文化的知识论证的是脱离开中国传统文化固有原则的必要性，而在五四新文化运动之后，他用他的西方文化知识论证的则是维护中国古代文化固有原则的必要性了。他站到了中国新古典主义文化的温水中，也在中国文化中取得了自己稳固的社会地位，结束了他此前被专制政治驱逐、被传统文化排斥、被广大国民歧视的精神流浪者的历史。梁启超在两个方面体现了中国新古典主义者的基本特征。一、中国的新古典主义者不是不能在中国近、现、当代文化的发展中做出一定的贡献，只是他们的现实层面的文化主张和他们的精神层面的文化心理极不协调。在现实层面上，他们有时会提出并追求一种有实际意义的社会目标，但当他们追求这个目标的时候，仍是以固有的一种价值观念意识它的意义和价值的，这就使他们在自己内在精神中找不到支持其具体社会追求的精神力量，表面的胜利使他们满足，暂时的失败使他们忏悔，他们的一切活动最终造就的就是他这样一个文化名人，但却不能实现他们的文化追求。在这个意义上，中国近现代的一部文化史，就是一部中国近现代的文化名人史。他们最终都要停留在一个固定的位置上，成为某种固有的抽象价值标准的维护者，从而也成为新古典主义文化阵营的一员。直至现在，诸如民主、自由、平等、个性解放、人道主义这些从西方文化中输入的文化概念，我们仍然是以新古典主义的方式而不是以现代主义的方式进行理解和运用的。在中国的新古典主义的文化辞典里，它们只是一些社会的组织形式或处理人伦关系的信条。我们只抓住了这些词汇，但却没有抓住它们的本体。实际上，它们的本体存在于现代主义的感受里，而不存在于新古典主义的诠释中。脱离开人们内在的精神感受，这些信条是毫无意义的。当一个民族的成员并不感到没有参与自己民族政治管理的基本权利是对自己生存价值的蔑视和侮辱的时候，当他们不是在自己的社会事业中感受自己的存在价值和意义，而是在人对人的控制中意识自己的地位的高贵和名声的荣耀的时候，这个民族是不可能有真正的民主的。梁启超曾是所有这些价值的提倡者，但他在精神上需要的却不是这些，所以在他领导的维新运动失败之后，尽管他提倡的这些原则依然没有实现，他还是放弃了这些价值的追求，而重新返回了中国固有的文化传统。二、他们对待西方文化的方式仍是古典主义的。任何一个民族的书面文化，都是极少数掌握了书面语言能力的人首先创造的，他们借助书面文化超越了时空的限制，具有了更广阔的社会视野和思想视野，表达了他们对世界、对人生的理解和愿望，而多数人则没有这种能力，他们是从前一类人的著作中获得更广泛的世界知识和人生经验的。这是一个民族产生圣人、产生救世主的时代。他们的价值标准成了这个民族统一的价值标准，而此后出现的一切思想和文化主张都是被纳入他们的价值标准中来衡量的。在这

中国新古典主义文学论（上）

种统一的价值标准面前，一个人不用以自己的精神感受，不用以自己的思想思考，不用以自己掌握的事实重新证明，只要用这种统一的标准衡量就可以了。在这种情况下，一切思想被分为正确和错误的两类，非此即彼。鸦片战争之后，中国文化受到西方文化的冲击，两种价值标准发生了冲突，使中国知识分子必须在两者之间做出自己的抉择。但在对西方文化进行价值判断的过程中，这种古典的判断形式依然保留下来，并且至今仍是中国新古典主义者对待西方文化和中国传统文化的方式。他们不是从自我、从人的存在和发展的意义上感受一种文化的产生和消亡，而是在一个固有的价值标准上判断它的正确与错误。正是在这样的基础上，产生了对西方文化的两种不同的态度，一种是绝对的排斥，一种是绝对的接受。绝对的接受者把西方文化作为学习的对象，但一旦这种学习没有取得自己预想的效果，便又会走向绝对的排斥。梁启超就是循由这样一个思维模式而转回到中国传统文化的固有原则的，他甚至把西方现代主义者对现代资本主义的否定当作了重新复活传统价值的理由。不难看出，时至今日，这仍是中国新古典主义者的思维模式之一。但是，西方现代主义者是指向现在的，是指向人的内在精神感受的，是指向人的生命本体的，而他们，则是指向过去的，指向自我之外的一种文化原则的，指向生命之外的抽象整体的。

中国文化同西方文化是不同的，但这种不同只是整体功能上的不同，不是部分与部分之间的不同。就其各个不同的组成部分，在不同的形式下可能有着极其相同的本质意义。实际上，中国存在着古典主义，西方也存在着古典主义，并且东西方的古典主义原则都是在现实世界具有统治地位的原则。古典主义不是别的，它是人类求稳定、求规则的心理的反映。人类只有在固定的规则中才有自己的安全感，而规则，则是一个社会依靠自己固有的传统逐渐建立起来的。那些在现有的秩序中已经获得了自己的安全感并以国家和社会代表者的身份出现在现实社会的知识分子，永远会不假思索地便加入新古典主义的阵营中去。但是，他们往往意识不到，人类又是不可能仅仅生活在规则中的，人类在常驻不变的规则中会渐渐失去对自我和对周围世界的感觉，而失去了这种感觉就意味着精神上的死亡，意味着生命的委顿，意味着人类社会和人类面前的整个现实世界的塌陷。人类同时追求变化，追求发展，并且在追求中体验自己生命的价值，寻找着自己生命的存在形式。中国的新文化是在西方文化的影响下产生的，但却不是对西方文化的简单重复。当一些出国的留学生离开对中国文化的活生生的体验，离开改造中国传统文化、发展中国新文化的急切愿望而从崇拜西方文化的角度接受西方文化的时候，他们是很容易把西方的古典主义同中国的古典主义结合起来，成为一种中国的新古典主义的。在前的吴宓、梅光迪、胡先骕，在后的梁实秋，就是这样的一些新古典主义者。他们先后作为美国新人文主义者白璧德的中国传人的面目出现在中国的文坛上，为中国的新古典主义文化注入了新的血液。他们都是赴美国留学归国的学生，是在美国的大学接受教育的，因而直至现在的中国文化的研究者和文学的研究者都把他们的思想等同于美国的文化、美国的思想。但是，美国的文化，从来不是由一种文化派别代表着的；美国的思想，也从来不是由一种思想学说代表着的。美国是一个自由民主的国家，但并不是其中的每一种文化学说都体现着美国的自由和民主。恰恰相反，美国的白璧德主义体现的不是美国的这一传统，而是在它的现实社会中依然存在的反民主、反自由的传统，它是以维护政治专制制度下的古典文化原则为己任的，是在美国学院派中仍然具有一定势力的保守主义思潮的代表，而在美国社会上（特别是文学界）还存在并发展着另外一些思想文化倾向，有一些甚至是与之完全对立的。美国作家辛克莱·刘易斯在接受诺贝尔文学奖时的讲话里，就极力地痛斥了在美国学院派教授中产生的这种新古典主义理论：

  最近在美国，在大学里，出现了一种令人惊诧的叫作"新人文主义"的杂耍表演……
  奇怪得很，这种死亡的信条，这种逃避生活的复杂与危险，躲进安全的禁欲主义的真空里的理论，在人们仅指望勇敢和智力冒险的土地上的教授中间却得以广泛流行，而且它比任何时候都更加严

中国新古典主义文学论（上）

重地使有创见的作家与任何可能来自大学的温和的影响相隔离。[①]

不能不说，吴宓和梁实秋等人在中国现代文化的发展中也是有自己的作用的，但作为一种文化倾向，则属于中国新古典主义的阵营。维护现有秩序，反对任何没有先例可循的文化倾向和文学倾向，构成了这样一批留美知识分子的总体特征。如果说在经济发展、政治民主、思想自由已成为现实社会的固有规则的美国社会中，辛克莱·刘易斯还如此激烈地抨击了这种新古典主义的文化倾向的话，那么，在经济落后、政治专制、思想极端不自由的中国社会，鲁迅对中国新古典主义的反抗，还有什么不可理解的地方呢？

直至现在，有些学者仍然可以用当年吴宓、梅光迪、胡先骕反对白话文运动的理由来反对胡适对白话文的提倡，这并不说明五四白话文运动本身的问题，而恰恰证明了由吴宓、梅光迪、胡先骕所体现的中国新古典主义文化倾向仍是现在实际存在的文化倾向。有两种不同的文化价值标准，就有两种不同的评价方式。中国新古典主义文化向来的标准都是坚持固有的文化原则和文化形式，以应付现代变化着的世界，而中国的现代主义文化则是用变化着的形式主动推动现代世界的变化，把自我的力量加入现代世界和现代世界文化的发展中去。胡适改造了中国文化的语言载体，同时也改变了中国文化的发展倾向，它给中国现代知识分子发挥自己的创造力开辟了更广阔的空间。在整个中国文化的发展中，我们体验到了胡适的力量，体验到了中国现代知识分子的作用。而吴宓、梅光迪、胡先骕反对白话文革新的主张即使在当时获得了胜利，也只证明了中国古代文化的完美无缺，证明了中国古圣先贤的伟大和正确，胡适所起到的作用他们是不可能起到的。人们说中国现代的白话文是有缺点的，但中国古代的文言文又何尝是完美无缺的呢？在这里，关键问题在于，我们是为了解决现实文化发展的问题而改造中国固有的文化呢，还是为了维护中国固有文化的权威性而牺牲我们现代的发展呢？

[①] [美] 辛克莱·刘易斯：《美国害怕文学》，载王宁主编《诺贝尔文学奖获奖作家谈创作》，北京大学出版社，1987，第115页、第116页。

在我们的社会上，实际上一直存在着两种不同的批评模式，一种是现代主义的，一种是新古典主义的。现代主义的批评模式是根据现代人的具体文化追求而对之进行批评的，新古典主义的批评模式则是根据一种固有的标准对之进行批评的；现代主义的批评模式是在批评对象的前提与结论及其之间的联系中进行的，新古典主义的批评模式是根据符合与不符合某个固有原则进行的，是通过对旧事物曾有的历史作用的肯定予以证明的。这是中国的现代主义和中国的新古典主义思潮在批评活动中的具体表现。

最后，我们再回到对学院派文化的思考中来。不论任何时代、任何社会的任何形式的高等教育，都同时存在着两个侧面。一、它是以人类固有文化成果的传承为目的的，是以培养青年适应现实社会的各种不同的要求为目的的。由于这样一个侧面的存在，它成了产生新古典主义文化的温床，可以说，有学院派，就会有新古典主义，新古典主义是在人类固有文化对现代人的异化中产生并发展的。文化对人的异化在学校教育中是被大面积播种并被大面积收获着的。成批量的未被人的心灵感受过的文化概念被一次性地输入人的记忆中去，并用这些抽象的概念代替了人的具体的、活生生的感受和理解，它像一重重心灵的门户一样筛选着周围的世界，决定着哪些东西能够进入我们的心灵而哪些东西根本无法进入我们的心灵，从而使我们面前的世界变得破碎不堪，面目全非。在我们没有见过资本主义的时候，我们就从马克思主义的著作中获得了对资本主义的观念；在我们还不能像老子那样感受世界的时候，我们已经记住了他对"道"的论述；在我们还没有读过卡夫卡的作品的时候，我们已经知道了他是一个伟大的作家以及他的作品的特点是什么……所有这些抽象的概念都横亘在我们的心灵和我们的对象之间，成了我们对对象做出判断的基础。如果说一个原始人在很自然的情况下就是以自己的心灵感受事物、感受世界的话，一个学富五车的学者倒很可能到数千年以前的思想家那里寻找对事物、对世界的感受和理解，而根本忘了自己的存在。但是，现在的时代是一个文化化了的时代，人们必须生活在这个文化的世界里。现代人类的唯一出路是通过文化克服异化，而不再可能返回到人类的原始状态之中去。在这时，我们就必须重视现代高等教育的另一个侧面的存在。二、它是以改造现实社会、推动人类文化发展为自己最高的目标的。为了改造现实社会，为了推动人类文化的发展，人们必须进入对现实社会和现实的人的具体的、亲切的、直接的感受和了解中去。人们永远不能直接感受和了解创造了古代文化的那个世界和那个世界上的人类，人们只能通过对现实世界和现在人类的感受和了解去接近对古代世界和古代人类的感受和了解。这是现代人克服传统文化对自己的异化，建立现代人对古代文化和古代人的观念的唯一有效方式。如果说新古典主义是在传统文化的基础上形成自己的基本观念并用这种观念评判变化了的现代世界的话，现代主义则是在对现实社会和现代人类的直接感受和了解的基础上形成对人类过往历史和已有文化成果的基本观念。这不是一个谁要消灭谁的问题，而是一个以什么为基本观念的问题。在这里，我们可以思考围绕胡适提出的"踱进研究室""整理国故"的主张所发生的分歧。这个争论，同中国现代文化史上的所有争论一样，至今仍然没有解决，并且胡适的主张仍然会在学院派中得到大多数中国知识分子的同情和支持。实际上，在这里并不存在要不要国故、要不要研究中国传统文化的问题，而是一个更重视什么的问题。鲁迅的《青年必读书》重视的是什么呢？重视的是现代青年对现实人生的感受和理解。胡适的"整理国故"重视的是什么呢？重视的是当时青年做学问的方法和道路。就其现实性而言，胡适的主张造就了大批现代的学者和教授；但就其先锋性而言，这大批的学者和教授却没有通过自己的学术研究把五四新文化的观念在中国社会广泛传播开来，学院派文化的繁荣和学院派文化的发展直至现在仍然不是相同的一个概念。胡适是在中国现代主义文化史上起到过重大历史作用的人物，但他在五四新文化运动之后却有一个无形的变化，如果说他的白话文革新是在他对中国文化发展现状的切切实实的亲身感受中取得的，那么，他此后的学术研究却是在一种固有的方法论的指导下进行的。在这时，他的思想开始停留在了一个现有的平面上，中国社会人生的动荡变化再也没有进入他的生命体验中去，没有动摇过他的早已形成的思想信条，也没有影响到他的学术研究角度和方法的变化。如果说鲁迅一生都在体验中，并且在这体验中不断发生着思想的运演和变迁，他在思想上也像生活上一样，走了一条人生的路，而胡适则围绕他在美国文化影响下产生的一些思想盘旋了大半生。鲁迅的思想是条河，胡适的思想是个湖；河是流的，湖是止的。只要我们用柏格森的生命学说思考这两个人的生命形态，我们就会感到，鲁迅的生命形态是现代主义的，而胡适的生命形态是新古典主义的。

综上所述，与五四新文化运动发生和发展的同时，在中国现代社会也发生和发展着另一种文化形态——中国新古典主义的文化形态。"五四"以后的中国文化的上空，不仅飞扬着现代主义的精神的花絮，也旋舞着从中国古代和西方来的各式各样的原则的铁棒。中国的新古典主义同中国的现代主义文化一样，也是在中国文化不断分化又不断聚合中形成并发展的。它的实际影响，在任何一个特定的历史时刻都大大超过中国现代主义文化的实际影响，这不能不影响到中国现代文学的发展。

三

20年代，是大批青年知识分子涌入新文学界的一个时期。但是，在现代主义和新古典主义这两种倾向间，青年恰恰是具有二重性的。一方面，青年是带着自己未被雕琢过的心灵进入人世间的，这样的心灵不适应现实世界的要求，不能被纳入现实文化的纷繁多样的规则之中去，不能被纳入固有的文化传统中去。这样的心灵，在现实规则的禁锢中挣扎流血，形成的是无可名状的复杂多变的精神感受。这导致了我所称谓的中国的现代主义文学。现代主义是什么？现代主义就是使心灵不通过任何中介物而直接地面对这个世界，面对自己的存在。在这个意义上，青年在其本质上是一个现代主义者，正像一个原始人在本质上就是一个现代主义者一样。但在另一方面，青年追求的是进入现实，进入现实世界，他在自觉不自觉间就是以现实社会的固有规则规范自己和要求自己的。他孤独，但不耐孤独，他在一般的情况下不是接受这孤独，不是在孤独中意识自我存在的价值和意义，而是通过改变自己而求得与现代世界的适应。这种倾向使他们极力去寻求自己的精神栖息地，而一当找到了它，他们就会在这个栖息地上停留下来。在这时，他们在精神上和在

中国新古典主义文学论（上）

具体的文学创作中就会表现出新古典主义的倾向。他们的现代主义，同西方的现代主义是不同的，与鲁迅的现代主义也是不同的。西方的现代主义是在西方现实主义文学得到空前发展的前提下得到发展的，在西方现代主义者的面前，现实世界的状况是相对清晰的，他们知道现实世界向一个伟大的政治家要求什么，向一个杰出的将军要求什么，向一个有才能的资本家要求什么，向一个优秀的工人、小职员要求什么，向精明的流浪汉、妓女、强盗、骗子要求什么。但也正因为如此，他们也知道，人类的精神是破碎的，人类之爱是虚妄的，人类的灵魂在现实世界里找不到自己的最终的归宿，上帝创造的这个世界是不完满的。他们要用文化的力量、文学艺术的力量，让人类去重新体验自己，审视自己，唤醒人类灵魂的自我拯救意识。我们看到，在这一特征上，鲁迅与西方的现代主义者是有极其相似的地方的。"所以我们的第一要著，是在改变他们的精神，而善于改变精神的是，我那时以为当然要推文艺，于是想提倡文艺运动了。"（鲁迅：《〈呐喊〉自序》）鲁迅之走向文艺，不是为了借助文艺的力量走进现实世界，而是为了通过文艺影响、改造现实世界；不是为了找到一张进入政治界、经济界、教育界、司法界等等有形的现实世界中去的入场券，而是要把现实世界的人们带入自我精神的体验中去。他并不绝对地拒绝现实世界的一切，并不认为人类可以脱离开自己的现实世界，并不认为只有文学艺术才是最高尚的，而是要用精神的力量使现实世界不致因精神力量的缺乏而继续塌陷下去。一般说来，20年代的那些青年文学家们并不是如此。他们不适应于现实，并不是不想适应现实，而是还不习惯于现实世界的规则，还无法把自己的灵魂安置在这些规则之中。成功和失败都使他们感受到现实规则的力量，而当他们理解了这些规则在现实世界中的必要性（不论是从何种角度判定的必要性），他们就极容易通过改变自己的方式而不是发展自己的方式去适应它们，从而把自己完全纳入现实世界中去。在这时，他开始被现实世界所接受，他也在现实世界中安栖了自己的精神，成为一个中国的新古典主义者。

胡适等人新旧交替期的新诗，从文体革新的角度看，显然是有着现代主义的性质的，但从创作者的心态，分明又有着新古典主义的倾向。

他们企图以科学试验的方式创作新的诗歌,是形成这种混杂现象的主要原因之一。不论新旧,诗歌都必须是一种情感、情绪的表现,没有异于古代人的独特的人生体验,没有与中国古代知识分子不同的感情和情绪,新诗就是用白话文的方式对中国固有的思想或感情做出的衣冠不整的表演,正像古代的宰相穿上了中山装,深闺的小姐改穿了牛仔裤,形式的审美效果和内在精神素质构不成统一的艺术整体,是无法创作出成功的诗歌来的。但我认为,在这时期的诗歌中,有两个人的新诗还是应当予以格外注意的。其一是鲁迅,他把调侃的语调带入了新诗的创作,这是对严肃的古典形式和古典原则的一种颠覆方式,反映着中国现代知识分子对已成陈规陋习的思想和形式的厌倦情绪,它所具有的现代主义性质是更为明确的。其二是我们过去甚少注意的傅斯年的为数不多的几首新诗。他的新诗在艺术成就上也许是不够高的,但在他所企图表现的情绪上,却异常突出地体现了中国新诗创作的现代主义性质。"上帝死了"的观念几乎是他这仅有的几首诗的中心观念。在《心悸》(《新潮》第2卷第2号,1919年12月)一诗中,他把世界比喻为一个"乱坟堆",在这个世界上,"吃的是人肉,坐的是人皮,抱着骷髅当乐器,舞着锁子,跳跃在死人群中,黑烟洞底",在朋友的宴会上,"盛具里放着"的是"无数死尸",这个世界的人谁都免不了要被送上"肉市",而这样一个"不济的世界",就是由"不仁的上帝"创造的。在《心不悸了》(《新潮》第2卷第2号)一诗中,他提出不要做上帝的机器,不要梦想着上帝的救助,不要企图安住在一个"没有苦恼,也没有趣味,最干燥不动的世界"上,"信你自己,信你同时的人,不该问上帝'我和将来是怎么一回事体?'"在《前倨后恭》(《新潮》第1卷第5号,1919年5月1日)一诗中,他说人类的本性就是"前倨后恭":

> 耶稣活着,世人使他流血遭劫。
> 耶稣死了,世人说,"耶稣救我们出劫"。
> 多少生前吃人脚跟底下尘土的人,
> 死后竖起铜像;
> 又有多少活妖魔,

过上些年，变作死神灵。
这不算奇怪，
这是页页历史上所见的"前倨后恭"——
这是人的天性。

  人的存在价值在哪里？他回答说，就在人性向你的微微一笑中。在《咱们一伙儿》（《新潮》第1卷第5号）这首诗里，他表达的实际是弱小的生命都会被恶势力摧残，但所有弱小生命要把自己视为一个整体，各自发出自己生命的光，"轮流照着"，使人类的世界"大小有个光"。总之，傅斯年这些诗的总体意象是具有强烈的现代主义性质的。他是第一个用自己的人生体验评论鲁迅的《狂人日记》的现代青年评论家[1]，他的思想和创作在五四时期与鲁迅的现代主义发生着较之任何其他人都直接的呼应。傅斯年在这几首诗中表达的人生感受，实际上也就是鲁迅在《狂人日记》《复仇（其二）》等作品中所表达的。但到后来，他在现实世界找到了自己确定的位置，其思想也由幼稚趋向成熟，而这成熟的标志就是失去了青年时期的那股疯劲，那种蛮气。在政治上，他的思想被体制化了，其思不出现实政治需要的范围；在文艺上，他的思想被规范化了，其思不出固有文学规范的限制。例如他之评论萧伯纳，不说萧伯纳自身的价值和意义，不谈他对现实社会的尖锐讽刺和无情鞭挞，而仅从他不如其他人的地方入手，在他自己的心灵与萧伯纳的作品之间，筑起了一道精神的屏障[2]。

  爱情，是青年文学家的中心主题之一，但只要认真体味中国20年代的小说创作，我们就会感到，那时期真正意义上的爱情小说是很少的。爱情是什么？爱情是男女两颗心灵的沟通和亲合，是两颗心灵在自由的选择中的不期而遇。为了这种结合，或者是彼此的情感表达，或者是与现实社会的冲撞和斗争，其结果或者是因失恋而痛苦，或者是因结合而

---

[1] 参见傅斯年：《一段疯话》，《新潮》第1卷第4号，1919年4月1日。
[2] 参见傅斯年：《我对萧伯纳的看法》，《自由中国》第3卷第10期，1940年11月16日。

幸福，爱情都表现为一种生命的活力，一种明朗的情感，因为它是建立在爱情的实在性的意识之上的，建立在男女两性间存在着真实的、脱离开粗陋的物质性而独立存在的纯感情性爱情联系的意识之上的。严格说来，爱情这个词本身就具有古典主义和浪漫主义的性质，它是对复杂的两性吸引关系的一种抽象，一种提纯了的概括。古典主义把两性关系中非感情、非道德（与现实道德观念不符合）的因素排除出去，形成了他们的"爱情"的观念，在古典主义的作品中，爱情不但是感情性的，同时还是符合现实社会伦理道德规则的。这样的爱情，即使在儒家文化统治的中国古代社会里，即使在孔子编订的《诗经》中，也是受到肯定和欢迎的。浪漫主义崇拜感情，把感情置于道德之上，用爱情的力量冲击社会道德的禁锢是浪漫主义者爱情描写的核心意义，这在像拜伦、雪莱、普希金、雨果和海涅这样的西方浪漫主义诗人的作品里，放射着耀目的光辉。他们是感情至上主义者，因而也是爱情至上主义者。但他们的"爱情"观也是一种对实际的、复杂的两性关系的抽象形式，是把两性的生物本能排除之后留下的纯感情性的一个抽象的概念。但在20年代中国青年作家的作品中，爱情描写多属于哪一类呢？它们既不像古典主义的爱情描写那么道德化，也不像浪漫主义爱情描写那么纯洁真挚。在郁达夫的作品中，精神上的爱情和物质上的性欲是不可分离地掺杂在一起的，纯洁的爱情被物质的欲望玷污了，两性之间的关系罩上了一层浑浊的迷雾；在庐隐、郭沫若的部分作品里，爱情与现实伦理关系发生着矛盾和斗争，二者的神圣性都受到了对方的挑战；在滕固等人的一些小说里，爱情与变态心理纠结在一起，人们很难确定应该同情还是应该反对这类人的爱情追求；而在楼建南等一些人的小说里，爱情和对爱情不负责任或没有能力承担其责任的态度结合起来，构成的是感情与命运的冲突……在20年代这些青年作家的作品里，"爱情"有着涂抹不掉的虚妄性色彩。在这时，鲁迅也写了他的现实题材的小说《伤逝》，它实际否定了在古典主义和浪漫主义观念中形成的那种凝固不变、纤尘不染的爱情的存在，而在历史题材的小说《奔月》中，他则揭示了那种依附性的婚姻背后埋藏着的自私和狭隘。也就是说，中国20年代的所谓爱情小说实际上更具有现代主义的性质，它在企图表现"爱情"的崇高的时候实际更多地表现了"爱情"的虚妄。而在这些具有现代主义性质的爱情小说之外,在题材上更像纯粹的爱情小说的,恰恰不是浪漫主义的或现实主义的小说,而是新古典主义的小说。这可以由张资平后来的小说作为代表。鲁迅讽刺张资平说:

> 现在我将《张资平全集》和"小说学"的精华,提炼在下面,遥献这些崇拜家,算是"望梅止渴"云。
> 那就是——△
>
> (鲁迅:《二心集·张资平氏的"小说学"》)

必须看到,张资平这里所使用的爱情小说的模式,绝不仅仅是他一个人所使用的模式,而是在中国现代文学作品中十分广泛地被运用下来,成了中国新古典主义文学中的另一个典型的模式。这种模式的产生有它的必然性,那就是,当一个作家不是从两性关系中体验人的生命及生命的存在形式,不是通过爱情的描写写出人性的复杂,而仅仅把爱情当成一种有趣的故事,当成人与人争夺现实幸福的遭遇战,并以此满足没有精神理想的小市民读者的浅薄趣味的时候,他们就必然会到爱情的外在多角关系中去编制各色各样而又千篇一律的故事情节。它们满足着读者的期待,顺从着他们的愿望,抚摸着他们的心灵,因而也小心地不触及他们内在灵魂的阴暗面。这类的小说,在粗糙的现实生活上面打光打蜡,在男女两性的复杂关系中涂脂抹粉,从而粉饰着现实的世界。这种模式有时同革命题材相结合,构成革命者与反革命者之间的爱情纠葛;有时同道德题材相结合,构成好人与坏人之间的爱情竞争;有时与一般政治生活题材相结合,构成先进分子与落后分子之间的爱情矛盾。但不论在怎样的题材里,获得美满爱情的都是那些作者肯定的正面人物,美女配俊男,才子得佳人,一旦成婚,终生相伴,其乐无穷。反革命者、坏人、落后分子永远也得不到可心的人。

我在《中国现代主义文学论》中曾经分析了郭沫若20年代诗歌的现代主义性质,但即使在这个时期,郭沫若的诗歌也不是只有一种倾向,一种风格。在这里,我们可以具体分析一下同样列为名篇佳作的《地球，我的母亲！》。

> 地球，我的母亲！
> 我过去，现在，未来，
> 食的是你，衣的是你，住的是你，
> 我要怎样才能够报答你的深恩？①

从这首诗里，我们可以感受到中国知识分子在20年代就已经开始了一项可以称之为"上帝再造"的工程。"上帝"是一个符号，一个象征，它不但可以存在于西方的《圣经》里，也可以用其他一系列抽象观念来代替。当人不是把自我视为一个独立的个体，不在自我的生命本体意识自己存在的根据和意义，而将它完完全全地归属于另一个更庞大的存在的时候，这个更庞大的存在实际也就具有了"上帝"的性质，个体人和这个更庞大的存在物的关系也就同上帝和人的关系没有了任何差别。对这样的类于上帝的存在，人只有歌颂的权利，只有服从的义务，在这种意识基础上创造的诗歌，也就与西方中世纪的宗教赞美诗，与中国古代臣民对君王的歌功颂德没有了本质的差别。不难看出，这是在中国现代文学中存在并发展着的又一种新古典主义文学模式。这种文学模式是以对一种更高更大的存在物表示崇拜、敬仰为特征的，这个存在物可以是天，可以是地，可以是太阳，可以是自然，可以是宇宙，可以是父亲，可以是母亲，可以是祖国，可以是故乡，可以是人民，可以是领袖，可以是政党，可以是某种伟大的思想和某个伟大的人。但不论具体的对象是什么，作为一种文学模式则是大致相同的，其审美特征也彼此相近。

关于人和自然关系的描写，还有另一个新古典主义文学模式，我们可以通过被我们视为中国现代诗歌经典的徐志摩的《再别康桥》为例予以说明。不容置疑，这首诗是有很高的艺术成就的，特别是在20年代新诗创作的发轫期，为新诗的创作带来了新的气象。但是，如果我们更细

---

① 郭沫若：《地球，我的母亲！》，载《郭沫若全集·文学编》第1卷，人民文学出版社，1982，第79页。

中国新古典主义文学论（上）

致地分析这首诗，我们就会发现，它的最成功之处是一、六、七节，而二、三、四、五节的写景部分则显现着力不从心的疲弱感觉。作者笔下的康桥是美的，但美得有些呆板，有些琐碎，有些打不起精神来。这是一种古典的美，美得像西施，像杨贵妃，一点缺点也没有，但却是形式的，没有思想，没有精神生命。它不是曹禺《雷雨》中的蘩漪、《原野》中的金子，不是李劼人《死水微澜》中的蔡大嫂、张爱玲《倾城之恋》中的白流苏。它美得没有自己的意志，自己的思想感情。在这样一个对象面前，人完完全全被它软化了，审美知觉被麻醉了，对它的美也就没有鲜明的感觉了。中国古代哲人讲所谓"天人合一"，但"天人合一"的境界不是文学艺术的境界。在"天人合一"的境界里，人对周围事物是没有什么感觉的，那是精神的睡眠状态，是人的暂时死亡，而死亡也正是"天人合一"境界的极致。这种文学模式的总特点是，作者相信一个纯美境界的存在，并力图为读者具体地、实际地描绘出一个纯美的自然环境、纯美的社会环境或纯美的灵魂来，并在这纯美的境界里让读者感到陶醉，感到全身心的舒适和惬意，感到自我的消失——所谓"忘我"。

在中国青年作家的创作道路上，有一个门槛，有一道栅栏，这就是"成名"。它是在中国古代社会支撑着中国文化大厦的主要精神支柱，但同时也成了中国现当代文化发展的一个主要网罟。一个青年，在现实世界上是没有任何固定的地位的。在这时，除了围绕着这个青年的少数亲人，所有社会成员都是以不带过多伪装的形式出现在他们的面前的，他只是一个"人"，别的什么都不是，人们也是以一个"人"的形式对待他的。他们看到的是比一般的成年人更真实的一个"人"的世界。这个世界触动着他的灵魂，折磨着他的感受，使他产生强烈的表现欲望。但一个青年一旦成名，他就一步跨进了现实的社会，并且在社会上具有了上层或准上层的优越地位。人们这时是以他的身份为依据与他构成特定关系的，是依照现实社会的特定礼仪关系的标准对待他的，原来那些他认为高不可攀的人物开始亲切地接见他，那些有着各种不同文化倾向的前辈名人开始与他交往并表示对他的器重和关心，诸多希望得到他的帮助的青年人纷纷前来拜访，人人的脸上抹上了一层蜜，即使有人反对他，他也感到这是不正常的，不代表多数人对他的态度。在这时，他的面前开始组合起了一个新的、不同于以前的现实世界。这个现实世界是比青年时的那个世界更真切、更实际、更具有人情味的世界，也是一个更光明、更可爱的世界。这个世界即使不完美，也是由于部分不完美的人造成的，不是整个世界的本性，不是人类的缺憾。如何对待这两个世界，在礼仪之邦的中国，成了知识分子及其文学艺术发展的关键问题。"有谁从小康人家而坠入困顿的么，我以为在这途路中，大概可以看见世人的真面目。"（鲁迅：《〈呐喊〉自序》）鲁迅始终把他童年、少年、青年时期感受和了解过的世界视为一个真实的世界，而不把自己在社会上占据了一定社会地位之后，由社会的礼仪关系构成的这个世界视为本真的。他与大多数中国知识分子的一个根本区别在于，他没有被"成名"后的世界的甜蜜化所陶醉。他不相信这个礼仪化了的世界，他认为只有揭开现实世界的一层层礼仪关系的面纱，才会看到现实世界的灵魂。他之逐渐喜欢上了杂文创作，就是因为杂文帮他在这个礼仪化的世界上挑出了一个个破绽，使这个现实世界上的一批批人能够暂时卸却礼仪关系的面纱，暂时抛掉温文尔雅的假面，轮流到他的面前来进行真实的灵魂表演。只有在这时，他面对的才是一个个真实的灵魂，并在灵魂的世界里与之进行厮打、搏斗。但是，面对自己成名后的这个更惬意的现实社会，并不是所有作家都有这样高的自觉性，也不是任何人都愿意戳破这层人生的薄纸，重新把自己还原为一个无所凭依的"人"。这类的青年作家获得的是社会的优遇，失掉的却是自己的文学和艺术。重重的礼仪关系使他们渐渐陷入精神的包围，社会对他们的评价方式开始成为他们自觉约束自己的规则。对于他们，赖以成名的具有现代主义性质的作品只成了年轻气盛时的一次精神失态，后来的作品则变得稳重，变得典雅，变得有节制，因而也就具有了我所认为的新古典主义的性质。郭沫若创作才华的瞬间即逝，就是其中一个最典型的例子。他以"天狗"般的疯狂震撼了中国的文坛，但既经成名，那种疯狂的热情在他的诗歌创作中就很快消失了。他不再情愿暴露出他灵魂中那个"天狗"的狰狞，不再乐意伸出他灵魂中那个"天狗"的利爪。他的灵魂被现实社会驯服了，他开始尾随在社会的后面寻找自己的"世界观"。在这时，在他的《前茅》和《恢复》等诗集里发展起来的是一种"宣叙调"的诗。这类诗的特点是把各种不同的思想和感情都纳入一种平静的理智的有节制的相对固定的调子中叙述出来。如果说他的《天狗》的形式只是他那一刹那的疯狂热情的表现形式，而不再可能用来表现他时他地的他种情绪，那么他的《前茅》和《恢复》中的诗，则是一种可以添上各种新词的固定的曲谱。这种调子，可以写黄河和长江，可以写陈胜和吴广，可以写巫峡的奇丽和统治者的残酷，可以写武汉长江大桥的建成，也可以写《百花齐放》中各种花草的美丽……总之，它是一种相对固定的文学模式，是可以成批量生产诗歌的形式中的形式。

在20年代的所谓写实小说里和小品散文的创作里，实际上也在孕育着一种新古典主义的文学倾向，不过这时的表现不如30年代来得明确和具体，所以我们放在下节再做详细的论述。

原载《天津社会科学》1998年第3期

中国新古典主义文学论（下）

四

如果说中国20年代的文学是由于思想的分化导致了文学的分化，那么，中国三四十年代的文学则是由于政治的分化导致了文学的分化。但是，不论是思想的分化还是政治的分化，都是中国现代文学外部的、社会的、现实的、理性的分化形式，而不能最终地说明人的内部的、精神的、审美意识上的变迁和发展。毫无疑义，在20年代，中国的现代主义文学主要是在新文化阵营中发展起来的，但我们却不能把这个命题反过来进行表述，说凡是属于白话文的新文学就都是中国的现代主义文学。同样，在30年代，中国的现代主义文学主要是在左翼文学的旗帜下发展起来的，但这种外部的分别却永远无法标志每一个个别作家和每一个个别作品的基本性质。我们只能说，在30年代，是中国的现代主义文学获得新的发展的历史时期，也是中国的新古典主义文学获得更为长足的发展的历史时期。这两种文学的发展共同构成了30年代中国文学发展的繁荣局面。

为什么我把30年代的左翼文学阵营视为当时中国现代主义文学发展的主要文化阵地？在这里，有一个现代主义文学究竟是谁的文学，究竟是由谁创造出来并由怎样的一批读者接受并支持着的问题。文学是普遍的，文学中表现着普遍的人性，这是毫无疑义的，但这里的"文学"也必须作为一个普遍的、抽象的概念来理解才能使这个命题得以完全的成立。而一旦具体到一个历史时期的一种特殊派别的文学，它就有了一个产生和发展的具体的社会土壤的问题，它就不再是社会全体成员都能够创造、都乐意承认的文学倾向了。这是每一个关心着文学的现实发展的文学工作者都能够强烈地感到的，而只有那些仅仅在已有定评的古代或外国文学作品中"研究"文学的教授和学者才会真心诚意地以为文学是普遍的抽象人性的表现。

在西方，新古典主义文学是在怎样一个社会领域中产生与发展的？它首先是在贵族阶级中产生的，也是适应着贵族阶级的审美趣味创作出来的。在那时，人和神已经发生了分裂，神的绝对权威已经不能完全地控制现实的世界，但人的现实世界仍然保持着自己的完整性。当时最高的政治统治者同时也是文化和文学的最高组织者、领导者和仲裁者。文化刚刚从宗教神学中分离出来，一个独立的知识分子阶层尚未形成，少数知识分子是在贵族阶级中产生的，也是在贵族阶级的范围中从事自己的文化活动的。他们的审美趣味在主要倾向上也就是那时的贵族阶级的审美趣味。这个阶级不必为自己的物质生活操劳，不必为自己的物质生存担心，他们只需要精神上的享受，只需要礼仪上的得体。他们的最高的理想是国家的安全和社会的安定，而要做到这一点，每个人对自我的节制和对国家集体的绝对忠诚则是最最重要的。西方的新古典主义文学没有也不想把社会全体人的生活和一个人的内和外的全部活动都纳入自己的艺术表现中去，它选择的是那些符合贵族阶级高雅趣味的东西。但是，需要文化和文学的不仅仅是具有高雅趣味的贵族阶级的人们，并且贵族阶级的成员也不仅仅需要具有高雅趣味的文化和文学。文化在发展着，知识分子的数量在增加着，文学需要更多的接受者，它可以也必须不断挣脱当时贵族阶级已经明确化起来的那些僵死的伦理道德信条和文学创作的固定的范式，即使那些成功的新古典主义文学的创作家也不能不不断超越于这些理论的原则而表现出越来越灵活的态度。

到了西方的启蒙主义时代，具有更大独立性的贵族阶级知识分子已经在贵族阶级内部形成了一个尾大不掉的文化肿瘤。科学和文学的独立发展不仅在贵族阶级内部，也在它的外部形成了一个相对独立的读者层，这个读者层对启蒙主义者的作用大大超过了当时的最高政治统治者对他们的作用。他们仍然是在贵族沙龙里活动着的少数知识分子，但他们却不再把自己的文化视为贵族阶级一个阶级的文化，不再承担维护贵族阶级意识形态的政治使命，而开始以自己独立的姿态向整个社会发言，并表达着自己对社会人生的理解和要求。他们不再供奉上帝，也不再供奉帝王，他们供奉的是科学和理性，供奉的是具有客观色彩的真理性的认识。如果说宗教神学与当时社会构成的是教谕与被教谕的关系，封建帝王与当时整个社会构成的是统治与被统治的关系，启蒙主义者与当时社会构成的就是说服与被说服的关系。在西方的启蒙主义时代，是三种权威并存的时代，政治上的专制君主、宗教中的上帝和科学文化中的启蒙主义者，但只有启蒙主义者担当着推动西方历史发展的任务。文化被独立出来了，知识分子被独立出来了，知识分子开始独立地发挥自己的主体性的作用。但是，启蒙主义者的权力只是一种话语的权力，他们只能在当时追求真理的少数知识分子范围中贯彻自己的原则。真理，在中国新古典主义者的辞典里，似乎是人人都会自然地接受的东西，但实际的人生告诉我们，真理只有在需要真理并能够接受真理的人们当中才会发挥实际的影响力量，而对于那些并不需要真理或需要真理而没有能力接受真理的人们来说，它是毫无意义的。当时的贵族阶级统治者要维护自己的统治权力，需要的是他们的固有的文化传统，需要的是专制政治体制下的伦理道德和礼仪规则，他们不需要并且害怕启蒙主义者为社会构想出来的理性的王国；广大的无文化的群众需要启蒙主义者的真理，但却没有能力接受它们，宗教信仰仍然是他们获得灵魂安宁的唯一手段和途径。也就是说，理性仅仅凭借自己的力量并不能有效地贯彻自己，它必须在人这个更加复杂的机体中找到能够把自己发射出去的弓弦。这个弓弦就是人的情感的力量，人的主体性的力量，或曰人的主观能动性。这种人的情感力量、人的主体性的力量、人的主观的能动性，是在西方浪漫主义文化中得到表现并得到传播的。

　　什么是浪漫主义？在西方，浪漫主义就是少数反抗贵族阶级固有传统的贵族知识分子的文化形态。他们是情感主义者、个人主义者、主观主义者、自由主义者，但也正因为如此，他们才把自己不同于新古典主义的思想理想和社会理想坚持下来，推广出去，并部分地实现在西方的社会上。像英国的拜伦、俄国的普希金这些就其身份而言属于贵族阶级的人们，如果没有这种主体性的力量，这种情感的态度，他们是不可能牺牲自己优越的社会地位而成为社会自由和解放的战士的，而西方多数国家的资产阶级革命，也就是在浪漫主义文化的发展过程中实现的。在西方浪漫主义文化发展的过程中，西方知识分子形成了一个独立的社会阶层，文化的社会化的程度进一步提高了，资本主义工商业的发展和独立知识分子阶层的扩大共同改变了西方的整体社会结构，社会正在发生着日新月异的变化。这时的大多数知识分子已经不是生活在政治体制之内，而是生活在这个越来越广大的社会上，他们要在这个更广大的社会上求得自己的生存和发展。他们对社会的认识更细致、更具体了，对社会的实际变迁更敏感了，对社会上各个阶层人物的思想愿望及其实际的活动更注意了，对他们的人生命运也更加关心了，于是西方进入了我们所说的现实主义的时代。

什么是现实主义文学？现实主义文学就是那些更关心现实社会的实际发展和不同的人在现实社会的不同命运的知识分子的文学。在这些知识分子之中，有一些是像福楼拜、列夫·托尔斯泰这样的贵族阶级出身的知识分子，有一些是像巴尔扎克、契诃夫这样的出身较为低贱的知识分子，但他们都有着对现实社会的真诚关心，都有对社会小人物生活命运的真诚同情。但是，也就在现实主义文学家关心着现实社会的发展变化的同时，西方的知识分子，特别是西方的文学艺术家自身的社会地位却持续不断地发生着整体的塌陷，文化的普及使知识分子再也不是社会的尤物，文化和文学艺术对于他们不再是纯粹精神性的活动，同时也成了他们的谋生手段，他们是一些与其他社会成员一样在社会上谋生的人们，是在社会人生的网罟中挣扎求生的知识分子。从福楼拜、巴尔扎克到波特莱尔，从列夫·托尔斯泰、契诃夫到陀思妥耶夫斯基，这是文学从现实主义向现代主义转化的过程，也是知识分子失去了自己的经济后盾而沦为社会平民的过程。

对于西方的现代主义者，传统仍然存在着，但全部的传统都无法保证他们在自己人生道路上的顺遂和幸福,都无法保证他们自己的作品得到现实社会的承认。古典主义者描写了贵族阶级的高雅庄重的生活,启蒙主义者告诉了他们大量社会的真理,浪漫主义者表现了人类的英雄精神,抒发了自己热烈的内心感情,现实主义者为他们具体地、典型地刻画了现实的社会和现实社会的历史发展,但所有这一切并不能解决他们自己人生道路上的根本问题。他们无法仅仅依靠自己言行的庄重高雅而找到生存之路,无法根据启蒙主义者揭示的客观规律寻求到自己人生的幸福,无法凭着自我单方面的真诚感情而获得自己所钟爱的人的同样的爱情回报,也无法凭着对现实主义者所描绘的那个世界的认识而避免自己悲剧的人生命运。对于他们,人类社会不是一个和谐美好的整体,而是充满多种无法用人的力量完全克服的无序的整体。现实主义者同情地描写了小人物的生活命运,但他们却不是小人物或不把自己视为一个小人物。而这时的知识分子,他们自己就是小人物,自己就是在社会上找路走,没有一个固定的光明前途的人们。对于他们,人生是不可能最终地被认识和被把握的,人(包括自我)是不可能被清晰地表现的。世界是什么样子的?人生是什么样子的?它们是在你的感受中存在的,是在你的感受中以浑融一体的形式存在着的,是不可分析的,是无法用机械的手段随意拆卸和重新安装的,是随着你的感受的不断变化而变化的。不论是在新古典主义的时代,还是在浪漫主义和现实主义的时代,那些少数的知识分子都相信一个完美的社会,一个完美的人,一个永恒的真理,一个社会发展的必然规律,一个人类的光辉的未来。但到了这些知识分子这里,这一切都成了一种虚妄不实的人类呓语。一切整体的东西并不能保证一个具体的东西,对人类的整体抽象不能代替具体人的命运,整个世界的发展可能把一个弱小的民族变成失去主权的殖民地,世界经济的发展可能导致世界大战,造成人类的大量死亡,当社会上一部分人暴富起来的时候也可能正是另一部分人失去了工作、沦落到赤贫地位的时候。与此同时,一个人与自己所存在的社会整体的联系并不是固定不变的,一个人类的吸血鬼可能被这个社会的群众拥戴为自己的领袖,奉为自己的救世主,一个热爱人类、为人类的自由和解放进行不懈斗争的战士可能被这个社会的群众视为大逆不道的叛徒。"上帝"已经死了,"圣人"已经死了,已经没有一个能够拯救所有人的确定无疑的价值标准。人不能依靠任何别的人来拯救自己,不能仅仅从他所在的抽象整体的抽象概括中意识自己的命运。人必须自己拯救自己,只有在每个人自我拯救的基础上人与人才能够联合为一个矛盾的整体,并在它的永远矛盾着又永远联合着的张力关系中实现自己的存在与发展。人不是至善、至美、至诚的,他也不可能实际地达到这种用语言虚设的精神境界,人有着超越于自己动物性本能的精神要求和趋向性,但他又永远不可能完全摆脱自己的动物性本能而成为纯精神性的圣人、超人。人存在的意义和价值不是在某个固定的物质或精神的标准中衡量出来的,而是存在于他在此时此地求生存、求发展的实际过程中,存在于人的自我生命的体验中。人不能仅仅依靠对别人或对抽象整体的理解来进行自我的选择,而必须依靠对自我、对自我与社会特殊联系的感受和理解来选择。人总是沉浮在相对主义的漩涡里,并且只有在这相对主义的漩涡里才能找到一点绝对主义的碎片。也就是说,西方的现代主义文学不是在社会各个不同的阶层中同时产生的,也不是西方所有知识分子的文学艺术形式,而是在沦为社会平民的知识分子阶层里首先产生并首先被感受、被理解、被欣赏的。

那么,在30年代的中国,哪个文学艺术派别更接近西方现代主义的知识分子呢?左翼文学艺术家集团!这个文学艺术家集团不是在当时官方意识形态支持下产生的,也不是已有较为稳定的社会地位的学院派知识分子的集合体,他们多是在中国现代社会上尚没有稳定的社会地位的知识分子,是仍在社会上奔波、挣扎,以为自己开辟着生活道路的人们。他们是中国社会中那些无法断定自己的前途和命运的人,是那些只有活生生的人生感受而还没有找到自己的一个确定无疑的社会立足之地的人们。不论他们自己怎么想,对于他们最最重要的都不是理论,不是教条,不是被传统确定了的那些言行的规则、那些道德的信条,而是个人的生存欲望、个人的追求意志和个人的全部生命力量。我认为,鲁迅在自己短暂的人生道路上所做的并不单纯的人生抉择,对于我们是有一定的启发意义的。鲁迅在五四新文化运动中成了一个著名的文学作家,但中国古代的知识分子可以凭着一首诗、一篇文章获得最高统治者的赏识，一跃而成为达官显贵，鲁迅却因此而失去了他的并不"区区"的教育部佥事的官职。在这之后，他曾经在大学任教，但在那里，要求于他的是像《中国小说史略》那样的学术著作，而不是他的《狂人日记》《阿Q正传》和他的"发神经"的《野草》、"骂人"的杂文、"胡诌"的《故事新编》。直至现在，大学学院派要求的仍然不是像鲁迅这样的文学家，而是研究文学家的学者和教授。张洁、张承志、贾平凹凭他们的小说创作当不了教授和学者，但学者们则可以凭着"张洁研究""张承志研究""贾平凹研究"当上教授和博士生导师。这是两个根本不同的文化领域，它们各有自己的价值观念和价值标准。在鲁迅一生的最后十年，他离开了国家的政治机构和社会的教育机构，只身投入社会中，他走的是与西方现代主义者相近的人生道路。在这里，支持着他的不是社会"上层"的政治家和军事家，也不是必须选修他的课程才能拿到毕业证书的青年学生，而是与他只有若即若离的不稳定关系的读者群。他们可以支持他，也可以抛弃他，而不会因此受到他的政治经济上的实际伤害。也就是说，鲁迅这时处在一个不拥有先在的话语权力的社会地位上。他的话语权是他用作品为自己开辟出来的，他必须找到与自己的读者在精神感受上的联系渠道，否则他就没有自己生存和发展的物质的和精神的基础。文化艺术是他的整个生命之所系。他走的是人生的钢丝，在这根钢丝上，运动比静止更安全，他必须不断地迈出自己文化的脚步，而如何迈出下面的一步以及把自己的脚暂时踏在钢丝的哪个部位，都要完全依靠自己的感觉和自己的判断，其他任何人，不论是中国古代的圣人还是西方的上帝，不论是外国的理论家还是中国的教授和学者，都无法指挥他，也没有权力指挥他。他得自己选择，自己负责。在这里，生与死是生命的一体两面的东西。为了生存和发展，他有时必须面对死亡，远离死亡也就是远离人生，拒绝死亡也就是拒绝人生；在求生的意志中感受死亡，在必死的意识中谋取生存和发展。对于像鲁迅这样的中国知识分子，已经不是从西方学来的什么"哲学"，不是按照古代哪个大师的教导修来的"道德"，而是他们的基本存在方式，是他们生命的主要表现形式。鲁迅是这样，多数30年代的左翼作家也是这样。像根据自己的流浪生涯创作了《南行记》的艾芜，像带着亡国的伤痛流浪到南方的东北作家群，像带着自己家乡的切实人生体验进入城市社会的王鲁彦、沙汀、吴组缃等小说家，像在生存与死亡的边界线上做着人生冒险的殷夫、柔石等革命作家，像带着女性的敏感和热情在现代社会挣扎求生的女作家丁玲，像讽刺作家张天翼，他们在后来的发展中，都有了各种不同形式的变化，但他们赖以进入左翼作家行列的文学创作，则无不透露着这个知识分子阶层的人生态度和人生感受。他们不是现实社会的指导者，不是社会人生的旁观者，而是以一个独立挣扎求生的知识分子在现代中国"活着"的人们。与此同时，像老舍、巴金、曹禺、沈从文等知识分子，虽然不是左翼知识分子，但其生活处境与这些左翼作家实际是没有本质的不同的。沈从文在"人事关系"上更接近新月派，但赖以支持他生存的却不是他的政治地位和他的"学问"，而是他的人生经历和人生体验。所有的人生经历和人生体验，就都是此时此地此人的具体的人生经历和人生体验，而不是中国古代人的，也不是外国人的。他们不是为某种意识形态而写作，不是为某种创作方法而写作，而是为自己而写作，为能够接受自己作品的读者而写作。这，就是30年代中国现代主义文学存在的现实根据和社会基础。

如果说中国现代主义文化与文学是用自己的肉体和灵魂铸成的，是用自己在现代中国社会经历过、体验过的人生铸造的，那么，中国的新古典主义文化与文学则是用一种理性的原则铸造的。它们背靠着一种固有的理论、固有的信条，就像背靠着上帝，背靠着圣人，背靠着一个无往而不胜的法宝。但也正因为如此，在他们的作品里，读者感受不到他们灵魂的真实骚动，感受不到他们自身生命力的强旺。30年代的民族主义文学是什么样的一种文学？它不是亲临战场、保卫祖国，用自己的生命换取民族独立和安全的战士的文学，也不是那些时时刻刻准备走向前线一雪国耻、一报民族怨仇的知识分子的文学，他们既不是岳飞、文天祥，也不是陆游、辛弃疾，既不像列夫·托尔斯泰，也不像海明威，他们是一些把当时专制主义政治体制作为自己的政治靠山，把它的意识形态作为自己的理论旗帜以推行自己文学作品的知识分子。"民族主义"在他们那里只是一个空洞的文化概念，一个可以勒住别人的脖子以便把自己的声音传播出去的文化绳索。这些知识分子的所有感情和情绪都不是在现实的民族斗争中产生的，而是在民族生活的内部、在与同民族其他成员的矛盾关系中产生的，但他们却把这些感情和情绪纳入民族矛盾中发泄出来，使可能是一种十分庸俗无聊的感情取得了一种十分庄严、伟大的表现形式。表面看来，民族主义文学很像是西方浪漫主义的文学，但它不是自我感情情绪的直接表现，而是一种转移了对象性质的感情情绪的宣泄。作者们把对本民族成员的憎恨用对"民族敌人"诅咒的形式表现出来，从而起到的不是帮助本民族读者抒发和宣泄感情的作用，而是压抑别人情感情绪的自由表现的作用。这种转移了对象的感情情绪的表现，像贴在那个人物和那个情景上的东西，二者之间并没有血肉相连的关系，因而也不可能产生西方浪漫主义作品那种强大的感情感染力量。这是一种古典形式的现代转化，它更像传统儒家知识分子对异端邪说的讨伐文，但是，这时的文学作家已经不是中国古代那些在政治体制内部获得自己存在价值和意义的儒家官僚知识分子，而是已经从政治体制中被排斥出来在社会上获取自己存在价值的人们。如果说像《谏迎佛骨表》的作者韩愈、《辨奸论》的作者苏洵都还保留着对儒家伦理道德的真实的信仰，因而他们的文字也表现着他们的道德勇气的话，这时的民族主义文学体现的则是作者们的怯懦的歹毒和油滑的残酷。他们既要依靠官方的意识形态为自己的文学创作找到一个安全可靠的理论立足之地，又不想为实际地坚持这种理论原则而做出行之有效的努力，他们没有实践自己理论的诚意，也没有实践自己理论的心灵感受，于是他们才跨过自己实际的人生体验而去编写一些连他们自己也产生不了真正的心灵感动的文学作品。他们的作品像一件旧兵器上的锈斑，既显现着这兵器的陈旧和腐朽，又显现着这文学的肤浅和松散。在这里，还有一个文学和它的读者之间的关系的问题。接受美学告诉我们，文学是在作者和他的假想的读者之间的关系中产生的。民族主义文学的假想的读者是不统一的。作为一种白话文学的文本，他们是写给当时的社会读者看的，但作为一种意识形态的载体，他们又是写给当时根本不把白话文学作为欣赏对象的政治官僚们看的，前者不喜欢民族主义文学那种"为王前驱"的文化姿态，后者只把文学作为维护自己政权的工具。他们制作的是一顶顶价格昂贵的瓜皮小帽，既想卖给皇帝，也想卖给老百姓，结果是皇帝嫌寒碜,老百姓嫌昂贵,这个买卖就不好做了。不难看出,这种新古典主义文学的模式,也不仅仅表现在 30 年代民族主义文学的作品里,而是中国现当代文学在不同的情况下反复出现的文学样式。那些在革命大批判的旗帜下"勇猛地"向自己同类倾泻怨愤的"文学"作品,那些在"文化大革命"中对无辜者发出的咬牙切齿的憎恨之声,那些在"反帝""反修"的旗帜下对自己的同胞进行的文化讨伐,在其作品的表现形式上,和 30 年代民族主义文学都没有本质的差别。他们打的是爱国主义的旗帜,利用的是中华民族的民族感情,背靠的是一种具有法律性质的理论原则,但压制和打击的却是本民族内部的另一部分民族成员和另一部分民族成员的思想文化倾向。这样的作品一般都呈现着一种病态的热情,流露着一种无法直接表达的怨愤情绪,调动的是一些在中国文学中早已被用烂了的僵硬空洞的表情表意的词汇。但这些词语在他们的作品里却像一块块半头砖一样排列着,任何一块也在这种排列中发不出奇异的光彩,因为它们的作者的心灵本身就是干枯的,任何豪言壮语都无法在他们的枯燥的心灵中榨出油来。

　　在中国古代的文化传统中,儒家文化传统是与专制政治体制紧密结合在一起的,是专制政治体制用政治权力直接维护着的一种文化形态。但中国是一个文化大国,教育的发展把中国古代知识分子的数量很快就扩大到了政治体制难以容纳的程度,这就产生了一部分以文化生产为主体意识的知识分子,形成了一个影响同样深远广泛的文人文化传统。周作人把前者的文学称为载道的文学,把后者的文学称为言志的文学。这些言志派的文人厌恶入世的儒家知识分子,厌恶儒家知识分子对现实利益的重视乃至觊觎,更厌恶他们的迂腐和虚伪,在儒家文化逐渐演化为中国古代知识分子获取功名利禄的手段的时候,他们则体现着当时思想自由、文化解放的倾向。但是,这部分知识分子仍然与中国的现代知识分子有着根本的不同。中国现代知识分子是社会化了的,是在社会上以文化生产取得自己的生活资料,同时也在社会上发挥自己特定历史作用的知识分子。他们不但失去了政治的怙恃,也失去了经济的怙恃,这一切都要通过他们自身的文化活动来取得。这样,他们的文化活动不仅仅是自娱性的,同时也是社会性的,他们的思想自由的要求很自然地与社会政治和经济发展的要求联系在一起。他们与传统儒家知识分子的根本不同在于，他们的政治权益和经济权益不是通过充当权势者意识形态的支持者和拥护者的方式取得的，而是靠着自己的文学作品与社会读者在精神上的相互沟通取得的，是通过自己的精神创造活动获得的。这样，他们不但对社会的精神生活有着切身的感受，并且对社会的政治经济生活也有切身的感受。他们对人生的感受是整体的，而不是部分的；是复杂的，而不是单纯的；是灵肉一体的，而不是纯灵或纯肉的。但也正因为如此，才使他们的人生观念具有了普遍的"人"的性质，具有了理解和感受包括社会最底层在内的所有人的生命体验的能力。中国古代这些传统文人则在失去了政治的怙恃的时候，仍然受到传统封建经济制度的怙恃，他们的文化生产在其最终的意义上仍是自娱性的，是在本阶层内部相互交换的精神娱乐形式，"以文会友"则是这个文人集团的最最基本的文化观念。既然是"以文会友"，那么，他们的审美观念就有了特定的形态。他们的作品是写给与自己相同身份的文人欣赏和阅读的，因而不论什么样的题材，到了他们的手下，都用比较平静的心情叙述、描写出来。他们有不满，但没有愤怒；有对社会缺陷的描写，但不会苦闷绝望；有幽默，但没有撕破脸皮的讽刺和挖苦。这是一个不会发脾气的阶层，不论在什么情况下也能保持自己优雅的态度。"雅趣"就成了他们的文学作品的主要审美特征。而在自己为自己创造生存和发展基础的中国现代知识分子这里，这种"雅趣"就不可能始终保持下去了。他们有时苦闷绝望，有时狂热激动，有时剑拔弩张，有时心平气和。他们的情绪是在他们时时刻刻变化着的处境中酿造出来的，是与各种不同的对象发生关系时表现出来的。在这里，我们可以举出一个非常有趣的例子。周作人在其《中国新文学的源流》中，曾经对现代文学家提出过这样一个诚恳的建议，他说："大家也最好不要以创作为专门的事业，应该于创作之外，另有技能，另有职业，这样对文学将更有好处。"因为"单依文学为谋生之具，这样的人如加多起来，势必制成文学的堕落"。[1]他的建议在反对迎合小市民阅读趣味的庸俗文学上是有一定的意义的，但我

---

[1] 周作人：《中国新文学的源流》，上海书店，1988，影印本，第8页、第19页。

们也不能不看到，在西方创造了现代主义文学的那些作家，恰恰是那些靠文学创作谋生的知识分子。他们的人生感受与那些不靠文学创作也能在社会上获得较丰厚的生活资料的知识分子不同了，因而文学到了他们手里也就有了新的形态。他们是一些严肃地对待人生、严肃地对待文学，同时又以文学创作为基本职业的现代知识分子。

周作人在中国现代文学史上是具有特殊的地位的，但他的特殊地位是在中国现代文学独立发展的过程中、在中国现代社会文学与大学学院派逐渐分体的过程中取得的。中国新文化首先是在中国学院派内部被创造出来的，但在此后，新文化的倡导者们发生了分化，如果说蔡元培是一个学院派的教育家，陈独秀、李大钊是仍带着学院派知识分子特征的政治家、革命家，胡适是一个体现学院派主体文化的学者、教授，那么，周作人则是中国现代史上一个最杰出的学院派的文学家。他身处学院派，但一生主要从事的是文学的创作，而不是学术研究。他的作品的审美特征是在学院派知识分子中发展起来的，也是最适宜于学院派知识分子和通过文学增长知识的青年学生欣赏和接受的。中国现代学院派文学与我说的中国现代主义文学有一个最最根本的差别，那就是在中国现代学院派文学作品背后站着的是一个永远不会失态、永远保持着一种学者的高雅态度的作者。他们可以评论、述说世界上的任何事物，可以谈钱，谈性，说名，说利，论颓废，讲虚无，论说所有这些为儒家载道知识分子所不齿的东西，但不论述说什么，他们持的都是一种较为冷静和客观的态度，你不会把任何不洁、不美、不雅、不智的因素同作者联系在一起。而在中国现代主义文学作品背后站着的则往往是一个失了常态、失了一种学者的高雅态度的作者，他们往往把自己同自己作品中一些不完美、不雅观、不名誉的人和事煮在一起，使你无法截然地将其分开。现代主义是什么？现代主义就是对人的复杂性的探索和表现。它不但要探索和表现其他人的复杂性，同时也探索和表现作家本人内在心灵的复杂性。学院派文学则是把自我的心灵作为一面映照人生百态的明镜而使用的，他们可以怀疑任何别的人和事，但却从不怀疑自己的感受和理解，并把自己的感受和理解作为唯一正确的感受和理解来运用。这是一些平静的心灵，但却又是最为自信、最难改变的心灵。他们的知识是开放的，这使我们往往误认为他们才是中国的现代主义者；但他们的心灵则是封闭的，外部世界任何巨大的变化也不会把这样一些心灵震裂、震碎，他们永远能够维持住自己体面的平衡。他们作品的审美风格呈现着平面上的高度统一性，在任何时候都用一个相对固定的调子说话。显而易见，他们虽然比其他任何文学派别的作家都更经常地以肯定的态度介绍、评论西方现代主义文学作家及其作品，但他们的作品自身却与西方的现代主义文学作品很少有共同之处。我认为，中国现代以周作人的小品散文为代表的学院派文学，虽然在中国现代文学史上具有不可忽视的历史作用，但作为一种文学形态，仍然属于新古典主义文学。

时至今日，我们对周作人的《中国新文学的源流》还有着歧异的评价，但我却认为，它恰恰是周作人由中国的现代主义向中国的新古典主义转向的重要标志。实际上，它使用的这种文学的一源一流的历史描述方式本身，就是一种古典主义的历史模式。它反映的是在文化不发达的古代社会中文化的师承关系，但是文化越是发展，这种一源一流的文化师承关系就越是不能说明文化发展的实际状况，而只成了把现当代文化纳入古代文化价值标准中进行评价并以此规约文学的现当代发展的一种形式。只要我们面对现当代文学作品的实际，我们就会看到，多源一流才是文化相对普及以后文学发展的基本形式。可以说，在现当代作家的作品中，几乎没有一个作家的一个作品是在同一种文学传统的孤立发展中产生的，而是有着中与外、今与古的多种文化传统的交叉，那些具有独创性的文学作品就更是如此。如果说一个五四新文学阵营之外的人用这种一源一流的历史模式描述五四新文学还是可以理解的话，作为五四新文化运动一成员的周作人的这种描述，就有些令人感到大惑不解了。即使在几个新文化倡导者之间，即使仅仅涉及他们与中国古代文化的联系，中国的新文学与晚明小品的关系也不是唯一重要的关系。鲁迅更从魏晋得其风骨，胡适更从乾嘉学派得其方法，他们的作品与晚明小品的联系都不是主要的历史联系。显而易见，把中国新文学与晚明小品的联系夸大起来，实际是把周作人自己的倾向上升到了五四新文学主要方向的地位上。他把自己的倾向附着到了中国古代的一种固有传统中，又用这种传统衡量着也规约着新文学的发展，这在30年代的文坛上表现得十分明显。林语堂"以自我为中心,以闲适为格调"的小品文主张,就是在周作人这时的文艺思想的基础上建立起来的。他们在自己的旗帜上书写的最鲜明耀眼的口号就是他们的作品写的是"真性情",甚至很多当代评论家也用这样的词语说明他们作品的价值和意义。但是,当我们说他们的作品写的才是作者的"真性情"的时候,尼采、波特莱尔、陀思妥耶夫斯基、奥尼尔、里尔克这些西方现代主义作家写的是不是"真性情"呢?鲁迅的《野草》、郁达夫的《沉沦》、郭沫若的《天狗》、闻一多的《死水》、曹禺的《雷雨》、萧红的《生死场》、丁玲的《莎菲女士的日记》这些别一类型的中国现代文学作品写的是不是"真性情"呢?鲁迅的杂文写的是不是"真性情"呢?事实上,他们所说的"真",只是学院派知识分子之"真",这派知识分子是把在心灵平静时所感受到的世界当作一个唯一真实的世界的,但人并不是只有心灵平静的一种心灵状态,而是有多种不同的心灵状态。中国知识分子人为地只把心灵平静时感受到的世界视为真实的世界、文学的世界,而把这时的情感和情绪也当成人的"真性情",这在动荡不宁的现代社会上不但显得有些武断,也显得有些偏狭。"真""善""美",至今是我们衡量文学作品的三大标准,我们以为只要扛起这三杆大旗,就兜起了全部文学的价值,岂不知在"上帝死了""圣人死了"的现代社会,"真""善""美"也被各种不同的人分割了,撕裂了。在古代社会,"上帝"或"圣人"的学说还能够获得全社会一致的承认,"真""善""美"也就有一个相对统一的标准,但在文化相对发展了的现代社会上,"上帝"已经死了,"圣人"已经死了,这个统一的"真""善""美"的标准又到哪里去找呢?人类的现代社会,不是被这些抽象的观念支撑起来的,而是由一个个具有生命力量的人支持着的。在这派知识分子的"闲适"的美学观念背后,隐藏的是一种什么样的人生观念呢?那就是自己的世界要靠别的人支撑起来,我的任务只是在别人支撑起来的这个世界上唱出优雅动听的歌。事实证明,这个只想"闲适"而不想用自己的力量支撑起自己世界的学院派知识分子,在从那时到现在的历史发展中,正在逐渐失去自己精神的家园。如果说像周作人这样一个文学大家的"风雨茅庐"后来也被时世的旋风旋到了九霄云外,那么,中国还有什么样的学者和教授能够一味地"闲适"下去呢?

在这里,直接牵涉到的是如何感受并分析中国现代散文创作的问题。几乎所有中国现代文学的研究者都承认,在中国现代文学史上成就最大的是散文的创作。但是,现代散文的繁荣却是由两类不同的知识分子创造的,一类是把自己设定在一个舒适宁静的社会环境中从事文化知识传播的学院派知识分子,一类是在自己人生道路上获取灵感、从事人类精神沟通的社会知识分子。前一类散文给我们展示的是一个惬意美好的世界,后一类散文给我们展示的是一个躁动不安的世界。我认为,前一类散文实际是中国现代新古典主义的散文创作,它们的审美特征与中国古代文人的作品没有本质的差别,而后一类则是中国现代主义的散文创作,其审美特征有与西方现代主义文学极为相近的地方。我们很难划定哪一篇散文就是新古典主义的,哪一篇又是现代主义的,但在我们的总体感受里,这两类散文的界限则是异常明确的。在我所说的中国新古典主义的散文创作里,"自然"总是美的,总是令人陶醉的;中国的老百姓总是淳朴的、勤劳的;中国的知识分子总是知识渊博、富有人情味的;我们的父亲、母亲、老师、朋友、上司总是那么爱我们、关心我们的,我们也充满了对他们的爱,对他们的感激之情。这些散文作品与其说是在书写着自己的人生感受,不如说在对早已存在在我们头脑里的"天""地""君""亲""师"这样一些综合的抽象语言概念做着一次次的新的注释。直至现在,我们仍然不能说这些记述是不"真"、不"美"、不"善"的,但我们也不能不看到,就在我们众口一词地赞美着大自然、表达着我们对大自然的由衷的热爱的时候,我们的自然环境却一天天地被破坏着;就在我们一齐赞美着中国老百姓的淳朴善良的优秀品质的时候,工农兵进占了大学的校园,对所谓的"资产阶级的知识分子"进行着很少"人情味"的批判;也就在我们记述着中国知识分子的严谨扎实的学风的时候,大量大批判文章却也在我们知识分子的队伍中制造出来,并且表现着比一个普通老百姓更加蛮不讲理的特征;而我们的亲情关系也在"文化大革命"中经历了一次效果并不理想的试验。至少我们可以说,在我们中国现代知识分子的面前,有着两种不同的"真",也有着两种不同的"善"和"美",而这些新古典主义的散文创作却仅仅写了其中的一种"真"、一种"善"和一种"美",它们在整体上带有明显的"上天言好事,下界降吉祥"的意味。显而易见,这类的散文是由这样一些散文家创作出来的:他们的散文创作表达的不是他们对社会人生的总体体验,而是一时一地的刹那的感觉。即使这些感觉,也是经由一些传统观念的筛选后被写入自己的作品的。他游历西湖,如果没有感到它的美,是不会写游记的,而当他写西湖游记的时候,一定说的是西湖多么多么美;当他厌恶自己的上司的时候,是不会写纪念他的文章的,而一旦写了纪念文章,说的一定是上司的好话……一个和谐的世界就在这样一些散文的创作中被创造了出来,但它的总体状况却与我们生活着的这个世界迥不相同。

新古典主义不仅仅存在于30年代左翼作家阵营的外部,同时也存在于左翼作家阵营的内部。如上所述,30年代的左翼作家多是被历史抛到社会底层的作家,但在这个社会阶层里,一个知识分子仍有两种不同的选择机制:一是正视中国现代知识分子在现代社会的历史沉落,并在这种沉落了的社会环境中找到自己发挥社会作用的独立的方式;二是有意无意地忽视自己的现实处境的变化,而仅仅依靠一种理论学说把自己提高到一个虚幻的精神高度中去。"上帝死了"、"圣人死了",是回过头来依靠自己的力量为自己开辟一条新的生路,还是重新塑造一个新的"上帝"或新的"圣人",并在他们的庇荫下让自己的灵魂获得安栖,仍是这些左翼作家面临的两条不同的思想道路。我们看到,30年代左翼文学运动的产生,就其实际的社会基础,是知识分子在现代中国的地位的变化,但就其产生的主观原因,却是建立在寻求灵魂安栖地的愿望里。马克思主义在五四时期的陈独秀和李大钊那里,不是一个可以依靠的对象,而是推动他们进行新的社会创造的一种精神力量。他们无法仅仅因为信奉马克思主义而获得社会的信赖和支持,他们没有权力用马克思主义衡量其他任何一个人的存在价值和意义,也无法用马克思主义本身证明自己人生选择的价值。马克思主义只是他们的一种社会选择和思想选择,这种选择的意义必须用他们自己的创造性活动来实现,来证明。但到了20年代末创造社、太阳社一些"革命文学"作家的手里,马克思主义则成了一种身份,一种先进的标志,成了可以提高自己的威信、杀掉别人的气焰的理论标准。不难看出，这是一个古典主义者对待思想理论学说的方式：他们不是把理论学说作为认识自己感受中的世界并提高自己人生选择的自觉性的方式和方法，而是把它作为一种亘古不变的教条和标准来使用的。正是因为如此，他们的马克思主义文艺观不是在自己的文艺创造活动中自然地产生出来的，而是从别人的理论学说中接受过来并直接作为文艺标准进行运用的。胡适的《文学改良刍议》、陈独秀的《文学革命论》、周作人的《人的文学》、鲁迅的《狂人日记》也是反传统的，但他们用以反传统的是自己的思想、自己的文学创作，而不是连自己也并不真正懂得的一种权威性的语言。就其语言形式，20年代末期那些革命文学家用的是现代西方的马克思主义，但就其思想模式，则是属于古典形式的，是用一种凌驾于自我和别人之上的权威语言评判世界、指挥世界的。所以，它在实质上属于中国现代另一种形式的新古典主义。这种文化观念和文学观念，实质上并没有因为"革命文学"论争的结束而结束，而是一直贯穿到从左联到当代中国的马克思主义文学理论体系中。在左联内部，几乎只有鲁迅还继续使用着属于自己的语言概念进行社会批评、文明批评和文学批评，而其他一些著名批评家，如瞿秋白、冯雪峰、胡风、周扬都把自己的思想纳入单一的马克思主义的理论外壳中，其内涵虽然各有不同，但作为一种批评模式则是新古典主义的。这种模式成了一种传统，构成了我们现在所谓的文艺上的极左路线。

我们往往依照中国马克思主义文学批评的自身状况看待西方马克思主义的自身，岂不知古典主义的接受方式从来都是对接受对象的文化转换方式，而不是一种文化的流通方式。文化的流通是在同一个意义上被接受的，而文化的转换方式则是将对象改变其基本性质以后的一种接受。前者是生产性的，后者是消费性的。不难看出，时至今日，我们对外来文化的接受仍然主要是消费性的，而不是生产性的。这种消费性的文化接受方式恰恰是古典主义的。《圣经》讲的是上帝如何创造了这个世界，而教民则是为了认识上帝的伟大从而顺从上帝的意志；孔子思考的是如何治理这个世界，而后代儒家知识分子首先学习的是认识孔子的伟大从而听从孔子的教导。中国一些左翼知识分子对马克思主义的新古典主义式的接受，同样也是对马克思主义的一种转换，其精神同马克思的马克思主义有了根本的区别。马克思是为工人阶级提供一种新的世界观念和人生观念的知识分子，马克思主义则是把文化同工人阶级的现实存在结合在一起的方式，他没有也不可能把自我同工人阶级对立起来，把自我视为与工人阶级本质不同的另一种存在，或把工人阶级视为一种异己性的更神圣的社会群体。但到了中国部分左翼作家的笔下，情况却有了根本的变化，他们开始把自我同劳动群众在其存在本质上区别开来，并把劳动群众当作整个人类的唯一神圣的存在形式。不能不说，这种转换对于中国知识分子是致命的，因为它实际上否定了知识分子作为现代人类一个重要组成部分的存在价值和意义。这种脱离开自我的实际人生感受，仅仅从马克思主义的理论学说中演绎而来的世界观念，不能不影响到这些左翼作家的创作。

在鲁迅小说的艺术构图中，整个世界是由三部分人构成的：一、权势者，二、劳动群众，三、知识分子。他所展示的世界悲剧、人类悲剧和中华民族的悲剧就在于人类社会的这三个组成部分在精神上是各个分离的。他们之间的隔膜造成了人类的分裂、社会的分裂，也造成了无权无势的劳动群众和知识分子的悲剧命运。鲁迅小说表达的是这三部分人在精神上互相沟通的愿望，是整个人类不要彼此吞噬的思想要求。甚至在郁达夫的《春风沉醉的晚上》的描写中，我们看到的也是劳动群众与知识分子同受社会煎熬的悲剧，他们之间在其存在的意义上并没有根本的对立关系。但到了很多左翼作家的笔下，知识分子在这个世界的构图中被取消了。在这里，出现了三种不同的小说模式，而这三种不同的模式都有一个共同的特点，即消解了知识分子及其文化活动的价值和意义。其一是"革命加恋爱"的小说模式，其二是在一个坚定成熟的革命者的教导下反封建的小资产阶级知识分子成长为革命者的小说模式，其三是劳动群众与地主、资本家阶级的阶级斗争模式。在前一个小说模式中，左翼小说家是把参加实际的政治革命斗争作为青年知识分子唯一一条正确的人生道路加以描写的。这里的正确和错误、道德高尚与道德不高尚的区别是以是否实际地参加政治革命区分开来的，它实际消解了知识分子作为一个独立社会阶层的独立社会作用。毫无疑义，当时青年知识分子纷纷走向政治革命道路是有其社会根源和思想根源的，但不论在任何社会条件下，革命都不是知识分子唯一有价值的选择。革命只是在一个社会成员无法在现实社会发挥自己能够发挥的社会作用，因而也不能获得理应获得的生存和发展的必要社会空间的时候的一种人生选择，它是神圣的，但却不是唯一的。在正常的社会条件下，知识分子是以自己所从事的文化事业本身影响社会、推动社会的发展的。在第二种小说模式中，不但同第一种小说模式一样是把革命当作知识分子唯一一种正确选择进行描写的，同时还把革命内部的关系纳入教诲者与被教诲者的二元模式之中。在这类小说中，存在着一个完美的革命者，也存在着一个或几个不完美的革命者，那个完美的革命者与那些不完美的革命者的关系实际等同于牧师和一个虔诚的教民或一个封建时代的老师与一个勤奋好学的学生的关系。第三种模式是一种新的好人和坏人的模式，穷人、劳动者在这类小说中是好人；富人、统治者在这类小说中是坏人。坏人压迫好人，欺负好人，最后好人走投无路，起来反抗，从不觉悟到觉悟，从不革命到革命。在这样一个世界图式和革命图式中，革命是统治阶级压迫的结果，被统治阶级忍无可忍时的反抗就是中国历史发展的动力，就体现了中国的希望。劳动阶级消灭了地主、资本家阶级，世界上只剩下了劳动者，世界就成了一个美好的理想的世界。知识分子及其文化科学知识在这样一个图式中，根本找不到自己存在的位置。显而易见，这些小说都不是从作者实际的人生感受和社会感受中创作出来的，而是在他们所理解的马克思主义理论中直接演绎出来的。这三个模式有的单独运用，有的综合运用，构成了左翼小说创作中的新古典主义派别。

五

40年代是中国现代主义文学得到进一步发展的历史时期。胡风、路翎、艾青、田间和整个"七月""希望"派的诗人群，冯至、穆旦、闻一多和整个西南联大的诗人群，张爱玲、钱锺书、无名氏等新起的青年小说家们，构成了40年代现代主义文学的整体骨架。他们之间在政治态度、文化思想上各有不同，但有一点则是相同的，即他们都是感受着人生而同时又迷惘于人生的知识分子。他们并不认为现实的苦难仅仅由于

中国新古典主义文学论（下）

外部敌人的侵略，并不认为有了现实的抗战就能够结束中华民族苦难的历史和人类的盲目与愚昧，他们是被排斥在现实社会之外的一群，是在政治、经济、文化上都失去了怙恃的一群。如果说在现实世界上他们能够做的极少，但他们感受到的却极多。在这里，值得注意的是学院派知识分子向现代主义的转化。一个疲弱的民族是无法持久地替学院派知识分子保持一个高雅的论坛的，抗战把大学学院派知识分子从温室里赶到了无人问津的荒原，闲适派的文学不但在社会上失去了存在的根据，即使学院派知识分子自己也已经保持不住自己闲适的心境，倒是那些平时不提倡闲适而在自己的人生道路上经历过更多犹疑和彷徨的知识分子，在这个动荡慌乱的战争年代反而表现着更高的镇静沉稳的态度。在我的关于中国现代主义文学的观念里，除了鲁迅，从20年代到40年代始终保持着现代主义文学创作势头的是冯至。到了40年代，他的现代主义文学创作趋于成熟，这不但表现在他的《十四行集》的诗创作上，也表现在他的小说《伍子胥》、散文《山水》上，他这时应该说是一个学院派知识分子。闻一多在30年代是在自己的新古典主义的学术救国梦中度过的。在这个时期，他的文艺思想发生了根本的变化，而他的《最后一次的讲演》，简直是向这个现实的世界发出的绝望的嚎叫和拼死的抗争，它是从他的精神深处喷吐出来的，不是按照上级的公文宣读出来的。在中国的文化史上，他的这种讲演文还是第一次。而在他和冯至影响下成长起来的西南联大的青年诗人们，发出的也不再是细弱的嘤嘤之声，而是困兽的呐喊、人性的挣扎。与此同时，鸳鸯蝴蝶派的代表人物张恨水这时也创作了像《忠实分子》《我是孙悟空》这样极富有现代主义味的小说，说明中国的知识分子在不能不严肃地对待现代社会人生时，现代主义就是他们很自然的一种文学选择。

但是，上述这些在我们现在看来应该代表40年代文学创作主要成就的作品，在当时却并没有这么高的社会地位，而那些有着显著社会地位的，则往往是那些我认为是新古典主义的文学作品。

在中国，那些爱好文学但没有成名的作家或已经成名但其思想不太合群的作家是受人歧视的，但一旦成名并且其思想合了群，则又会享受比别的社会成员更高的社会政治的礼遇，在这时，他们具有了代表国家、代表人民去慰问和鼓励在更艰苦的战线上工作的人们的资格,而在抗日战争中,这些作家则担负了慰问前线将士的任务。但他们的身份不是记者,而是代表"后方全体人民"的,因而也没有随心所欲说话的权利。30年代在左翼作家阵营中曾经产生过一些优秀的报告文学作品,但从"一·二八"抗战到抗日战争中的前线访问记却并没有产生多少优秀的作品,他们写了前线将士的忙忙活活的生活,写了他们条件的艰苦,也写了他们口头表达的决心,少数也写了一些具体的战斗过程,但它们却很少能表现出他们内部的精神世界。在这里牵涉到一个非常敏感的中国社会文化的问题,而不仅仅是一个文学创作的问题,所以这类的作品一般都要流于表面化,都要纳入一个相对固定的文学模式中。新古典主义几乎笼罩着这类题材的全领域,现代主义还没有插足的余地。只有萧乾对欧洲战场的报道,不但富有文学性,而且具有浓厚的现代主义气息。在这类题材的小说中,丘东平的作品有更多现代主义的特征,因为他自己就是生活在战争中的,并且不想把自己、把自己的战友,同时也把战争神圣化。

中华民族与外国帝国主义侵略的矛盾是鸦片战争之后中华民族面临的主要矛盾之一。但是,这是中华民族在现代历史上遭遇的一种新的矛盾,而不再等同于古代社会不同民族之间的矛盾。新的民族意识的产生与建立同样是中国现代文化的一个中心的内容。鲁迅在《文化偏至论》中,把民族意识问题同每个民族成员的个性意识问题联系起来,从而把中华民族的民族意识提高到了现代思想的高度。任何一个个人都不能简单地成为一个集体或另一个人的奴隶,他要有自己的个性、自己独立的权利,并且以自己独立的个性与其他个性相联系,共同组成一个矛盾统一的联合体。一个民族也要有自己的个性,也要有保卫自己民族的独立权利,不能成为其他民族的奴隶,同时它也要以自己独立的个性与其他的民族相联系,不能把自己孤立于整个世界之外,不能搞绝对排外主义。但是,这种对民族性的现代理解,并没有得到中国广大知识分子的重视和理解,五四新文化运动是在反封建思想的基础上发展起来的,个性问题主要是作为一个人的问题得到重视的,而没有同民族意识的问题有机地联系起来。"五卅"以后民族矛盾又一次尖锐起来,但这时已是实际的民族矛盾问题，传统的民族观念在实际的民族矛盾中不能不具有统率一切的力量，它的"爱国—卖国"的思想模式有可能把与之不同的理解纳入"卖国主义"的框架之中去，这是任何一个单独的社会成员也无法承担起来的。日本帝国主义的侵略把民族矛盾上升到了主要矛盾的地位上来，在这样一个历史的大变动面前，中国的知识分子（包括大批新文化阵营中的知识分子）仍然主要是在传统的爱国主义思想框架中来感受和理解这个历史的大变动的。这时的知识分子，被自然地分向了两途，少数像周作人、张资平这样的知识分子成了附敌叛国的汉奸，而大批知识分子则重新在传统爱国主义思想的旗帜下团结了起来，他们看待抗战现实的主要思想框架仍然是传统爱国主义的。这个框架在实际上的缺陷因中国抗日战争的胜利和世界反法西斯战争的胜利而被掩盖起来，但它在文学创作上所产生的后果则是明显的。

第二次世界大战在西方思想史和文学史上产生了深远的影响，自那时以后的半个多世纪里，以二战为题材的杰出的乃至伟大的作品连绵不断。西方人经历了苦难，战胜了苦难，同时也思考、表现了自己的苦难，把这种苦难转变成了光辉的精神文化成果。中华民族经历了较之西方更加漫长也更加残酷的战争现实，但却没有产生出足以与此相称的文化成果和文学成果来。不能不说，这是与中国知识分子对这场世界性战争的感受方式和理解方式有密切关系的。从30年代开始，日本帝国主义的侵略所带来的民族危机，在中国文学中就主要是以历史题材的小说加以表现的。以郑振铎的《桂公塘》为代表的众多爱国主义题材的历史小说，采用了以古鉴今的方式。在这类小说里，存在着界限分明的三种人物：外族侵略者、中华民族的爱国志士、中华民族内部的卖国权奸。这三类人物在个人道德上则分裂为两类：外族侵略者和卖国权奸是一些道德上的小人，而爱国志士则是道德高尚的英雄。如何从理论上分析这个小说框架所内蕴的意义，这尚需专门的文章加以讨论，但至少我们可以意识到，这样一个框架是无法充分展开这场现代世界性战争的无限复杂的历史内涵和人性内涵的。到了40年代，除历史小说之外，还产生了大量的历史剧，其主体的结构模式仍然没有太大的变化，它几乎决定了从那时起到现在为止所有抗日战争题材文艺的基本思想构图和艺术构图。

郭沫若的《屈原》无疑是一部优秀的历史剧，但却是一部新古典主义的历史剧。它的基本构图是传统的忠奸对立，政治的、爱情的、生活的矛盾都被纳入这个基本的忠奸对立的模式中来。在这部历史剧中，郭沫若对屈原的理解方式不但不是现代主义式的，反而对屈原做了进一步的古典主义的改造。在屈原的《离骚》中，表现的是对现实世界的彻底绝望，是诗人精神上的绝对孤独。他上天下地寻求神和人的理解，但却没有找到它。在《天问》中，他实际上是向人类的文化发出了一连串的叩问，对它们的合理性产生了神圣的怀疑。"女嬃"在《离骚》中是一个关心但却不能理解屈原的特立独行的一个女性，但经郭沫若的改造，她却成了屈原的一个既温柔体贴又勇敢坚强的忠心耿耿的女弟子。郭沫若笔下的屈原在精神上不是孤独的，他的自杀也不再具有深厚的精神内涵，政治的代替了精神的，现实的掩盖了普遍的。

在这里，我们必须申明，新古典主义自然是在现代中国影响深远的一种思想潮流和文学潮流，它与中国现代主义的矛盾就绝不仅仅是作家个人道德品质上的，而是有着多方面的极复杂的原因。它有时是道德品质上的（如30年代"民族主义文学"与左翼文学的矛盾），有时是守旧与革新的（如林纾与五四新文化的矛盾），有时是在不同文化环境中形成的不同文化倾向和审美倾向（如学院派文化、学院派文学与社会文化、社会文学之间的矛盾），有时是思想层次与精神层次上的（如历史题材中的"教授小说"、历史剧和鲁迅、冯至的历史题材作品之间的差异），但归根到底，它是中国社会历史和社会思想由传统向现代转换期所发生的思想现象和文学现象。

只要我们抱着这种客观考察的态度，我们就会意识到，在我们的感受中独成体系的40年代解放区文学，就其整体，属于中国现代的新古典主义文学。它是经受了五四新文学影响之后，在一个不同于现代城市的社会结构和文化结构中产生的。不论是西方的现代主义文学，还是中国的现代主义文学，它的社会文化背景都是现代城市社会。这个城市社会的复杂性和变动性，文学读者层的扩大及其复杂化，现代知识分子离开固有政治体制和经济体制的怙恃而独立谋生的现实处境，各种不同思想文化学说的出现及由此产生的对社会人生进行多角度观照的感受方式和

中国新古典主义文学论（下）

思维方式，都提供了文学向现代主义转化的可能性。但是，这种条件在解放区是不存在的。这是个相对单纯的社会环境和文化环境，文学是从属于革命也必须从属于革命的，革命是在共产党的统一领导下进行的，解放区的知识分子起到的只是也只能是把上级领导的思想意图和政治意图转化为广大社会群众的意图的作用。在这个环境里，知识分子的独立思考和与周围社会群众不同的思想倾向、文化倾向，不但没有存在的必要，也没有存在的可能。革命就是一切，有了革命的胜利就有包括这里的知识分子在内的整个革命队伍的前途，没有革命的胜利就没有这个队伍的前途。文学在这里没有也不应当有自己完全独立的地位。在这种情况下，发展起来的不会是现代主义的文学，而是新古典主义文学，它是面对从传统社会直接走入革命队伍的农民群众的。在解放区文学中，阶级斗争的模式加上了共产党的领导，构成了共产党领导劳动群众与地主阶级进行斗争并最终取得胜利的基本模式。贺敬之、丁毅执笔的歌剧《白毛女》、丁玲的长篇小说《太阳照在桑干河上》、周立波的长篇小说《暴风骤雨》、赵树理的中篇小说《李有才板话》都是在这样一个基本的艺术构图中展开自己的具体描写的。孙犁的小说虽属别类，但它与现代主义也有着较之上述作品更加明显的区别。现代主义着眼于作家对人生的整体感受和表现，而孙犁写的则是个体性的"人情美"，这种"人情美"恰恰是古典主义文学所热衷描写的对象。有没有"人情美"？当然有，但它太小，太碎，太容易变化，它撒在任何历史时代的任何文化环境中，但却永远不能稍稍改变这个历史时代和文化环境的基本状况。人类的精神沙原上总是有着黄金的微粒在闪光，但沙漠仍然是沙漠，它不因这金粒的闪光而成为黄金的世界。现代主义表现的是沙原，孙犁写的是金粒。

1949年之后，按照我的理解，中国大陆迎来的是一个完整的新古典主义的文学时代。对于这个时代的文学，我想在另一篇文章中再做细致的描述。

原载《天津社会科学》1998年第4期

中国现代短篇小说发展的历史轨迹（上）

1

当我们站在世纪末历史的高峰回观整个20世纪中国文学的发展的时候，诗歌、散文、小说、戏剧，还有后来逐渐发达起来的影视文学，就像几条大的干流在中国20世纪的社会原野上蜿蜒盘旋，一直流过来，流到我们的眼前，流到我们的脚下，并且还在继续流动奔腾，流向未来的21世纪。但是，在这几条大的干流中，情况并不是完全相同的。"散文"的河道是宽阔的，并且支流繁多，纵横交错，水漫漫，流淙淙，色彩斑斓，异彩纷呈，因而很多现代文学研究专家都认为在现代文学史上，散文的创作成就最大，水平最高。但是，散文的河道是宽阔的，但却不是深邃的；水势是浩大的，但却不是湍急的。除了在20年代到30年代初年的鲁迅杂文曾经涌起一股股湍急的浊浪，造成过散文创作领域的千古奇观，就整个散文创作而言，它与中国古代散文在审美上并没有明显的、足以体现中国现代知识分子新的艺术追求的特征。发生更巨大变化的是理论著述，科学的思维方式和叙述方式有力地改变着中国现代知识分子学术研究的性质和他们的写作习惯，像鲁迅的《中国小说史略》、胡适的《中国哲学史》、朱光潜的《悲剧心理学》、蔡仪的《新美学》等等，与中国古代的理论著作是有更显著的不同的，但这些作品已经不属于文学散文之列，文学散文是写个人日常的实际人生感受的。中国知识

中国现代短篇小说发展的历史轨迹（上）

分子思想意识的转变和新的审美追求的建立，更是从西方文化的影响下产生的，而不像西方近现代知识分子一样是从自我生存方式和生活方式的变化中产生的，所以一当离开对民族前途、社会命运的整体思考，情绪相对松弛地返回到个人的日常平凡生活及其细微生活感受中来，中国现代知识分子与传统知识分子就没有明显的差别了。"草色遥看近却无"，这就是为什么中国现代小品散文大家周作人会把中国现代散文等同于晚明小品的道理。鲁迅杂文是个例外，他对中国社会思想的毫无情面的解剖一下子把他卷入了中国现代文化斗争的漩涡之中，这不但改变了他的文化处境，也改变了他的社会感受和生活感受，但这到底是一个特例。对中国古典传统革新幅度更大的是诗歌。中国古代是一个诗国，如果说"经"是中国传统文化的皇上，"史"是中国传统文化的宰相，"诗"就是中国传统文化的皇后。陈独秀要革的是中国传统文化的"经"，胡适进而提出要革新中国的文学，所以他首先想到的是诗歌革新，要革我们的"皇后"。但是，"皇后"并不是那么容易革的。"皇上"倒了，不一定"皇后"也倒。正像皇后体现着女性的美，中国古代诗歌也体现着中国语言的美。"诗"的"美"和"经"的"理"并不是等同的两件事。唐玄宗喜欢像杨贵妃这样的女人，黄巢也可能喜欢像杨贵妃这样的女人，皇上变了，皇后不一定要变。没有生活实感的变化，这种语言美感感受的变化也是极难的。中国的书面语言是由单音节的方块字组成的，中国古代的格律诗提炼的就是中国语言的这种美的形式，白话文的革新并没有改变中国单音节的方块文字，因而它的有效性也没有消失。这就是为什么至今人们读起中国古代的名诗佳作来仍然摇头晃脑、赞叹不已的原因。但是，这并不能证明那些反对白话文革新的复古主义者的理论是正确的，因为一个民族的语言并不仅仅是为了作诗的，它属于全民族所有，诗人没有独占权。中国的文化要发展，要适应包括自然科学、社会科学、文学艺术在内的所有文化学科的需要，就必须克服中国古代那种严重的言文不一致的情况。即使从诗歌创作本身来说，中国古代的格律诗虽好，但让中国知识分子摆弄了千余年，再想创作出较之古代诗人更脍炙人口的格律诗来，已经没有多大的可能性，他们需要一个新的更大的创作空间，以便更充分地发挥自己的创造力量。现代社会生活的急剧变化，现代语言中多音节词的大量出现，也迫使中国的诗歌必须放弃旧的形式。这种困难而又必要的革新，使中国的新诗创作像一条狭窄而又绵延不绝的小溪，时缓时急，时粗时细，一直蜿蜒至今，虽然艰难，虽然不能说它较之中国古典诗歌已经有了更高的艺术成就，但它到底丰富了中国的诗歌宝库，较之陈陈相因地继续重复古代诗歌的形式要有意义得多。我认为，中国的新诗在将来的发展中还会焕发出我们现在难以预料的异彩来。——我们20世纪的中国社会和它的社会生活太干燥、太严峻，这是一个散文的时代，社会上、生活里、心灵中都没有那么多必须用诗歌才能充分表达的东西，诗人的乳房里挤不出那么多、那么精良的奶来，但这种情况不可能永久地存在下去。较之诗歌，更困难的是话剧。话剧是一种更笨重的艺术形式，它要靠演出。演出要有经费，要有先期投入。而要收回成本并获得利润以保证戏剧演出的持续进行，就要有愿意花钱买票的观众。散文、诗歌、小说依靠书籍、报刊可以把散存于全国各地的新文学的读者集中起来，保证它的正常的出版发行，而观念则是无法集中的。在中国现代文学史上，新文化的发展还没有使任何一个地域培养出足以支持话剧持续地进行正常演出的观念。剧本不一定要演出，但没有具体演出活动的促动和演出效果的检验，一个民族的剧本创作也是不可能得到繁荣的发展和艺术水平的持续提高的。在中国现代文学史上，中国的旧剧是表演性的，是让观众"欣赏"的，它用化装、表演、音乐唱腔和戏剧故事的外部矛盾冲突愉悦观众，话剧则是结构性的，是让人感动的。比起中国的旧剧来，话剧就像一只拔光了毛的鸡，没有一点外部的色彩。它依靠的完全是内在的戏剧冲突。中国固有的戏剧观众感情太粗糙，不论官僚和平民，恭维几句就高兴，听到不顺耳的话就恼火，有了矛盾和分歧就吵架，或者屈服于权威的力量，不说，不表现。这样的观众是无法进入话剧的剧情的，这样的生活方式也是无法造成适于话剧演出的情境的。这个问题恐怕至今是影响话剧艺术在中国发展的最最根本的原因。一个动不动就搞革命大批判的民族是不可能出现好的话剧剧本的，因为它的所有稍微重要的社会矛盾都用强制的办法解决了，在舞台上演出的或者是没有重要严肃戏剧冲突的絮絮叨叨的抒情，或者是恶言恶语的吵架，而这些都构不成高

中国现代短篇小说发展的历史轨迹（上）

层次话剧的艺术情境。现代话剧在中国的运气也是不好的，在它还没有站稳脚跟的时候又遇到了电影的冲击。这样，话剧在中国现代文学史上就像一条时而干涸、时而积水的河道，成功的话剧剧本则像羊粪蛋子一样，沥沥拉拉，连不起串来。在观念上，戏剧的地位提高了，被现代知识分子抬到了雅文学的圣坛上来，但就实际的创作，它还很难说有与此相称的成就。说到小说，则不同了。它的革新幅度是很大的，而成就又是令人注目的。特别是短篇小说，就更是如此。长篇小说，在中国古代有几大名著，特别是《红楼梦》的成就，还是为现代长篇小说所不及的。长篇小说和短篇小说虽然都是小说，但二者差别极大。如果说短篇小说是空间性的，那么，长篇小说就是时间性的。短篇小说也在时间的流动中组织情节，但最终给你的还是一种空间的感觉。鲁迅的《阿Q正传》写了阿Q一生的事情，但最终让你记住的就是阿Q这个人物，这个人物所体现的中国人的脾性。长篇小说虽然在局部和整体上较之短篇小说都有更大的空间，但最终要给读者造成的则应是一个时间性的、流动的感觉。没有流动和变迁的感觉便没有长篇小说。《红楼梦》不仅仅塑造了一些人物，更重要的是写了由这些人物构成的一个封建大家庭衰败的过程；巴尔扎克的《人间喜剧》不仅仅是一些个别人的故事，更是一个时代向另一个时代转化的过程。它们都可信地展示了一个过程，直到现在，直到未来，人们仍然认为这个过程是"真实的"，是合情合理的。显而易见，仅仅这一点，就决定了在中国现代文学史上，是不可能出现像曹雪芹、巴尔扎克、列夫·托尔斯泰这样伟大的长篇小说家的。20世纪的中国历史像一头不听话的驴子一样令中国的知识分子没有办法，时至今日，中国的知识分子仍然今天不知明天的事，昨天看好的历史行情今天又马上跌落下来，自己的想法还一天三变，对长篇小说中众多人物和整个情节在历史上的滚动就更难具体把握了。在现代文学史上，茅盾的《子夜》，是一部在结构形式上最具长篇小说特征的作品；在当代文学史上，柳青的《创业史》在人物刻画上取得了突出的成就。但它们都栽在中国历史的陷坑里，它们的作者都想把中国历史的发展纳入一定的轨道中，但中国的历史却偏偏没有像他们想的那样发展。中国现代短篇小说的精品，则不存在这个问题。历史的野马不论怎样颠荡震颤，也无法把像鲁迅的《阿Q正传》、郁达夫的《迟桂花》、许地山的《春桃》、丁玲的《莎菲女士的日记》、沈从文的《边城》、张爱玲的《金锁记》、冯至的《伍子胥》、骆宾基的《乡亲——康天刚》这类中短篇小说从自己的马背上掀翻下去。它们是以历史上的一种人生状态为依据的。历史无法抹掉在自己的发展过程中曾经有过的任何人生状态，因而也无法抹杀这些中短篇小说的思想价值和艺术价值。总而言之，中国现代的诗歌、戏剧、长篇小说在其总体的成就上都还不能说已经超过了中国古代文学的最高成就，散文的成就是显著的，但它也没有较之中国古代散文更明确、更具体的新的审美特征，而既具有鲜明的现代艺术的特征而又取得了较之中国古代同类题材的作品更丰厚的成就者，则是中国现代的中短篇小说，特别是短篇小说。也就是说，最集中地显示了五四文学革命的实绩的，在中国现代文学史上，是中短篇小说。

中国古代的短篇小说，不论从唐宋传奇到《聊斋志异》的文言短篇小说，还是"三言""二拍"中的古代白话短篇小说，实际上都没有完全脱离开"故事"的范畴。"故事"和"小说"是紧密联系在一起的，但二者又是有严格的区别的。依照我的理解，故事是讲出来给人听的，小说是写出来给人看的。讲与听的关系和写与看的关系是不一样的。听，只能接受线条较粗的东西，只能分辨彼此有较大差别的事物，实感到的是声音流动的美；读，则敏感得多，细致得多了，它能分辨极细微的差别，能感受到语言背后沉潜的意义，它直感到的主要不是语言流动的美，而是语言运用的精确和巧妙。听的对象是转瞬即逝的，读的对象则是可以在较长时间内驻留的。这使小说有更大的艺术潜力，有为"故事"所没有的更广阔的表现空间。但是，中国古代短篇小说还刚刚从"故事"脱胎而来，它还没有完全脱却"故事"艺术表达方式对它造成的束缚。"三言""二拍"原来就是与说书人联系在一起的，是他们讲的一些故事；《聊斋志异》则是蒲松龄听来的一些故事，经他润饰加工而成的一部民间故事书。这种情况甚至与古代长篇小说的情况也不尽相同。由《三国演义》到《水浒传》再到《金瓶梅》，最后到《红楼梦》，中国古代的长篇小说在思想和艺术上都发生着一系列的根本性的变化，这个变化又是同由说听艺术向写读艺术的转变密切相关的。《三国演义》和《水浒传》都是在讲史艺术的基础上整理加工而成的，但《三国演义》更是根据正史的记载，通过想象加工而成，作者所写的不是自己生活中所熟悉的人物，他们彼此构成一定的关系，但与作者没有直接的感情联系，作者是根据一种流行的思想观念表现这个历史时期的政治和军事斗争的。《水浒传》中的人物则平凡得多了，它是讲史与写实的结合体，其中的人物是在作者和读者的现实生活中可以遇到的，可以与作者和读者发生实际的交际关系乃至感情联系。人们对他们的感受更细致，更具体，因而也能从他们生活细节的刻画中产生出强烈的趣味感来。如果说《三国演义》听起来要比读起来有趣味得多，那么，《水浒传》读起来就比《三国演义》有趣得多了，但它仍然是能够讲的，有一个好的说书人说给你听，一定比你自己看书更加生动，更有趣味。《金瓶梅》则不再是说话人的底本，它是为看而写的，题材现实化了，是作者实际人生观察的结果。它写的是世情，是平凡日常生活中的人物和事件，其意蕴也开始向内转化。这类的情节，别人是讲不这么具体，这么细致，这么津津有味的。《三国演义》《水浒传》依靠的是生动的故事，《金瓶梅》依靠的则是世态人情的描写，这些文字描写的功能很难由讲说的口头语言来代替。但这些人物仍不是作者独立人生体验中的人物，作者不在他所描写的世界的内部，而是在它的外面。他是一个冷眼看世界的评判者、揭露者，他并不为自己生存在这样一个污浊的世界上而痛苦，而悲伤，他仍企图用对这些丑恶东西的揭露而吸引自己的读者，因而它的描写中时时有过于外露的缺陷。较之《金瓶梅》，《红楼梦》所描写的世界则是作者体验过的世界。它不但是为看而写的，不但写的是日常的平凡生活，而且作者就在他所描写的这个世界里。他是站在自己特有的角度感受和体验这个世界的，因而它的思想和艺术都有了为任何其他人都无法重复的独立特征。作者体验中的东西，是精确的，是有分寸的，"过犹不及"，他不会无节制地夸饰它，也不会无节制地贬斥它，否则就离开了作者的初衷。《红楼梦》虽然也有自己的故事，但作为小说却不仅仅是这些故事。它是为读而写的，而不是为听而写的。要了解这部小说，只听别人讲是不行的，只看根据它改编的电影和电视连续剧也是不行的。你必须读曹雪芹的原书，必须通过它的书面语言。

这才是真正意义上的小说，与"故事"不同的小说。中国古代长篇小说所经历的这个发展过程，中国古代的短篇小说还是没有经历过的。只有到了现代文学史上，只有到了鲁迅这里，它才真正实现了由说听艺术向写读艺术的转变。

如果说屈原是中国历史上最伟大的诗人，司马迁是中国历史上最伟大的历史家，曹雪芹是中国历史上最伟大的长篇小说家，鲁迅则是中国历史上最伟大的短篇小说作家。短篇小说到了鲁迅手里才真正成了一门成熟的艺术形式。为什么鲁迅能够把中国的短篇小说提高到真正小说艺术的高度？一些客观的因素当然起到了重要的作用，现代报纸杂志的出版发行，维新运动前后中国知识分子在外国文学的影响下小说观念的变化并由此导致的小说地位的初步提高，晚清小说创作的繁荣和小说读者群的扩大，林纾等人的翻译小说和外国小说的影响，陈独秀提倡的思想革命和胡适提倡的白话文革新的先导作用，构成了鲁迅小说艺术革新的前提条件。但是，只有这些外部的条件还是远远不够的。现代的报纸杂志是现代白话小说的主要载体，但它可以刊载现代白话小说，也可以刊载传统的武侠和言情小说，它自身是不会独立产生新的短篇小说的；梁启超等启蒙思想家比附西方的文学把小说的地位提高起来，初步改变了中国知识分子对小说的歧视态度，但梁启超本人仍然主要是一个政治家，他对小说的重视仍然是从一个政治家的角度对文艺的重视，他的有限的小说创作都是直接为他的政治目的服务的，是一些政治宣传品，并没有真正实现中国现代小说艺术的革新；小说是一种艺术的创造，有创造才有真正的小说艺术作品，翻译小说和外国小说是不能直接产生中国自己的优秀的小说作品的，否则，我们这些比鲁迅读过更多外国小说的人，就个个都成了杰出的中国小说家了；陈独秀和胡适的情况在文学革命问题上同梁启超并没有根本差别，他们都是观念上的革新家，但观念的革新同艺术的革新不是同样一回事情；晚清小说的繁荣并没真正实现中国小说艺术水平的总体提高，晚清的谴责小说没有达到《儒林外史》的讽刺小说的艺术水平；民元（指民国元年——编者）前后的鸳蝴（指鸳鸯蝴蝶派——编者）小说即使在爱情描写上也远远不及《红楼梦》的手段，艺术不等同于思想，并不是有了一点新的思想认识就一定能够超

中国现代短篇小说发展的历史轨迹（上）

越于以前的艺术水平。我认为，站在现代历史的高度，为了中华民族的现代发展，重新感受自我，感受自我的生活环境，感受中国社会各个阶层的人和他们的物质的和精神的生活，是鲁迅把中国现代短篇小说的艺术推向了现代高度的主要原因。这使他从参加新文化运动一开始就把目光转向了中国包括知识分子在内的社会群众的具体的平凡的日常生活，转向了他们的物质的和精神的存在方式，而不是像陈独秀、胡适等人一样主要关注着中国知识分子的口头的理论和书面的宣言。这是一些活生生的具体，是一种浑然一体的感性存在，是只有用艺术的方式才能表现的对象，而这些对象，则是中国古代短篇小说家未曾表现过的东西，是只用讲故事的办法无法精确表达的。在这时，也只有在这时，西方短篇小说艺术的影响才在鲁迅的创作实践中发挥出了点石成金的作用，才使它们成了与鲁迅的生活实感相互推动的因素。真正意义上的中国的短篇小说产生了，它们不再是一些供人们茶余饭后消闲开心的奇闻轶事，不再是供说书人任意发挥的有趣的故事。它是同书面语言血肉相连、不可须臾分离的一体性存在，它的艺术就存在于鲁迅的文字表达中。鲁迅小说对我们说的是什么呢？"看，这就是我们！这就是我们中国人！这就是我们中国人过的生活！"这里面有你，有我，也有他。每一个中国人都能够从中找到自己的影子，但它又把你拉到一个你平时不容易走到的角度上来，重新观察这一切，体验这一切，使你从中感到一点平时感觉不到的东西，让你思考，让你清醒，让你在感到这一切之后走出原来的自己，成为一个更新的人，更现代一些的人。在《狂人日记》里，他让你从那个"狂人"的角度想想自己，想想自己的生活环境，想想我们民族的历史，从而知道我们还不是真正文明的人，我们还保留着很多吃人的习性。我们必须重新审视自己，重新设计自己，修正我们固有的文化观念，建设新的文化。在《孔乙己》里，他让你站在一个小孩子的角度看一看没有爬到权势者地位的中国知识分子，看一看我们对自己瞧不起的人的态度，看一看我们对无权无势的人是何等的冷酷无情，从而使我们知道我们并不像平时想的一样善良，一样富有同情心，中国知识分子也不像平时自己想的那样体面，那样高贵，那样有价值。人们尊敬的是中国官僚知识分子的权势，而不是知识分子的自身和他们的"知识"。他们在四书五经中学来的那些教条在社会群众的眼里只不过是"回字有四种写法",是对于实际的社会人生毫无意义的东西。在《示众》中,他把你从看热闹的人群中拉出来,让你看看这些看热闹的人的热闹,让你感到点自己精神上的空虚和无聊。……鲁迅小说写的对象都是再普通不过的一些人物和现象,但他在这些人物和现象中却能表现出你平时感受不到的一种异样的意味来。我认为,这就是他的小说艺术的本质特征,也是他能把中国古典短篇小说艺术提高到一个新的高度的主要原因。在这里,叙事角度的选择和艺术画面的组接(即结构)是两个最最重要的艺术手段。每篇有每篇的独特的叙事角度,每篇有每篇的独立的结构方式,这才能把原本平常的人物和生活场景构成有意味的艺术形式,构成短篇小说。这是一种才能,一种艺术的才能,这是比讲出一些离奇古怪的故事更困难的一种才能。一个十几岁的小孩子就可以把《草船借箭》《武松打虎》《金玉奴棒打薄情郎》《画皮》讲得娓娓动听,但即使一个鲁迅研究专家也无法生动地为听众讲述鲁迅的《狂人日记》《孔乙己》《药》等现代短篇小说。他们只能讲解它,但却不能同样生动地复述它。

鲁迅小说是在五四新文化运动中产生并发展起来的,是在鲁迅"改造国民性"的总体思想脉络中被创造出来的,故而我们可以称他的小说为"启蒙小说"。

2

在五四新文化运动的倡导者中间,只产生了鲁迅一个杰出的小说家,他开垦了这块处女地,而开拓了这块艺术领地的是20年代的一些青年作家。从短篇小说艺术的角度,我把这时期的短篇小说分为三派四种。这三派是以郁达夫为代表的主观抒情小说、以叶圣陶为代表的社会写实小说、以许地山为代表的宗教哲理小说。它们加上当时的女性小说又可以视为四种不同的类型。这三种四类小说的总特点是它们的青年文学的性质,它们都是当时的一些青年知识分子创作的,对爱情、幸福、理想人性和理想社会的向往是它们共同的主题,这和中年鲁迅自觉地、有意识地用小说影响社会思想的变化的创作意图有着明显的不同。鲁迅

中国现代短篇小说发展的历史轨迹（上）

的体验和感受是在长期人生经历中积累起来的，是在确定的社会目标和人生目标的追求中建立起来的，因而也有深邃执着的特征。他不是活在幻想里，而是活在奋斗中；他攻打的是一个最坚固的堡垒，因而他也不期望眼前的胜利。他的作品给人以更沉鸷的感觉。而这些青年作家的作品，不论是情绪上偏于颓废感伤的，还是情绪上偏于昂扬乐观的，都没有鲁迅小说那种深邃沉重的感觉，他们表现的更是一个青年人瞬时的感受，一时的情绪。它们强烈具体，色彩鲜明，但也容易变化。其作品的风格也是不那么固定的，是随着年龄的增长而发生着经常性的变化的。这里说的只是他们最有代表性的倾向。

以《沉沦》为代表的郁达夫小说表现的也是日常生活的题材，但他写的不是一般的社会生活，而是自己的生活。这个生活本身是没有多么了不起的意义和价值的，它的意义和价值是因为它是他的生活，是他的痛苦和欢乐的源泉。他是借助自己日常生活的描写抒写自己的情感和情绪的，抒写他的欢乐和痛苦的，他的小说走向了主观抒情的道路。郁达夫十几岁被送到日本留学，在性意识受到压抑的中国文化环境中一下子跳到了性开放的日本文化环境中，在强烈的性诱惑面前表现出的是性畏惧、性恐慌。当时中国青年知识分子的性压抑下的苦闷，弱国子民的自卑，社会地位的低下，经济生活的困顿，全都在这性恐慌造成的震颤动荡的情绪波动过程中被强烈地感到了，也被郁达夫用小说的形式表现出来了。他的小说实际就是小说中主要人物的一张心电图，在无规律当中呈现着一种有规律的运动。他的第三人称小说实际也是第一人称的，有名字的主人公同"我"没有根本的差别。他要把自己心中的苦闷统统发泄出来，就不能掩盖，不能说谎，不能爱面子，表现的欲望一下子掀掉了传统士大夫那些繁文缛节，那些皮笑肉不笑的虚情假意。他大胆暴露自己，但这种大胆暴露恰恰因为他比别人更纯洁，更真诚。他的小说好像在一块白而又白的纱布上毫无顾忌地泼了些浓墨重彩，他玷污着它，但却把它造成了一个艺术品。他的真诚无瑕被这污秽衬托得无比鲜明，他的心灵的污迹也被他的纯洁善良显示得格外突出。这是一个孩子的忏悔，一个青年的检讨，是当时由传统向现代过渡的青年知识分子的真实的心灵历程。鲁迅的小说是结构性的，他在人与人的关系中揭示意义；

郁达夫的小说则是情节性的，他说下去，说下去，把自己的生活和内心的感受不间断地倾诉给你。鲁迅的小说有一种压迫感，他把中国人的冷酷和自私放在一种特殊情景的压力下让它"自然"地流露出来，使他再想掩盖也掩盖不住了。郁达夫小说暴露的是自己，他不害怕这暴露。他的小说是自然流畅的，他率直得超过你的想象，造成的是痛快的宣泄，把平时不敢说、不能说的话在小说中尽情地倾泻出来。他是个人主义的，但他的个人主义是青年人的个人主义。他的最最根本的价值尺度是个人生活的幸福，是一个青年有权向社会提出的要求。他不再把个人作为一个整体、一个社会的工具，不是他应当为整个社会而牺牲，而是社会应当保证他的幸福和自由。他对自我的感受最清楚明白，但对整个社会，对社会中其他人的不同的思想要求和行为方式是模糊的。他明于知己，而暗于知人，对社会的表现自然不如鲁迅来得一针见血。他的小说以自我情感和情绪的抒发为主线，一旦这种情感和情绪没有异于常人的独特之处，小说就容易流于拖沓拉杂。随着郁达夫年龄的增长，这种只有在青春期才有绝对合理性的个人主义倾向，开始发生无形的变化。他不再只是向社会倾诉自己的苦闷，同时还向着理解社会，同情更弱小者的方向发展，写出了像《春风沉醉的晚上》《薄奠》一类用他自己的话来说有"社会主义"色彩的作品。他的《过去》也是一篇很有特色的作品，比他以前的作品多了一些人生哲理的意味。而他的晚期名作《迟桂花》则一反开始时的颓伤情调，有了淡远飘逸的出世意味。青年时期的情欲宣泄和中年时期的情欲节制，都是他的真实的生活感受和人生感受的表现。郁达夫始终都是一个率直真诚的人，他体现了中国现代短篇小说的抒情化倾向。

　　如果说郁达夫是一个晚熟的青年，许地山就是一个早熟的青年。他出身于一个有宗教传统的家庭里，早年曾到南洋教书，受到了当时宗教氛围的影响。在五四学生运动中，他是一个学生领袖。而凡是学生运动，高潮期人们精神偾张，过后则易情绪低落，不论胜利还是失败，都与这些学生娃娃的个人生活没有直接的关系。高潮期彼此黏连，生命感到充实，人生充满意义；过后复又分散，心灵中只剩下白茫茫一片，反感生命的无常，人生的虚空。他的爱妻又不期然地猝然夭折，眼睁睁一个美的亲的生命毫无理由地消失于无形。这一切都使他过早地思考人生的抽象的意义,生命的形而上的价值。他的脑海里的宗教哲理就多了起来,他的小说的宗教哲理意味也就浓了起来。青年,特别是五四时期的青年,往往是充满幻想的,把人生想得太好,把社会想得太简单,他们要改造社会,实现理想,但又对人生的艰险没有充分的估计,因而一遇挫折,便易颓唐厌世。许地山则以宗教心承担起了这苦难、这打击,始终未曾陷入颓唐和厌恶。这是他与五四青年迥不相同的地方,也是使他的小说有了自己独立风格的原因。他说人生就像蜘蛛结网,一阵风雨就会把你结好的网吹破,但破了再结,结了再破,这就是人生,这就是人生的意义。他的小说体现的就是他的这种人生观念。他常常把人物放在一波三折的人生经历中来表现,各种偶然性的变故充满于他的小说,主要人物不是依靠智慧和斗争,而是依靠坚韧的忍耐、不疲倦的等待,终于改变了自己的处境,留下一颗平静的心和一个和谐的灵魂。鲁迅和郁达夫的小说都没有离奇的事件和曲折的情节,而许地山的小说则重新具有了传奇性的色彩,把传奇性重新引进了现代白话小说。但他的小说的传奇性同中国古代小说的传奇性实际是大不相同的。古代小说的传奇性是愉悦读者的,是由正面的冲突组成的,带来的是"热闹"感觉,而他的小说的传奇性体现的则是人生无常的哲理意蕴,是为了表现人物的精神境界的,你感不到它的"热闹",得到的倒是一种人生的况味,一种朦胧的美感。他的小说中也有不少的议论,但这议论并不枯燥。实际上,许地山的宗教哲理,仍然不是原来意义上的宗教思想,而只是热血青年的一种抽象的人生思考,是由青春期的热情向中年的冷静转化中的精神现象。它不是为了弃绝人生,而是为了正确地对待人生。正像郁达夫的小说在白与黑的张力中透露出它们的艺术魅力,许地山的小说则在热情与冷静的张力关系中显示出它们的艺术风采。他追求冷静,正因为他热情过;他弃绝幻想,正因为他幻想过;他不主张人与人的斗争,正因为他斗争过。只是他过早地懂得了人生的艰难,这时他还没有更丰厚的人生积累,故而他的小说没有《红楼梦》那么丰厚,也没有鲁迅小说那么坚实。他的此后的小说创作,反比20年代来得明朗,有的揭露资本家的假仁假义,有的表现知识分子报国无门的悲惨遭遇。他的《春桃》虽仍然充满人生哲理,但较之《缀网劳蛛》则更有积极进取的精神和昂扬的生命意志。

在中国青年中论中国青年，郁达夫偏于"疯"，许地山偏于"痴"，而叶圣陶则属于"厚道老实"的那一类。如果说郭沫若、郁达夫一类日本留学生是20年代中国文学的龙头，叶圣陶这类中小学教师就是20年代中国文学的凤尾。他没有郭沫若、郁达夫等人的膨胀的热情，也没有他们的独立不羁的开拓精神，但他仍然希望社会的进步和人性的改善。他希望的社会是一个平等的社会、友爱的社会，所以他揭露社会的不平等，同情无权无势的小人物，中小学教师和好学但贫苦的学生是他重点描写的对象。如果说郭沫若、郁达夫把别人的痛苦也加入自己的痛苦中，用第一人称或近于第一人称的方式表现出来的话，叶圣陶则把自己的痛苦也融入其他人物的痛苦中，用第三人称的方式表达出来。郭沫若、郁达夫向人诉述自己的痛苦，让人同情他们自己，而叶圣陶则诉述别人的痛苦，让人同情别人。鲁迅的人道主义到了这一代青年作家身上分裂为二，郭沫若、郁达夫更体现了"五四"的个性主义，叶圣陶则更体现了同情被压迫、被侮辱的小人物的人道主义。在文学观念上，郭沫若、郁达夫把文学作为作家个人才能的表现，叶圣陶则像是把文学当个"事情"做的人，就像木匠要做手好活，铁匠要打出好的器械，不能把活做得太"糙"。所以郭沫若、郁达夫的作品中有灵气，但有时流于草率；叶圣陶的作品缺少灵动感，但却严谨扎实，很少有明显的败笔。他的作品好像是先生写给学生看的范文，修整得工稳精严，无可挑剔。在通常人的感觉中，认为叶圣陶更继承了鲁迅的现实主义创作方法，实际上后来中国作家的现实主义理论就是在叶圣陶这种思想倾向和艺术倾向下发展起来的，他们以这种倾向理解鲁迅，自然叶圣陶小说就更有鲁迅的遗风。实际上，鲁迅很难说就是一个现实主义的小说家，他似乎更重视他的小说的象征意义。在思想倾向上，鲁迅并不同情人的软弱，不同情被动忍耐苦难的人，而叶圣陶则对软弱的人有更多的原宥，对处境悲惨的人也有更多单纯的同情。鲁迅注目于国民性的改造，他同情但疾视那些软弱无能的人，疾视他们对苦难的忍耐，他不把他们的软弱和苦难仅仅归于外部的社会环境，而叶圣陶则是从社会不平等的角度揭露社会的，他展示了小人物的软弱痛苦，就起到揭露社会的目的，他把他们的不幸

中国现代短篇小说发展的历史轨迹（上）

主要归到外部社会的责任上。这表现在小说创作中，叶圣陶很善于细节描写，很善于描写小人物的心理活动，但其中没有心灵与心灵的结实的对抗。鲁迅的小说不同，虽然人物与人物在外部行动上没有严重的对立，但在心灵与心灵之间，却有着残酷的精神厮杀。叶圣陶的小说平实，鲁迅的小说严峻。较之郁达夫和许地山，叶圣陶后来的小说变化不大。他总是能够随着社会前进，但不走在最前头，在艺术上也是如此。我把20年代乡土小说家的作品也归入叶圣陶社会写实小说的一类。在鲁迅小说中，乡土，就是我们的中国；在20年代青年乡土小说家的作品里，乡土，更是中国的一个落后的地方。前者是象征的，后者是写实的。

20年代是中国女性小说产生的时代。中国古代有女的诗人，女的词人，但没有优秀的女性小说家。我认为，中国女性小说的出现，既标志着中国女性的自由和解放，也标志着中国小说社会地位的提高。现代教育的发展则是这二者的总纽带。现代教育招收女学生并提倡新文学，使中国第一批女性小说家就从这批女学生中产生出来。20年代的女性文学还没有自己更强的独立性，她们在主观上还做着与男性作家一样的事情，也没有人要求女性作家必须具有与男性作家不同的独立的思想追求和艺术追求，但她们既然有了自己的作品、自己的表现，就一定会有与男性作家不同的特点。20年代最著名的两个女性小说家是冰心和庐隐，而凌叔华、冯沅君的小说也有各自的特点。从整体上看，冰心的小说属于文研会（指文学研究会——编者）的一派，并且常被称为"问题小说"作家。但是，"问题小说"这个概念太模糊，并不是一个小说的概念，只要我们细心品味冰心的小说，就知道她不是作为一个普通的社会公民来揭示社会问题的，不是向社会提抗议的，而更是作为一个小母亲、大姐姐来给世界的弱小者播种爱情的。她不像很多男性作家那样，总是对着社会的权势者揎袖挥拳，而是像一个小母亲一样把自己的爱的翅膀展开来，想覆盖住所有的儿童，所有不幸的青年。叶圣陶也描写儿童，但叶圣陶主要是在小说中为贫苦儿童鸣不平，他把贫家的孩子写得比富家的子弟要好；冰心认为贫苦儿童应当受到与有教养的家庭里的儿童相同的爱，因而她把富有家庭孩子的环境当作正常的、优良的社会环境，他们的心灵状态和生活状态也就是所有儿童应当具有的。其中贯注的都是对儿童的爱，但具体的表现却是极不相同的：叶圣陶的是父爱，冰心的是母爱。从整体上看，庐隐的作品偏向于郁达夫主观抒情的一派，但郁达夫的抒情更有淋漓的热情、痛快的宣泄，庐隐在这样做时则透露着焦躁和不安。郁达夫的小说酣畅舒展，庐隐的小说紧张逼促。这反映着在传统社会受束缚更重的女性较之在传统社会就有更大自由度的男性在进行自我表现时有着更高程度的内心骚动。这影响到庐隐小说的艺术品位，但与男性根本不同的思想角度也正产生在庐隐的作品里。在当时的男性呼唤着婚姻自由的时候，庐隐就敏感到在男性追求自我的片面的自由的时候，实际是以未解放的传统女性的痛苦为代价的。庐隐的小说躁急，冰心的小说温婉，但她们的作品都不那么优雅，最有雅感的是凌叔华的小说。她描写女性的矛盾心理，描写儿童生活的情趣，乃至描写下层劳动妇女的悲惨生活和不幸遭遇，但都不失其优雅的气质。如果说庐隐反映着冲破重重束缚走向现代社会的中国女性的心理特征，冰心反映着由温馨的家庭走出来而在不和谐的社会里失去了固有心理平衡的女性的心理特征的话，凌叔华则反映着从贵族家庭通过社会的进步自然转化为现代知识女性，并保持了自己固有的优雅性质的女性心理的特征。她们也有现代的知识、现代的眼光，希望着中国的进步、社会的发展、人性的完善，但她们并不焦急，并不迫切。所以她的小说既不在急剧的外部矛盾中进行，也不在急剧的心理冲突中发展，而是把矛盾隐在小说情节的背后，使你能够感到，但又不能最强烈地感到。冯沅君则是四人中写得最实在的，她写的是五四女性青年在自由恋爱过程中的实际体验，那种初次到爱河里探险的女性青年的心理状态，在她的作品里有着不带夸张性的描写。她们透露着大胆，也透露着羞怯；有着反抗性，也有着屈服性。但不论大胆或羞怯、反抗或屈服，都不是依照男性青年的观念可以界定的。只有女性，才这样大胆，这样羞怯；这样反抗，这样屈服。她的小说，曾经给人以新的惊疑。但总起来说，她的描写还不够精致，也过早地放弃了小说创作，影响不及前三位大。

20年代还有很多小说家，但我认为，他们的作品大都可以划归这三种四类小说之中去。

原载《鲁迅研究月刊》1999年第9期

中国现代短篇小说发展的历史轨迹（下）

3

30年代是中国短篇小说创作繁荣发展的历史时期。

20世纪的第一个十年，鲁迅把中国现代短篇小说的大旗树立在了中国的文坛上。那时，他是一个人。到了20年代，小说的作者就多了起来，但他们都是青年知识分子，表现的范围不出青年知识分子所能够感知的范围，并且主要停留在青年知识分子感情和情绪的自我表现上，即使是写实的，其意义也在可以看出他们的思想倾向和情感态度，所提供的经验世界里的东西，是非常有限的。而小说，一个重要的作用就是较之诗歌、散文、戏剧能够提供给读者更宽广和更丰富的经验世界。狭小感是与小说这种艺术形式的要求所不容的。

30年代是一个文化分裂的年代，中国知识分子因其不同的政治态度而被分裂为左、中、右三个阵营，因而过去的文学史家也把这个时期的小说分为三派。但是，那时三派知识分子的分歧在于政治的态度，兼及于文艺的思想主张。在这两个领域，他们交火，他们吵骂，但这却很少发生在小说的创作上。在小说的创作上，他们的交叉胜过斗争，他们的融合胜过分裂。细心的人完全能够看得出，在30年代，那些最左的与最右的，都不写小说。周扬不写小说，梁实秋也不写小说。写小说的，特别是写出好的小说来的人，都把自己弄不了那么体面，那么严肃，那么左或那么右。革命加恋爱的小说，不光右翼说不好，左翼也说不好。诗歌、散文都可以只露半边脸，而小说不行，小说要露整个脸。他们取的姿态不一样，有的面向左，有的面向右，但却都不是只有右眼或只有左眼。因此，我想换一种方式叙述这个时期的短篇小说创作，即把各种有影响的短篇小说派别并列地排列出来，然后再综合考察一下这个时期中国短篇小说创作的特点及其发展动向。

一、茅盾的社会写实小说

茅盾的小说是在左翼文化阵营中涌现出来的，但作为一种创作倾向则是20年代叶圣陶社会写实小说在30年代的自然延伸，也是他自己20年代文艺主张的具体实践。但茅盾的社会写实小说与叶圣陶的社会写实小说有一个根本的不同，即叶圣陶注重表现的是社会生活的一些侧面，一些现象，并以这些侧面和现象的描写揭示社会的不平等、不合理，而茅盾则自觉地从中国社会的整体出发，意图表现出中国社会的历史发展趋势来；叶圣陶主要是一个短篇小说家，茅盾则主要是一个长篇小说家；叶圣陶更以写短篇小说的形式写长篇小说，茅盾则更以写长篇小说的方式创作中短篇小说，因而他的短篇小说更像长篇小说中的一章、一节，其短篇小说的特征是不明显的。较之叶圣陶，他更注意外部世界的细致描绘，更注意在人物的上下左右关系中刻画人物，塑造典型，因而较之叶圣陶的小说更增加了客观性的色彩，人物的复杂性也有所提高。但是，茅盾的小说仍然不同于西方的现实主义小说。西方的现实主义小说是让社会现实自己说话，而茅盾的小说则是让社会现实替自己说话。他的目的意识更明确，更单纯。巴尔扎克是个保皇党人，但他却描写了贵族阶级一步步走向衰亡的过程。茅盾则不同，他同情农民，同情劳苦群众，他的小说展示的也是农民阶级走向反抗斗争、走向光明前途的过程。但在这里，他的小说就有了一种内在的龟裂感，虽然在理性上难以觉察，但在审美感受上还是可以感觉出来的。他的小说有一种举重落轻的感觉，即小说提出的矛盾异常深刻重大，对矛盾的描写也很细致深刻，但到小说的结尾，其解决的方式则显得太单纯，太匆促，缺少应有的力度。例如他的"农村三部曲"，《春蚕》写得很有力度，因为它是展开矛盾的，是写"曾有的"，但到了《残冬》，力度就不够了，因为它是解决矛盾的，是预示"将来的"。它的解决矛盾的方式表面看来是真实的，但却没有真正地解决《春蚕》《秋收》中实际展开的矛盾，而是给予了一个虚幻的解决方式。小说展开的矛盾是传统农业经济在现代经济结构中所面临的严重危机，它要通过自我的现代化发展寻找新的出路。革命解决的是政权问题，并不意味着能够解决茅盾在小说中实际展开并真实具体地描写的这个矛盾。他用革命掩盖了它，并造成了一种虚幻的光明感。读者在现象上不能不接受这个结尾，但在内在的感觉上却不能不拒绝它，从而产生一种有缺失的感觉。因为他更重视经验世界的细致刻画，缺乏必要的主观干预，所以他的小说在情节的推进上比较缓慢，细致有余，热情不足，令人读起来有一种滞重感、平面感。

茅盾最早的短篇小说集《野蔷薇》中的短篇小说，更多地表现知识分子个性解放的主题，而后来的《水藻行》则保留着更多自然主义的思想倾向，它更有可读性，也更有短篇小说的艺术特征，但代表他对小说艺术的独立追求的，还是像"农村三部曲"这类社会历史感更强的作品。重视社会经济状况的反映是茅盾小说对中国现代小说的一大贡献，虽然他没有做到充分的艺术化，但其功绩是不可抹杀的。

二、东北作家群的荒寒小说

在中国新文化运动初期，新文化运动的倡导者是从中国文化发展的总体要求提出自己的文化主张的，那时的白话文运动和思想革命的主张都不具有特定的地方色彩和个人特征。但一种文化一旦进入具体的实践过程，它就有了个体创造者的特征，因为任何人也不可能脱离开他固有的文化心理结构理解并运用新的文化成果，而这个固有的文化心理结构彼此就是不相同的。中国自宋以后，文化逐渐南移，在中国近现代文化的开放过程中，南方知识分子发挥了为北方知识分子所不可比拟的巨大作用。相对于北方，南方文化更加发达，经济相对繁荣，气候温暖炎热，山川秀美。但也正因为如此，南方知识分子作为一个阶层，是从生产者阶层独立出来，较少承受直接的生存压力的一个独立的社会阶层，这个阶层的文化也是从人类的生存斗争中抽象出来的一种文化，它集中在才、情两个方面，并以此为核心形成了自己整体的文化观念。而到了北方，特别是东北这块荒寒的土地上，情况就迥然不同了。在那里，气候的寒冷，条件的恶劣，使生存的压力成为人的主要的压力。它没有一个独立的知识分子阶层，即使知识分子，首先感受到的也是自然环境的压力，受的也是基本生存技能的训练，生存意志则居于人的意识的中心。在北方，一个没有缚鸡之力的儒雅书生是被人嘲笑的；在南方，一个不知诗书的壮汉是被人瞧不起的。这是两种不同的文化。南方文化建立在更适于人生存和发展的社会条件之上，但近现代中华民族在世界格局中所面临的生存危机，又把北方文化的重要性加强起来。鲁迅思想的博大精深之处，正在于他在南方知识分子文化心理的基础上，进而思考的是中华民族现代生存的问题，并把南方文化的才情观念重新纳入人的生存意志的基础上，为中华民族的精神重建提供了一个新的思路。他的小说，从外部看不像北方文化那么硬，但从内部看，又绝不像南方文化那么软。但到了20年代，由于南方知识分子的大量加入，使南方才情性的文化得到了片面的发展，成了中国新文化的主调，鲁迅小说中那种生存意志的内涵被大大冲淡了。30年代的左翼文化运动，仍然是在20年代这些知识分子的基础上建立起来的，他们用自己的才情观念看待革命，从而为左翼革命文化埋伏下了严重的危机。鲁迅对东北作家及其创作的重视，正是因为在他们的作品中，感受到了真正属于生存意志的因素，这对中国新文化的发展，特别是30年代左翼文化的发展，无疑是一个必要的补充。实际上，这个群体既受到左翼外南方知识分子的轻视，也受到左翼内很多南方知识分子的轻视，只有鲁迅才给了他们实际的支持。如果说南方文化更是一种软性的文化，北方文化则是一种硬性的文化。一个民族缺少了软性文化是不行的，但只有软性文化也是不行的。东北作家群的作品集中体现了北方硬性文化的特征。美国有"西部文学"，东北作家群的作品可以说是中国现代文学史上的"西部文学"。

　　东北作家群各自的思想倾向和文学倾向并不完全相同，但他们的作品却有一个共同的特征，即给人以一种荒寒的感觉。所以我把他们的小说称为"荒寒小说"。这个感觉是由他们描写的东北这个文化环境的特点造成的，但也是这些作家精神气质中的东西。在东北，生存的压力是巨大的，生存的意志是人的基本价值尺度，感情的东西，温暖的东西，都被生存意志压抑下去了，人与人的关系没有了那么多温情脉脉的东西，一切的欲望都赤裸裸地表现在外面。在精神上，人们感到孤独和荒凉，具有一种像东北的天气一样的寒冷感觉。在小说的写法上，他们的作品较之南方作家的作品更有一种非逻辑的性质。人物不是我们在过去的文学中常见的人物，人物的表现也不是人们常见的表现，而作者的把握方式也不是常见的把握方式。他们每个人的心里好像都有一块又大又重的磐石，下面压抑着许多莫可名状的情绪，语言和动作都是突如其来的，过渡也是突兀的，再加上他们对东北外部自然环境的描写，其作品就不能不给人以一种荒凉、寒冷的感觉。

萧红、萧军的主要成就是中长篇小说，但也有很好的短篇小说创作，在短篇小说上成就最突出的，在30年代是端木蕻良，在40年代是骆宾基。李辉英、舒群等另外一些作家也有一些短篇小说佳作。

三、艾芜的流浪小说

艾芜也是一个左翼作家，但使他作为一个有独特贡献的小说家的却不是左翼的文艺主张，而是他的特殊生活经历。在艾芜之前，也有以流浪生活为题材的小说，但那是一种题材，而不是真正意义上的流浪小说。艾芜的流浪小说是在自己亲身流浪的基础上创作成功的。它不但是一种小说题材，还是一种人生观念和表现角度。中国的知识分子是重道德的，讲人生的，但他们身上常常表现着知识分子的"洁癖"，这是不利于小说创作的。他们多是从学校中培养出来的，处于具体的生存斗争之外，他们评判人、评判人生的角度往往是建立在一种固定的观念，固定的思想标准之上的，是从知识分子的角度出发，这带来了中国知识分子思想的僵硬化和文学表现的狭隘性。艾芜一旦只身一人踏上在荒僻的南方边境流浪的途程，那种固有观念中的人的标准就不中用了。他与各种不同的人建立的是非预想的偶然的联系，他对各个人的感受也是在这种特定的联系中形成的。强盗可能是他的救命恩人，"正人君子"可能对他冷酷无情。这样，一个新的人生视角出现了，这给他的小说带来了生气，带来了新鲜的感觉。"流浪记""探险记"本身就是一些很好的小说题材，各种遭遇的不可预计的性质给读者带来悬念，产生期待，具有天然的传奇色彩。他用一种旅途随笔的方式创作短篇小说，从而把传奇性和平凡性融为一体，没有制造的悬念，没有夸饰的勇敢，简单朴素而有趣味。但可惜的是，艾芜并没有把《南行记》的创作风格贯彻下去，后来成了名作家，流浪时的那种人生视角就轻易被放弃了。他后来尽管也有写得不错的小说，但却失去了自己的独创性，失去了《南行记》诸小说的生动活泼的气象。

四、沈从文的湘西小说

如果说鲁迅是中国新文学第一个十年的短篇小说大家，沈从文就是中国新文学第二个十年的短篇小说大家。我认为，一个杰出的小说家的重要标志就是他营造的想象中的世界是一个完整的世界、丰富的世界。鲁迅的小说虽少，但他所营造的世界却是完整的、丰富的。他的小说中的想象世界是在中国文化的基础上形成的中国社会的第二现实。它不同于中国社会的现实世界，但它与这个现实世界在整体上则是同构的。凡是在中国社会中生活着的人，在鲁迅营造的世界上，同样也会找到自己的位置。通过这个世界，你对中国社会上各种各样人的精神面貌会有一个更清晰、更深刻的感受和了解。茅盾试图开拓这个世界，但他没有获得意想中的成功。东北作家群、艾芜也营造了自己想象中的世界，但东北作家群营造的这个世界不是完整的，他们没有充分意识到它的意义和价值，很轻易地放弃了它，并以不同的方式把自己混同到一种主流的意识形态之中去，从而渐渐失去了自己的独立性。艾芜笔下的世界太狭小，难成一个独立的世界，并且作者也没有开拓它的主观积极性。艾芜在主观意识上就只是那个世界的过客，它没有留住他的精神。沈从文营造的世界则是一个完整的世界，他的精神一直留在他的这个世界中。中国是一个庞大的国家，从秦始皇那时起政治统治者就想统一中国社会的思想，统一中国的文化，汉以后儒家文化逐渐被政治统治者所认识，虽然道、佛也曾被一些政治统治者所赏识，但它们到底是不利于他们的政治统治的，所以宋以后除入侵的元代统治者之外，都自觉推行儒家文化，以儒治人，以法治国。但是，政治统治者的这种意图是不可能最终得以实现的。中国不是一个宗教的国家，正统文化只在知识分子和中原地区的社会群众中有较大的影响，而在南方的非文化中心地带，则各自有各自的风俗和信仰。沈从文出身的湘西世界就是这样一个具有自我完

中国现代短篇小说发展的历史轨迹（下）

整性的封闭的文化区域。它有它的独立的生存方式和生活方式，有它特定的伦理道德观念和特定的人生价值标准。在这个世界里，有各种各样的人物，过着各种各样的生活，有着各种各样的神话传说和民间故事，同时也在它的现实生活中不断产生新的人物和新的故事。但所有这一切，都与它的外部地区——中国文化的中心地带——有所不同，它们发生在不同的文化背景上，因而也给人以完全不同的感受和体验。沈从文笔下的世界并不完全等同于湘西的现实世界，但却是在对它的忆念中想象出来的。沈从文就以这样一个文化背景展开了他的艺术的想象。因为它们与读者首先在文化上保持了一定的距离，所以他的小说自有一种韵味，其人物和故事也自然地具有传奇色彩。沈从文又是一个很重视小说技巧的作家，他试用各种手法写作小说，总是能把一个素材用一种有效的叙事方式铸造成一篇趣味盎然的小说。

　　用句左翼的话来说，沈从文才是一个真正的"人民作家"。他没有大学学历，他是从湘西人民当中走出来的，并且当过兵，后来才来到中国大都会，开始了自己的写作生涯。他不但对自己出身的那个湘西世界怀着深深的留恋，在想象中重构了那个美妙神秘的世界，并且他也以那个世界的标准审视现代城市社会，审视现代大都会中的芸芸众生。在他的笔下，现代城市社会的大人先生们，绅士和绅士的太太们，大学教授和大学生们，小公务员和小职员们，因为失去了与大自然的联系，因为被一种僵化的人为伦理道德观念所束缚，大都像是被阉割的动物，精神萎靡，空虚无聊，缺乏生命力。应该说，他提出了现代社会的一个很重要的问题，但是，他对现实世界的批判是以过往的正在消失了的湘西世界为标准的，他的精神不是活在现实世界，而是活在与之完全不同的湘西世界里，因而他对整个现代中国取的是一种旁观的态度，冷嘲的态度。现代人的苦闷，现代人的精神挣扎，以及现代人生命力的表现形式，在他的作品里表现的是不够充分的。在这一点上，把他与鲁迅区别了开来。鲁迅的《故乡》也写了在童年时期所感受到的那种纯任自然的朴素、美好的世界及其人与人的关系，但鲁迅也看到，在主流文化的冲击下，这种关系是很脆弱的，现代中国的人必须在现代社会条件下进行新的独立的追求。这使鲁迅的作品表达的更是现代中国人，特别是中国知识分子的精神挣扎。他虽看到中国知识分子的软弱性、虚荣性，但他对魏连殳、吕纬甫、涓生、子君这些知识分子的绝望的抗争还是表现着深沉的同情。沈从文的作品读起来较之鲁迅的更有韵味，更有灵动之感，但在现代读者内在精神上留下的刻痕却不如鲁迅的小说深。现实人生使你时时想起阿Q、孔乙己、魏连殳、假洋鬼子、鲁四老爷这类人物，但却很少使你想起沈从文笔下的人物。所以我认为，沈从文是一个优秀的小说家，但不是一个伟大的小说家。而鲁迅，不但是一个优秀的小说家，也是一个伟大的思想家和文学家。

五、穆时英和施蛰存的都会生活素描

在一般的中国现代文学史教科书上，刘呐鸥、穆时英、施蛰存等人的小说被称为"新感觉派"小说，这个名字是从日本输入的，我认为很难概括他们小说的具体特点；有的学者又笼统地称之为都会小说，但严格说来，茅盾的小说也是都会小说，他写的更是都会的整体，而穆时英、施蛰存所描写的，实际是中国现代大都会中日常的并且是偏于娱乐、享乐性质的日常生活。他们的描写不是全方位的，而是素描式的，所以我称之为"都会生活素描"。

现代社会的发展，首先表现为现代城市的发展。过去城市的头脑是皇帝，心脏在茶馆，三叉神经是那些有钱且有闲的阔佬、阔少、文人墨客和部分小市民。这是一个男性的世界，是个喊喊喳喳、议论是非、传播小道消息、拉关系、吵群架、吹牛皮的世界。鲁迅、沙汀、老舍的许多小说都在这样一个背景上展开。现代大都会的头脑是金钱，心脏在舞厅、咖啡馆，三叉神经是在社会竞技场上抽身出来寻找刹那的快乐和一时的刺激的大小官僚、资本家、不同级别的机关职员、记者、作家和各类女性。它与茶馆顾客的最大差别在于，它不是一个干燥的男性世界，而是一个两性交际的场所。在这个世界里，"性"是它的发动机，"钱"是它的润滑剂。衣饰、饮料、音乐、装潢设施、语言、动作无不带有"性"的特征，无不由金钱来贯穿。现代大工业排泄出来的一切精神的遗弃物，都堆集在这里，将它们进行再加工，重新送回到社会的竞技场上去。具体描写了这个世界的是穆时英和施蛰存等小说家。穆时英的小说抓住了这个世界的色彩和律动。像电影镜头一样迅速变换着的色彩和画面,像小步舞曲一样迅疾变化着的生活的律动,像霓虹灯一样一明一灭闪动着的人物的情感和情绪,在穆时英的小说里得到了体现。这是一种新内容的小说,也是一种新形式的小说。施蛰存则抓住了"性",主要描写这个世界里各种不同人物的性心理。显而易见,施蛰存是一个自觉运用弗洛伊德精神分析学说创作小说的中国作家。但我认为,他的小说写的不都是潜意识心理,而更多的是一般性心理。他用性心理的描写揭示了他所描写的这个生活环境的特征。在写法上,施蛰存与穆时英其实差别很大。穆时英长于写场景,写气氛,施蛰存则重点写人物,写人物的心理状态。

但是,必须看到,穆时英、施蛰存只是从一个角度表现了大都会的生活。现代的大都会既是一个享乐的世界,也是一个生产的世界,他们脱离开现代大都会进行着的各种社会事业而单纯从这个游乐的世界表现现代的城市生活,是很难从其中看出它们的全部意义来的。"舞厅"用自己的快节奏代替了"茶馆"的慢节奏,是幸呢,还是不幸呢?这是一个很难做出确定判断的问题。

六、老舍的京味小说

在现代文学史上,人们还有一种"京派"和"海派"的分法,但那时是中国现代城市初步发展、迅速扩大的时期,不论北京还是上海的作家,大都刚刚从外地来到城市,他们受到这个城市生活的影响,但他们的思想意识和审美观念更多的还是从外地的生活和文化环境中形成的,很难说他们在艺术上、审美上已经具有了统一的特征。我认为,真正体现了北京地方文化特点,开创了中国现当代京味小说传统的是北京出身的作家老舍。

如果说上海体现着中国的未来(我不把未来同美好等同起来),北京就体现着中国的过去(过去也不是绝对不好的意思)。上海没有自己悠久的历史,上海人的眼睛主要注视着自己的现在,盘算着实际的利益,做着与当前利益有直接关系的事情;北京则有自己悠久的历史、光荣的过去,北京的事事物物都使你想到过往的时日,你在自觉不自觉中就会用过去的传统衡量现在的缺失。上海是由到上海来谋生路的人组成的,他们依自己的利益关系组合在一起,他们希望成功,也羡慕成功者,不那么同情劣败的小人物。而北京则是一个老城，亲属关系、邻里关系把人们组成一个个人际关系集团，相互有些接济，彼此有所扶助，因而也很重视人情礼仪关系。较之上海人，北京人较为安于目前的生活，他们对成功者在内心里没有什么好感，对比自己弱小的"老实人"倒有更多的同情。但也正因为如此，他们那套人情礼仪关系带有明显的虚伪性。对上近于谀，对下近于欺。因为上下两面都不是他们真实感情的表现。上海人崇拜成功者，也趋附成功者，不带有明显的虚伪性，但从北京人的眼里看来，上海人有些势利，有些重利轻义。上海是个商业城市，金钱的力量要比在北京大，最受尊重的是商业大亨和有钱的人，而北京至少在现代史上还主要是政治城市、文化城市，怕官僚，敬文人，仅仅有钱在北京吃不大开。……老舍出身于北京市一个贫苦的满族小市民家庭里，他从底层劳苦人的眼光揭露、讽刺社会上层人物的腐败和无耻，同情弱者，同情小人物的悲惨命运。但作为一个现代知识分子，面临中华民族的民族危机，在西方文化的影响下，对北京小市民的缺点也多有认识，在这一点上，他继承了鲁迅的小说传统，重视对中国国民性的表现。但他之表现中国国民性的弱点，仍然带有北京文化的固有特点。鲁迅的小说冷峻，老舍的小说温和；鲁迅的语言犀利，老舍的语言婉转；在鲁迅的小说里讽刺压倒幽默，在老舍的小说里幽默压倒讽刺；鲁迅的批判指向中国人的大多数，老舍的批判指向中国人中的极少数。即使在老舍的小说中，你也能够知道老舍是个人缘很好的人——北京人重人缘。老舍小说的语言，老舍小说的幽默，老舍对小人物的同情的描写，特别是老舍对北京小市民生活习俗的生动表现，都使他的小说独树一帜，并开创了延续至今的京味小说传统。如果说巴金是个优秀的长篇小说家，但不是一个优秀的短篇小说家，而老舍则不仅是一个优秀的长篇小说家，也是一个优秀的中短篇小说家。

七、张天翼的讽刺小说

如果说鲁迅是20年代出现的一个杰出的讽刺小说家，张天翼则是30年代出现的一个优秀的讽刺小说家。中国多暴露小说、谴责小说，而较少讽刺小说。暴露小说和谴责小说是在作者与暴露、谴责对象有着大致相同的伦理道德标准的情况下产生的，被暴露、谴责的对象知道自己的行为是见不得人的,因而极力隐瞒它,作者将事实暴露出来,并谴责他们的这些不道德、不合法的卑劣行径,就达到了自己写作的目的。讽刺小说在作者与讽刺对象之间应具有不完全相同的人生价值标准和审美标准,在讽刺对象自以为庄严正经的言行中发现其荒诞可笑的不正经的内容。在中国现代小说中,名为讽刺小说而实际只是暴露、谴责小说的居多,而张天翼的有些小说确具有讽刺小说的性质。他的《华威先生》写的是中国那些"做戏的虚无党"中的一个,像这种把中华民族任何一个严肃的事业都当作做戏的绝好场合的人,至今不乏其人,可以说触到了中国文化精神的深层的伤疤,是中国文学中不可多得的讽刺名篇。但总起来说,张天翼的讽刺小说较之鲁迅的讽刺小说仍有过于外露、难中肯理的弱点。

八、废名的新田园小说

废名在20年代就是一个著名的短篇小说家,他的《竹林的故事》写农村的人情美,充满田园诗的韵味,但其描写是明晰的,小说情节是集中的,也有明显的思想内容。到了30年代,他的小说风格骤然一变,开始以朦胧怪异、扑朔迷离的方式写作小说,其题材仍然主要是田园生活,但他写的是非理性的、印象的、直感的现象世界。这个世界没有确定的意义,只在人物的片段的、跳跃着的感觉中呈现出来。他把中国古代禅宗重感悟的理论同现代短篇小说的艺术形式结合起来,创造出了一种新的小说形式,在中国现代小说史上独树一帜。但是,他的这个试验,至今仍是值得细致研究的。中国古代感悟理论能否同现代小说这种艺术形式相结合,以及如何结合,并不像有些评论家设想得那么简单。古代的感悟理论是建立在静态地面对具体事物的基础上所进行的非理性的思维运动,它是刹那间一次性完成的,时间对它没有任何意义,它既不靠时间来完成,也不靠时间来发展,而小说这种艺术形式表现的则是动态的、在时间中演化的内容,不是一次完成的过程。感悟理论不同于柏格森的生命哲学,也不同于詹姆斯的意识流理论,它们都是把生命理解为过程中的东西,虽然是非理性的,但却与小说这种艺术形式的要求没有根本的冲突。柏格森的生命哲学和詹姆斯的意识流理论都不是让人停留在事物的表象和人的刹那的感觉中,不是从根本上否认生命存在的价值和意义，恰恰相反，它们是通过呈现人的生命之流、意识之流而发现生命的存在和意义的存在，并反对把人的存在等同于没有生命的物的存在，反对科学主义者、理性主义者对人的存在意义和价值的生硬归纳。西方现代主义作品的意义虽然是朦胧的，不明确的，没有一个单一的理性主题，但在整体上、在感受和体验中，仍然呈现出异常丰富多样的意义。生命在流动，世界在流动，意义也在流动，它们都没有固定的形态和确定的结论，人和世界在小说的起点、中点、终点乃至在任何一个点上都是不相同的。它们极大地开拓了小说这种时间性艺术形式的意义容量。废名的小说实质并非如此。他的小说不是意义更复杂，容量更庞大，而是消解了世界和人生的所有价值。如果说西方意识流小说在意识的流动中积累着意义，废名的小说则是在人的即时的瞬间感觉中随时抛却过往的存在，过往的意义。他的小说截断了不觉短，拉长了不知长。起点上的人物同终点上的人物是完全相同的，起点上的世界同终点上的世界也是相同的。一切都在静止着，一切都只是相同的一个点。所以，就废名的这时期的小说本身，不失为一种新的小说形式的试验，但从中国小说的长远发展来看，这种小说未必有旺盛的生命力。

九、丁玲的女性小说

20年代的著名女小说家是冰心和庐隐，30年代的著名女小说家是萧红和丁玲。丁玲以她的《莎菲女士的日记》一举成名。我认为，女性文学的独立性首先是从丁玲的这篇小说充分表现出来的。不论丁玲在创作它时的主观意图是怎么样的，但它表现的都是女性对现实世界的感受和理解，它与以男性文化为中心的主流文化是截然不同的。在中国男性文化构成的世界上，苇弟是一个有道德、有真情的男子，他以放弃自我独立性、从属迁就一个女性的方式寻求女性的爱情，他挚爱莎菲，从而也顺从莎菲，但莎菲在其女性的本能上就无法爱上他，她是把他作为一个小弟弟来感受，来接受的。他越是爱她，她越是爱不上他。他缺少女性为之倾倒的男性的刚毅和洒脱。凌吉士刚毅洒脱，具有自己的独立性，不会完全顺从一个女性的支配，不会被爱情所控制，而是他控制着"爱情"。他有更大的余裕思考讨得女性好感的手段和步骤，但这类的男性恰恰不可能爱惜女性的爱，一旦获得，便生厌倦。他带给莎菲的是被抛弃的痛苦。女性的直觉告诉丁玲，这不是莎菲女士一时选择的错误，也不是莎菲女士个人的错误造成的，而是在男性的世界上，一个女性根本不可能找到自己只有幸福、没有痛苦的乐土。这是人性的缺失，世界的矛盾，女性在男性文化中必然具有的失落感。这个矛盾贯穿在小说的自始至终，作者没有给它一种虚幻的解决方式。

丁玲后来参加了革命，体现了30年代企图通过获得男性世界的社会权利而摆脱自我困境的女性知识分子的文化选择，而萧红始终是一个自由主义知识分子，她也没有在现实世界上找到自己的出路和幸福。中国的女性文学还有一个漫长的发展道路，她们走过的只是这个漫长发展道路上必经的一段路程。

十、一般的社会写实小说

我把像沙汀、吴组缃、萧乾、师陀、王鲁彦、柔石等作家都包括在这类小说家之中。他们既不像沈从文、东北作家群一样表现的是同中国汉文化圈不完全相同的另一种文化圈的人物及其生活，也不像茅盾、废名一样有自己迥然不同的另一种思想的或艺术的追求；既不像老舍一样可以独成一个短篇小说大家，也不像张天翼一样主要从事一种特定小说的创作。但他们的小说创作都有扎实的功底和充实的内涵，表现着中国短篇小说艺术的稳健发展的过程。在政治态度上，他们彼此迥不相同，但在小说创作上，则表现着极其相近的思想艺术追求。

20年代几乎是中国青年作家独占小说文坛的历史时期，连鲁迅的小说也是在青年文学的价值标准中得到价值评估的。而30年代则是中青年作家共存的历史时期。除了上述在30年代新产生的小说作家或创作倾向之外，鲁迅、郁达夫、许地山、叶圣陶等20年代的小说家在这时仍有不俗的表现。纵观30年代的短篇小说创作，我们可以看到，不论在其表现对象上，还是在短篇小说的艺术风格上，都有着极大的开拓和发展。可以说，30年代是中国现代短篇小说创作的黄金时代。

4

对于中国新文学第三个十年（或曰"40年代"）的文学，我们现在的感受和理解大概是极不相同的。我认为，40年代是中国新文学开始呈现出衰败迹象的一个历史时期。20年代的中国文学像初春的野草，稚弱但有生命力，写的是作家的亲身感受和体验中的东西，题材狭窄但有真情实感，技术简单但无书卷气；30年代的中国文学，像夏天的草木，虽因炎热有些倦态，但铺地盖天，物种繁多，各种思想倾向和各种艺术风格同时并起。造成这种情况的原因是非常明显的：20年代是中国文化革命的时期，政治上的军阀混战，经济上的迟滞低迷，使知识分子扮演的是中国文化的主角，这个主角没有扭转乾坤的力量，但有舍我其谁的主人翁的姿态，其作品弹奏的也是中华民族精神的主调。正如鲁迅在谈西方文学的特点的时候说的，即使是颓唐和厌世的，也是活人的颓唐和厌世，没有僵尸气。那是一个没有杰出的政治家、经济家而只产生文化巨人的时代。到了30年代，政治上的龙争虎斗，经济上的一度繁荣，又把政治家、经济家的地位提高了起来，知识分子受到双重的压力而呈现出"草，上之风，必偃"的左摇右摆的状态，但文化阵营仍是中国社会的一个独立的阵营，学院派的胡适、文学界的鲁迅，虽然政治倾向各不相同，但他们各自支撑了中国知识分子的文化大厦，保持了文化阵营的独立性。这是一个杰出的政治家、经济家、文化巨人并峙的时代。但到了40年代，这种三峰并峙的形势有了根本的改变。日本帝国主义的入侵，中国知识分子文化价值观念与整个民族文化的游离状态，把政治和军事的作用推到了中国社会唯一重要的地位，知识分子不论在实际上还是观念上都已不具有自己的独立性。中国不再存在一个独立的文化阵营。即使在他们的自我意识中，不是把文化作为某种政治军事目标的简单附庸，就是把文学创作作为一种个人求生的手段，已经很难像五四新文化的倡导者那样，把文化的目标和当时政治军事的目标区别开来了。它仍然一度呈现出繁荣的局面，但它的繁荣是带有某种病态性质的，各种不同的文学形式也都因这病态而有畸形发展的特征。短篇小说的创作也是这样。

　　这个时期的文学，被隔离在了三个不同的区域，它们各自有不同的文化环境，因而也有各自不同的特点。这三个区域是：一、沦陷区，二、国统区，三、解放区。我们常说的上海孤岛时期的文学，实际是介

中国现代短篇小说发展的历史轨迹（下）

于沦陷区和国统区之间的一种文学现象。在上海孤岛上，反战的文学已经失去了国家、社会的强有力支持，不那么时髦，也不那么光荣了。日本帝国主义的文化专制主义魔爪已经伸入，并且在人们心理上构成了强大的压力。我认为，以这三个不同的区域为基础，当时的小说创作可以分为下列三类：一、被遗弃者的短篇小说创作，二、被冷落者的短篇小说创作，三、被借助者的短篇小说创作。

一、被遗弃者的短篇小说创作

上海孤岛和沦陷区的作家，实际上是被自己的祖国遗弃了的一些知识分子。这部分知识分子除了少数如周作人、张资平等附敌叛国者外，是亲身承担着中华民族悲剧命运的知识分子。他们对民族命运的感受应是强烈的、具体的，他们比国统区和解放区的知识分子更能直接感受到民族的屈辱和不自由的状况，感受到在外国帝国主义的统治下中国社会各阶层人物的精神状态，感受到中国文化和中国国民性的底色。也就是说，他们的精神视野和生活视野原本是异常广阔的，但在实际上，他们小说的表现视野却是很狭窄的。这有主、客观两个方面的原因。在客观上，日本帝国主义的文化专制主义压制了他们民族主义感情的表现；在主观上，中国的文化没有把大多数中国知识分子造就成有独立不倚精神的强者，他们在群体中所表现出来的病态的热情和夸张了的自信，当脱离开群体的支持时就烟消火灭了。本国政治统治者的专制主义也磨损了他们对不自由的屈辱感受，使他们极容易接受外国帝国主义除直接杀戮之外的精神扼杀。那时的中国，还没有产生拜伦式的、显克维支式的、密茨凯维支式的、舍甫琴科式的文学家的条件。这不能责怪某个作家本人，但它却是一个不争的事实。在这种情况下，20年代的自我表现，30年代的社会表现，都在日本帝国主义的文化专制主义的淫威下减弱了势头，而趣味性、娱乐性的文学则得到了蓬勃的发展。恰恰是在这个最不自由、最艰难困苦的环境里，大量言情和武侠小说发展起来。一些文学史家很为此骄傲，但我却感到异常的悲哀。一个在和平时期比任何一个民族都严肃的民族，却在帝国主义的屠刀下讲趣味，寻热闹，这不正应验了鲁迅在30年代对论语派的批判吗？我们失败于帝国主义的飞机大炮，却炫耀着中国的枪刀剑戟；我们的民族已经被肢解，我们的作者却想象出了大量悲欢离合的爱情故事。要理解这样一种文学现象，得需要多么灵活的头脑呵！这种倾向也侵入了新文学作家的小说创作。可以说，这个时期的小说创作是以趣味性和传奇性为其主要特征的，幽默成了最常用的艺术手段。这时的趣味性不是健康人脸上的血色，而是病人脸上的红润。它在这时期短篇小说创作的艺术上也不能不留下自己的疤痕。小说是什么？小说是小说作家感受力和想象力的表现。当一个作家压抑了自我最剧烈的病痛而只能叙说自我的小的悲欢的时候，他的作品就不可能不表现出委曲小气、无法自由舒展的自我幽闭特征。

　　但是，整体的分析不能代替个体的、具体的分析。一切都有例外。我认为，张爱玲的《传奇》就是一个例外。

　　在这类小说作家的创作中，唯一表现出大气、自由、汪洋恣肆且富有精神力度的是小女子张爱玲的中短篇小说。我认为，在中国现代文学史上，是张爱玲把女性小说艺术推向了最高峰。如果说20年代的冰心、庐隐还是混迹于男性作家的自由要求中获得了自我表现的机会的，如果说30年代的丁玲、萧红即使在表现着女性的独立意识的时候仍然认为自己属于社会的某个团体、某个倾向，而到了40年代的张爱玲这里，就有了以自己的目光独立地睥睨人类、睥睨中国文化、睥睨现代中国的男男女女的气度。她是女性小说家中的鲁迅，她像鲁迅一样俯视着人类和人类文化，并且悲哀着人类的愚昧，感受着人生的苍凉。但是，鲁迅小说的气度表现的是现代中国知识分子的气度、现代中国文化的气度、现代中华民族精神的气度，他体现着中华民族在面临着西方文化的挑战时不甘堕落、勇于自立的精神，而张爱玲小说的气度表现的则是现代女性的气度，现代女性文化和女性文学的气度。女权主义者常说，男子在人类的历史上攫取了统治权，把女性置于了自己的统治之下。但是，男子在历史上获得这种统治权并不是没有条件的。当男子主动地担负起了保护女性，保护自己的子女，保护自己的家庭部落民族不受外力的压迫、欺凌、蹂躏、杀戮的时候，当他们必须以自己的鲜血和生命承担起人类这个神圣的使命的时候，女性才在同情男性的基础上让出了自己的权利，并把自己的存在价值和意义仅仅放在侍奉男性、抚养子女的人类传承繁衍的任务上。男性是战士，女性才自愿当护士。她得抚慰男性的精神和

中国现代短篇小说发展的历史轨迹(下)

肉体,替他们包扎伤口,帮他们恢复强毅的精神和体力。但是,中国的男性却在自己的文化中渐渐变得小巧、聪明、自私、狭隘,他们在各种不同的理由下放弃了战士的责任,靠着压制自己的妻女维持着自己对妇女和儿童、对所有弱小者的专制。保护者变成了压迫者,他们不再为保卫家庭、部落、民族而牺牲,但还要女性的抚慰和照顾。民族渐渐弱了,家庭渐渐破了。男性一次次把自己的妻子儿女扔给外族侵略者随便杀戮和蹂躏,日本帝国主义的入侵只不过是这样一个历史的重演。作为一个现代知识女性的张爱玲,知道中国的历史,了解中国的男性,熟悉在中国这块土地上生活着的人的脾性。她在其深层的文化心理上就不能不失望于中国的男性化的世界,也失望于在这样一个世界上依靠男子的青睐而浑浑噩噩生、浑浑噩噩死的女性。中国的男男女女都在她的意识中失去了自己的崇高性,都只是些耍小心眼、使小聪明、谋小利益的一伙缺少雄性激素的人。她的小说有着女性的像针刺一样尖细的刻画,有着城市淑女流利迅疾的节奏,有着一眼洞穿人的心底世界的女性的敏感。但是她不是那种平常意义上的才女,不是只抒发着自己爱恋之苦、伤悲着个人身世的深闺小姐。她的这一时期的短篇小说充满着人生的苍凉感。她表现的是一个没有英雄气质、没有英雄精神的世界,是把东西方文化都当化妆品往自己脸上抹的一个无聊的族类。她的小说精细但不小巧,有趣味性但无媚态。幽默只是她的小说的外衣,苍凉悲哀才是她的小说的基调。民族的危机加深了张爱玲对中国、对中国文化、对中国的男男女女的失望情绪,在她这里,是顺理成章的。

必须看到,张爱玲的这种心理优势是无法在男性作家身上依样复制的。至少在中国男性文化的观念里,能够承担苦难是女性有力的表现,忍耐是她们战胜苦难的基本手段。任何一个民族也不能要求自己的女性担任保卫民族的重任,不应该让她们轻易牺牲自己的生命而维护自己外部的尊严。她们是一个民族的繁衍者,保护自己就是保护人类和民族的未来。但男性不行。对压力的服从,对屈辱的忍耐,势必把自己的民族、自己民族的妇女和儿童置于无保护的危险境地。他们得有血性,敢于牺牲,有不向任何强权屈服的勇气,有战胜敌人的力量。一个女子,在危机时保护了自己,这是她的成功,她的光荣,而一个男子若在危机中只是有效地保护了自己，却抛弃了自己的妻子或女友，那他就是个孱头，就是个孬种。软弱是男性公民的最大耻辱，一个男性意识到自己的软弱，就是意识到自己的无用，他不再有直视其他人性弱点的勇气。但是，40年代那些被自己的国家和社会遗弃了的知识分子，在其本能的感觉上就无法摆脱自己的软弱感和无力感。他们的精神是游移的、恍惚的，是没有确定的意识中心的。这几乎表现在那时每一个男性作家的作品中。在这样一些作家中，除张爱玲之外，最杰出的就是钱锺书了。他是一个学者型的小说家。他有着丰厚的中外文化知识，有着出众的幽默才能，但这一切都没有使他成为较之张爱玲更杰出的小说家。如果说我们能够清晰地感到张爱玲的《金锁记》《倾城之恋》等小说写的是什么的话，但我们却很难确切地感受到钱锺书的《围城》表现的是什么。它的每个部分的描写都很精彩，但这些精彩的部分合起来是什么意思，你却不知道（假若你不是强不知以为知的话）。他的短篇小说表现得略为隐蔽一些，但你仍能感到它们有些虚空，笑得有些不自然。他的小说像一种漂浮物，没有更深的根基，没有精神上的震撼力。在中国现代小说史上，徐訏是一个最会设圈套的作家。他制造悬念，维持悬念，牢牢地抓住自己的读者，维持着你的阅读趣味。但他的小说给你一种故弄玄虚的感觉。圈套设得很好，但一旦解开，感到松而又松，好像上了作者的当，受了作家的愚弄。徐訏小说的这种玄虚感归根到底也是离开了自己的真实的人生感受，为写小说而写小说的缘故。当时与张爱玲齐名的女性作家是苏青，但她们二人是不同的。张爱玲是在向女性文化的高寒处攀登，苏青则是在向世俗的温存处退守。虽然这二者都是现代女性的不同抉择，但到了体现精神风貌的小说创作中，其表现就不同了。张爱玲大气，苏青小气；张爱玲视野开阔，苏青眼光狭小；张爱玲的小说是精神性的，苏青的小说是世俗性的。

二、被冷落者的短篇小说创作

中国文化是一种特殊的文化，中国知识分子也是一种特殊的知识分子。在古代雅典，"战士"是要贵族和平民来担任的，奴隶没有当兵的资格，因而"战士"在国民的心里有着崇高的位置，直至西方的古典主义时代，参加战争、荣立战功仍然是贵族子弟获得爵位的主要途径。普

中国现代短篇小说发展的历史轨迹（下）

希金、莱蒙托夫是贵族士官生，列夫·托尔斯泰伯爵参加过塞瓦斯托波尔战役。在第二次世界大战中，西方的许多著名作家都曾走向前线，参加反法西斯侵略的战争。在中国，直至唐代，仍有像岑参、高适、王昌龄这样的知识分子在军队中服役，他们的边塞诗呈现着虎虎有生气的面貌。但孔子是不言兵的，儒家文化占领了教育阵地之后，培养的是一代代与"武人"不同的"文人"。"文人"是做官的，"武人"是打仗的。前者不用卖命也可做官，后者即使能做官，也得先卖命。多数知识分子就不愿走后一条路了，走后一条路的是没有文化的贫家子弟。没有当上官的"兵"的地位就低贱下来。"丘八""大兵"是中国人对战士的蔑称，甚至一个上海的瘪三也认为自己比当兵的高贵，光荣。但到了外族入侵的时候，中国的知识分子就不能不称赞兵了，因为没有他们，连自己的生命安全也没有了保证。在西方，一个作家可以自由地反对战争，表现战争的残酷，描写军队内部的矛盾，讽刺军官和兵士的缺点，因为他们自己也是战士，也是随时可以被征入伍的。它不是超越于自己之上的一个特殊阶层，也不是沦落于自己之下的一个低贱的阶层。但对于中国的知识分子，却没有产生这种独立思想要求的心理机制。他们在实际上与在深层心理上都不把知识分子和军人视为两个平等的职业。"文人"和"武人"是两家人，现在"武人"要为国家卖命了，你再看不起他们，说他们的坏话，那就没有理由，也极不明智了。抗日战争开始之后，中国的知识分子被分成了两个层次。一是已经成名的作家，他们是国家的名人，有了影响力的知识分子。在这时，国家开始重视他们的作用，保护他们，也利用他们，他们既然不是在前线杀敌的将士，又不认为自己平时所从事的文学事业与民族的成败有什么直接的关系，其爱国热情也就只有在与国家的合作中才有表达的机会。赞扬前线将士，鼓吹抗战，号召人民群众为国防出力，也就成了他们文学创作的主要内容。但这更是宣传，而不是文艺。他们这时也有文艺的创作，但其风格与他们30年代的创作没有根本的变化，时代的变化没有带给他们新的艺术创新的契机。新的风格、新的开拓，产生在另一些青年作家的创作中。这些作家，一般没有多大的名声，有的是这个时期才开始小说创作。国家在忙于战争，他们在战争中没有实际的作用，遂被国家和经济所冷落。

他们没有代表国家和人民发号召的权利和资格，文艺是他们进行自我表现的唯一有效方式。但是，在20年代，一个青年作家发表了一首诗、一个短篇小说，一旦受到好评，自己的人生道路立即开阔起来。而在这个时期，即使成名，仍然无法摆脱自己困窘的社会地位和经济地位。他们感受到的是无可逃避的孤独，整个世界好像都压在他们的身上，沉重而窒闷。他们较之老作家们有更高涨的爱国热情，但他们却找不到与之相适应的题材。路翎就是他们的杰出代表。路翎的小说有真情，其中鼓荡着那时中华民族的紧张的、不安的、激越的、焦灼的情绪。但这种时代的情绪却被幽闭在非时代的题材里。他继承了鲁迅解剖国民性的文学传统，但鲁迅是在对中国文化的思考中感受中国的国民性的，而他则是在民族灭亡的危机中感受中华民族的国民性的；鲁迅改造国民性的思想是在历史的发展过程中被设计、被思考的，因而鲁迅也有更从容的心情、更稳健的精神和更阔大的气度，而他的改造国民性的思想则是在现实的空间中被设计、被思考的。他没有鲁迅的从容、稳健和大度。他的小说的情绪是时代的，但他小说的题材则是非时代的。他把在中国历史发展中起不到关键作用的人物，放到了现实民族危机的情绪压榨机下进行拷问，对人物进行的是精神的严刑拷打，从而与读者的接受心理有着过大的距离。鲁迅写阿Q，同情胜于鞭挞，因为他不把中华民族的衰亡都放在这个小人物的身上，而路翎的《罗大斗的一生》则鞭挞胜于同情，似乎罗大斗的不觉悟就是中华民族危机的根源。而在另一些小说里，他又极力在那些根本不具有达到现代觉醒程度的心理机制的人物身上硬硬地拽出他们的现代觉醒来。这使他的小说显得生硬，勉强，对读者有种压迫感。与路翎有些相近的还有沦陷区作家无名氏，他的小说也以激荡的情绪发泄为其特征。但他也找不到与自己的情绪相应的题材。有时候他用外国的历史题材，但由于他并不真正熟悉外民族的日常文化心理，故而其作品缺少血肉，不够丰满。较之路翎和无名氏小说写得更严谨也更有力度的是东北作家骆宾基。他似乎有意地回避了历史，回避了具有时代内容的题材，重新回到他的回忆中和日常平凡的生活中，这反而使他更深地切近了现实，切近了历史。在他的短篇小说创作中，你能感受到中华民族现代灾难的根源，也能感受到中华民族艰难地、缓慢地走向

中国现代短篇小说发展的历史轨迹（下）

自立的精神基础。他的短篇小说名篇《乡亲——康天刚》，我是作为一则寓言来读的。鸦片战争之后，有骨气的中国人，实际都在像康天刚一样寻找着满足自己的欲望、实现自己的理想、改变自己的命运的瑰宝，但在他们的生时，谁也没有找到，谁也不可能找到，因为这样的瑰宝在世界上是不存在的，在西方文化和东方文化中都是没有的，但当他们结束了自己的一生，才从别人的眼睛中看到，他们实际得到了它，因为就在他们一生的艰苦追求中，他们成就了自己的生命，成就了自己的存在。他们没有妥协，没有放弃，没有因贪图安逸而安于贫穷，安于卑贱，安于被侮辱与被损害的地位。这才是中华民族最宝贵的精神，才是中华民族获得新生的根基。这个根基，不是在我们中华民族的外部存在中，而就在我们的生命中，在我们生存和发展的欲望以及由这欲望而发动起来的生命意志中。骆宾基的小说颇得契诃夫小说的神髓，但他的小说比契诃夫的小说更坚硬，更执拗，有种抓住不肯放手的农民气质，但却也不如契诃夫的小说风格多样，舒展自由。他是在抗战的热潮中被冷落了的一个作家，他也无法找到令读者意识到他的作品的时代价值的适当题材。短篇小说短，就需要伸出更多的触须，具有更多的吸盘，随时地、紧紧地黏附在各种不同读者的心灵中。骆宾基没有这样的条件。他不可能把自己的人生思考与当时的人们所普遍关心的抗战斗争题材结合在一起，人们甚至把他的《北望园的春天》当作他小资产阶级思想情绪的表现，这妨害了他的小说的影响力，对他此后的发展也是有决定性的作用的。鲁迅的小说紧紧抓住了时代，就是抓住了当时的读者，从而把自己的小说和自己的思想紧紧地吸附在中华民族的历史上。鲁迅的《狂人日记》在当时和在此后能够完全读懂的人并不多，但由于它紧紧地吸附在中国的历史上，人们不能不一次次地去读它，去感受它，它的思想和艺术魅力在这种不断解读中呈现出来。骆宾基的小说缺少这样一个吸盘。

在40年代的短篇小说创作中，值得一提的还有张恨水。在此之前，他是一个著名的鸳蝴派小说家。我不把这派小说当作现代小说史的描述对象，因为文学史不是商品博览会，需要把一切商品都展览出来。文学史是叙述文学的发展的，它理应以创造了新的文学范例的作家和作品为主。西班牙文学史不把堂·吉诃德读过的那众多的骑士小说都写到文学史上，而单单把《堂·吉诃德》这一部作品突出出来，就是因为前者是因袭的，后者是创造的。但到了40年代，张恨水的小说创作发生了明显的变化。如果说他此前的作品是在煽动读者的情绪，制造有趣的故事，这时的作品就是他自己情绪的表达了。他的小说越来越多地表现出现代小说的特征，甚至是具有开拓意义的特征。他这时的情绪用我现在的话来说，就是被国家、社会冷落之后产生的愤懑情绪。抗日战争是在中国文化的具体背景上展开的，它像任何战争一样，都不是纯而又纯的东西。其中有庄严的斗争，也有滑稽的做戏；有无畏的牺牲，也有乘机的攫取。达官贵人的骄横恣肆，投机商人的巧取豪夺，在战争中和战争后都变本加厉地加强起来。而文化的价值，知识分子的价值，却在社会上一落千丈。这激怒了张恨水。他这时的短篇小说，有的用了幻想性的情节，表现现实社会的荒诞，在中国现代文学史上不失为一种创新。但他的讽刺仍有些外露，带有传统暴露小说和谴责小说的特征。对于政治家和商人的刻画，也往往过于笼统，表现着他对现代经济和现代政治的隔膜。

三、被借助者的短篇小说创作

新文学有自己的文化系统，它是在自己的作者、自己的出版者、自己的读者这三个环节中不断周转，并在这不断周转中扩大自己的系统，扩大新文学的影响的。但是，在当时的解放区，这个完整的系统尚没有正式建立起来。从30年代开始，由于国民党的文化专制主义，越来越多的新文学作家投奔解放区，扩大了解放区新文学作家的队伍。但是，这个队伍的扩大，却并没有带来新文学读者队伍的相应扩大。五四新文学是在城市知识分子和小部分市民群众中发展的，而这些读者仍然留在了城市中。解放区的社会群众主要是由没有文化、没有基本阅读能力的农民和兵士组成的，他们暂时不是文学的接受者。像几千年间形成的农村文化系统一样，这里有娱乐而没有文学。在城市，出版者是文化商人，是以营利为目的的，他把文学转化为商品，销售到读者之中去。但在解放区，出版者是革命的政权。这个政权是在反对国民党军事镇压和军事围剿的斗争中建立起来的，是在与日本帝国主义侵略军的军事斗争中发展的，它的主要任务是发展解放区的政治军事力量，争取革命的胜利。

中国现代短篇小说发展的历史轨迹（下）

文学艺术在这样一个斗争中没有更直接、更重要的作用。它也需要有文化的活动，但这个文化的活动是紧密结合政治军事斗争展开的，是为自己的政治军事斗争进行的宣传活动。也就是说，新文学作家，以政治军事宣传为目的的出版者，以娱乐为目的、以农民和士兵为主体的接受者，这三者构不成一个通畅的流通渠道。在这种情况下，新文学作家实际成了一种借用的力量：借用文学的力量进行政治的宣传。这个宣传主要是对农民和士兵的宣传，这决定了解放区短篇小说创作的特点：一、政治性，二、通俗性。它的最杰出的代表是赵树理。赵树理小说的一个基本的构图模式是，到农村工作或在农村的干部如何把革命政权对农民的要求宣传到广大贫苦农民之中去。给赵树理小说带来生机的不是他的思想的深刻性，而是他的语言。他的带着农民式幽默的口语化语言，不但在新文学的短篇小说创作中独树一帜，而且丰富了整个新文学的语言库藏。它起到的是把农民固有的语言表述习惯和大量语汇纳入新文学的表现方式和新文学语汇中，并丰富了新文学的语汇。但他的小说视野不够广阔，形式不够多样，当创作出《小二黑结婚》等少数短篇名作之后，在艺术上就没有更大的拓展了。形式较为多样，并且直到现在还保持着自己旺盛创作力的是孙犁。孙犁大概是一个很有头脑的作家，他在心里对环境的局限和自我的局限都有一番明白的盘算，他总是利用环境的条件有限地表现自己要表现的东西。他在严酷的战争生活中表现人情美，在粗糙的现实斗争生活中表现细腻的感情生活，把自己喜爱的性格加在革命需要宣扬的人物身上，把迟桂花、春桃的感情写入军人家属和农村妇女干部心中，从而满足了具有两种不同审美观的读者的趣味。但是，不论赵树理的小说，还是孙犁的小说，都没有那个特定时代的历史感。相对于那个严峻的历史时代，赵树理的小说太细、太小了，孙犁的小说太温、太柔了。

综上所述，40年代各个地区的新文学创作都因战争而呈现出畸形发展的状态，相对于那个严酷的年代，相对于西方的二战文学，我们那时的文学呈现着力度不足的缺点。但是，由于这三个地区的巨大差异，当时的短篇小说创作也具有各自迥然不同的特征。这较之风格彼此相近的20年代的短篇小说创作，从整体看来，到底丰富得多，也成熟得多了。

中国的短篇小说创作像整个五四新文学一样，就这样，带着它的局限，也带着它的发展，进入了1949年以后的一个全新的时代，进入了一个崭新的文化环境。

1998年9月15日于北京师范大学中文系

原载《鲁迅研究月刊》1999年第10期

中国现代历史小说论[①]（一）

1

中国古代没有"历史小说"这个文学概念，它是到了近代文学史上才产生的。1902年《新民丛报》14号上，在新小说报社撰写的广告《中国唯一之文学报〈新小说〉》中，历史小说被列为《新小说》征稿的第三项内容。其中说："历史小说者，专以历史上事实为材料，而用演义体叙述之，盖读正史则易生厌，读演义则易生感。"这是迄今为止所发现的最早使用"历史小说"这个文学概念的文字材料。1905年，小说林社在其广告中，将小说分为十二类，而历史小说则居其第一。这个概念的正式出现，标志着"历史小说"对"历史"的独立性的加强，标志着"文学"与"历史"的进一步分化。在这时，人们已经不再把历史小说仅仅当作演义正史的一种辅助性的工具，而开始把它作为一种独立的小说体裁。显而易见，这时的"历史小说"的提倡，其目的已不是为历史的，而是为文学的，为小说的。

在中国古代虽然没有"历史小说"这个文学概念，但并不说明中国古代就没有"历史小说"，恰恰相反，正是在中国古代小说史上，"小

[①]《中国现代历史小说论》一文，系王富仁与韩国学者柳凤九共同完成。

说"与"历史"有着格外密切的连带关系。中国古代小说曾经有过许多别称,其中多数与"史"有关,如"稗史""野史""小史""逸史"之类。有的小说则直接冠以"外史""趣史""艳史""痛史"一类的名字,而"传""志""录"则是对"历史"文体名称的袭用。在中国古代小说中,数量最多、影响最大、最受一般读者欢迎的则是"讲史""演史",它们实际上就是中国古代的历史小说。

这种情况是怎样形成的呢?我们认为,这里只有一种合理的解释,即在中国古代的文化史上,"小说"和"历史"是在一种统一文体中逐渐分化而成的。在整个中国古代的文化史上,这种分化的过程都在或迟或速地进行着,但却没有最终地予以完成。

这个分化过程大致经历了四个历史阶段:

一、神话传说阶段

在世界所有民族的文化中,神话都是一个民族文化发展的总源头。在这个总源头上,后来发展起来的各种文化门类都是浑然一体地存在着的。它是一个民族最初的历史,也是一个民族最初的文学;是一个民族最初的哲学,也是一个民族最初的科学。我们不能用任何特定的文化门类的要求观察它,了解它,分析它,综合它。中国古代的神话传说也是如此。"盘古开天辟地""女娲炼石补天""羿射九日""精卫填海""大禹治水""燧人氏钻木取火""神农尝百草",这诸多神话传说,既是文学的,也是历史的;既是原始初民对客观世界的想象,也是他们对客观世界的认识。即使我们把它们称为中国最早的历史小说亦无不可。这种历史与文学的统一,理性与情感的统一,直到先秦的散文中还持续着,而到史传著作正式产生,文学和历史才发生了第一期的分化。

二、史传文学阶段

在西方,古希腊罗马神话是被荷马史诗所延续的。荷马史诗是"诗"与"史"、"文学"与"历史"的浑然一体的存在。在表面上看,中国古代没有一个文化上的"史诗"阶段,但我们认为,中国古代史传文学实际上与西方的史诗有着类似的历史作用。在这时,中国的文学与中国历史发生了分化,但这种分化,不是在全部的意义上实现的。史传著作分离出去的是诗歌和散文,而不是我们现在所称谓的全部的"文学"。在更严格的意义上，在这时发生的是抒情文体和叙事文体的分裂，而不是确实意义上的"文学"与"历史"的分裂。中国的叙事文学在这时仍然是与历史融为一体的。直到现在，《左传》《史记》仍然不仅仅作为历史著作出现在中国的史学史上，同时也作为文学作品出现在中国文学史上。特别是《史记》，它的本纪、列传，实际是历史和小说两种文体的浑融整体。因了这种性质，不少学者径以"历史小说"称之。胡怀琛说："《史记》在文学界上的位置，比在史学界上的位置要高。我们拿它当史看，不如拿它当文看。不过，一面拿它当文学作品看，一面也可以知道一些史事，故我以为《史记》这部书，绝像现在的历史小说。"[1]施章也曾说："（司马迁）把历史人物特起的个性太显露地具体地描写出来，于是历史变成文学了。他的全书中有许多都可当作小说看。如《项羽本纪》《高祖本纪》等，都可视为最有价值之历史小说。"[2]郭沫若也有过类似的说法。不论他们的判断精确与否以及精确程度如何，但这时的史传著作仍然是中国的叙事文学和历史著述的综合性文体则是不容怀疑的。

三、宋元话本的讲史阶段

《史记》之后，是"历史"和"叙事文学"继续分化的一个漫长的历史阶段。到了班固的《汉书》，一方面更加强了对历史记述的精确性的要求，另一方面则把"小说"作为一种独立的文体形式排除在了"历史"之外。那时的"小说"的概念仍是不明确的，但后来的"小说"即包括在《汉书·艺文志》所称之为"小道"的众多作品之中则是确定无疑的。按照鲁迅的观点，中国的小说在魏晋南北朝时期有了自己的萌芽，而唐宋传奇则标志着中国小说的正式诞生。假若我们不是从小说的某些因素而是从小说这种文体的意义上思考鲁迅的这个判断，就会感到这个判断是不可移易的。只有到了这个时期，小说才作为一种独立的文体形式而出现，而在此前，它是寄生在其他的文体形式，特别是历史著作中存在并发展的。但是，就小说与历史的分化来说，这时的分化仍是初步的，

---

[1] 胡怀琛：《〈史记选注〉序言》，商务印书馆，1927。
[2] 施章：《史记新论》，南京北新书局，1931，第14页。

极不完全的。唐宋传奇与历史著作的分化，实质上只是日常平凡人物、日常生活事件与重要历史人物、重大历史事件的分化。前者由唐宋传奇这种"小说"文体描写着，表现着，而后者的历史的记述和文学的表现则仍是历史家的任务。也就是说，"历史小说"还不存在在"小说"中，而存在在"历史"中，并与历史的记述浑成一种统一的文体形式。开始把"历史小说"从"历史"中独立出来的是唐代的讲唱文学"变文"。《伍子胥变文》《捉季布变文》等等以讲史为题材的变文，开始具有了历史小说的性质。宋元以后，平话盛行，而最受欢迎的则是"讲史"。他们"讲说《通鉴》、汉唐历代书史文传兴废争战之事"，"听者纷纷"（吴自牧：《梦粱录》），"只凭三寸舌，褒贬是非；略咽万余言，讲论古今"（罗烨：《醉翁谈录·舌耕叙引》），形成了《武王伐纣书》《全相三国志平话》《五代史平话》等一系列讲史话本。虽然它们还不是一种独立的文体形式，更不是一种独立的文学体裁和小说体裁，而只是讲唱艺人的讲唱底本，但却为中国古代历史小说的正式产生奠定了坚实的基础。

四、明清历史演义小说阶段

以《三国演义》《隋唐演义》为代表的明清历史演义小说标志着中国历史小说的正式诞生。它们是在宋元话本的基础上产生出来的，但已不是讲史艺人的讲史底本，而成了供读者阅读的独立的小说作品；它们是以历史人物和历史事件为题材的，但已不是历史，而是对历史人物和历史事件进行文学表现的小说。至此，"历史小说"与"历史"才正式分化成了两种独立的文体形式。就其对历史人物和历史事件进行文学表现的方式来说，在这时以罗贯中的《三国演义》和施耐庵的《水浒传》为代表形成了两种不同的方式：前者以"正史"为本，由作者"添设敷衍"而成为小说；后者以真实的历史为背景，以事件为核心，主要通过作者的虚构、想象而创造出来。依金圣叹的话来说，前者是"以文运事"，后者是"因文生事"。但不论作者采取的是哪一种方式，则都是以历史为题材的小说作品。

但是，从中国古代历史小说的产生到中国现代历史小说的产生这样一个漫长的历史时期里，中国历史小说的独立性还是极其有限的。在很大程度上，这种独立性还仅仅是文体形式上的，而在内容上，在思想意

中国现代历史小说论（一）

义上，乃至在存在的合法性上，它还是不具有真正的独立性的。这种情况，是由于当时"小说"和"历史"的不平等地位造成的。这首先表现在"历史小说"和"历史"的整体关系上。即使在当时历史小说家和评论家的观念中，历史小说也只是历史的一种附庸，它是附着在历史上获得自己的存在权利的。历史小说演的是正史之义，正史是本，小说是末；正史是源，小说是流。小说家只有敷衍铺陈历史事实，将历史著作中含蕴的微言大义表现得更加生动具体的义务，而没有自己独立地把握历史，表现并评价历史和历史人物的权利。几乎当时所有的小说作家都自觉地把自己置于历史家之下，把自己的小说创作称为"正史之余"（笑花主人）、"史之支流"（蔡元放），而他们的最高目标就是"可进于史"（闲斋老人）、"与经史并传"（陈继儒）。这种观念几乎一直持续到五四新文化运动之前。这种思想上的依赖关系，也曲折地表现在艺术的表现形式上。严格说来，中国古代历史小说的艺术结构方式，仍然主要是中国古代历史著作的结构方式。中国古代的历史著作，主要有两种结构类型，一是编年体，一是纪传体。《左传》是编年体，《史记》《汉书》《后汉书》《三国志》等是纪传体。明清历史演义小说在总体上仍然是这两种结构类型的繁复化。《三国演义》采用的是编年体，其情节是严格按照时间的先后顺序结构起来的，而《水浒传》的前大半部，采用的则是纪传体的形式，作者分头描写各个主要人物的人生经历，彼此之间只有极松散的联系。这种结构形式也影响到中国古代的整个小说创作，《金瓶梅》《红楼梦》是编年体式的，《儒林外史》则同于《水浒传》的前大半部，是纪传体式的。我们在对中国古典小说的艺术特征进行概括时，经常提到它们几乎全部采用全知全能的第三人称视角，实际上，这不正是所有历史学家都必然采用的叙事角度吗？

当我们在中国历史小说的全部发展历史中思考中国现代历史小说的时候，完全应该意识到，作为整个中国历史小说第五个发展阶段的中国现代历史小说，所完成的不应是复归于历史、与历史进一步混同的任务，而是继续与历史分化发展、取得与历史并立的独立的文化地位的过程。这种独立不仅是文体形式上的，还应是思想内容上和艺术整体特征上的。中国现代历史小说不应当是中国历史著作中某些历史事件和历史人物的形象化复述，而应当是有别于历史记述的别一种表现方式；历史小说家不应再是历史家的附庸，不是历史家历史著作的"趣味"生产者，而应是有自己的独立的历史观念和思想观念的创作家，是自己小说创作的主体。他创作的是小说，是以历史人物和历史事件为题材展开的艺术的想象，而不是历史，不是对历史事实的重新忆述。我们认为，只有了解了这一点，我们才能取得评判和分析中国现代历史小说的正确的标准，才能对它们的成败得失做出较近合理的判断。而我们过去在中国现代历史小说研究中的盲目性，大半是由这个标准的不明确而引起的。

2

"历史"，是人类对自己生存和发展过程的记述，但这个记述却永远不可能是由所有人对这个过程中的所有人物和所有事件的记述。它是由特定的人，带着特定的目的，以特定的思想观念和情感态度，并在特定的环境条件下记述和组织起来的。在这里也就有一个如何把握和理解过往历史家对人类过往历史的记述的问题。中国古代历史小说家之所以还不可能把自己的小说创作提高到与中国古代历史著作同等重要的历史地位上来，归根结蒂是因为他们还没有可能以一种完全不同于中国古代历史家的思想观念和情感态度独立地面对并运用他们的历史记述。在这种情况下，他们就只能对他们的记述做出演义式的叙述和表现，而不可能改变他们记述的整体框架和模式。而中国现代小说家则有了与他们根本不同的特征，现代历史观念的产生以及对中国传统历史观念的批判，使他们完全有可能站在与中国古代历史家完全不同的立场上重新看待和感受他们所记述下来的历史事实。他们不再是中国古代历史家思想观念的演义者和宣传者，他们用古代的历史事实表达的是他们自己的独立的思想观念和独立的人生感受。他们的小说创作已经不能包括在中国古代历史家的著作中。在这时，也只有在这时，历史小说才真正地从历史中被分离出来，成了具有独立品格的文体形式。我们认为，我们研究中国现代历史小说的创作，必须看到，真正的、有成就的现代历史小说家的历史小说作品，并不产生在他们对中国古代历史著作历史事实记述方式的

中国现代历史小说论（一）

顺从愿望里，而产生在对历史记述的不满感受里。古代历史家的某些记述并不能满足他们的现实愿望和他们对这些事实的理解与感受，所以他们才动手由自己来重新书写它，重新组织它，并依照自己的方式重新丰富它、补充它。由此我们也可看到，中国现代知识分子历史观念的变化，是中国现代历史小说走向独立的首要前提。没有中国现代知识分子历史观念的变化，就没有中国现代历史小说的独立性。

在中国古代的历史上，也有不同的思想观念的斗争，也有历史观念的微弱变化，但在中国历史学和中国历史小说产生与存在的整个历史区间里，中国历史基本停留在同样一种经济形态和社会形态上，一切的变化都是在这同一种经济形态和社会形态基础上的变化。永远是春种和秋收的生产过程，永远是丰收与荒旱的经济波动，永远是君臣、父子、夫妇、师生、朋友和睦相处与反目成仇的人际关系，永远是战争与和平、分裂和统一的社会动荡，永远是出世与入世的人生选择。早在中国历史小说产生，乃至早在中国历史著作产生之前，老子、孔子、墨子、庄子、韩非子等一系列先秦思想家已经表达了在这样一种经济形态和社会形态上所能够产生的各种不同的思想愿望，而一部《史记》则几乎塑造了在中国历史的波涛中升降浮沉的各种形态的人物典型和思想类型。在此后的中国历史上，不是社会思想愈趋丰富化的过程，而是适应这种经济形态和社会形态的儒家思想学说日益排挤了其他的思想学说，逐渐获得了自己的统治地位的过程。当中国古代历史小说家找到了历史这种文学题材并有了表现这种题材的文学形式的时候，在这样一个历史阶段所可能有的历史观念已经先天地存在在历史的作品里，而这些思想也正是他们的广大读者所拥有的思想。他们在历史的作品里获得自己的素材，同时也在历史的作品里获得自己的历史的观念。《三国演义》和《水浒传》的巨大成功，在于它们开始用文学的形式表现历史人物和历史事件，而不在于它们的作者有着与历史家迥然不同的历史观念。但也正因为如此，它们的产生也就是中国古代历史小说走向衰落的开始。后来的作者，既没有迥异于罗贯中、施耐庵的历史观念，也没有更新的表现形式，就很难不走向简单因袭与模仿的道路。在这里，中国古代的历史小说开始走向两途，一是失去历史表现的严肃性而迁就读者浅薄庸俗的欣赏趣味，二是成为普及历史知识的通俗读物，从而失去历史小说的文学性质。这种情况一直持续到五四新文化运动发生之后的中国现代文学史上。1916年，蔡东藩出版了他的第一部历史演义小说《清史通俗演义》。到了1926年秋，他又先后出版了元、明、民国、宋、唐、五代、南北朝、两晋、前汉、后汉的历史演义，总其名为《中国历代通俗演义》。全书共1040回，五百余万字，叙述了从秦汉到民国共2166年的中国历史。与之相类似的作品，在"五四"的前前后后还有很多，如许啸天的《民国春秋演义》、张碧梧的《国民军北伐演义》、陆律西的《江浙战争演义》和《中华民国史演义》、蔷薇园主的《五四历史演义》、半壁楼主的《国战演义》、罗逢春的《第二次世界大战演义》、杜惜冰的《中国抗战史演义》、徐哲身的《溥仪春梦记》等等。这些作品，在普及中国历史知识或满足读者的消闲趣味方面，无疑是有自己的作用的，但它们已经不是真正意义上的历史小说作品。正如李程骅先生所说："蔡东藩的作品，是古代历史小说在现代的沿袭和保留，没有'融化新机'，显示出新的艺术风貌，因而不能称为现代意义上的历史小说。"[①]我们同意李程骅先生的意见。实际上，这些作品，早已不被广大读者作为文学作品来欣赏，而更多的是作为通俗的历史读物阅读的。

中国现代历史小说是中国近现代历史观念革命的产物，在这里，有四个人的三种不同的历史观念的影响是不容忽视的。他们是：梁启超、陈独秀、李大钊和鲁迅。

梁启超是第一个举起"史界革命"大旗的启蒙思想家。鸦片战争后中华民族面临的严重危机使维新知识分子的民主改革要求在梁启超这里引起了历史观念的根本变化。什么是历史？在中国旧史学存在的两千余年的历史上，没有发生过政治制度、经济制度和文化思想的根本变革，旧史学所记述的是在当时社会发生过重大影响的人物和事件，特别是朝代的更迭、社会的治乱、国家的分裂和统一，但所有这一切，都与社会政治、经济、文化的发展没有必然的联系，历史学家也不是从历史发展

[①] 李程骅：《中国现代历史小说与民族文化》，《海南师范学院学报》1993年第4期。

中国现代历史小说论（一）

的角度记述并评价这些事件和人物的。梁启超在西方进化论思想的影响下，第一个把社会历史发展的观念带到中国的历史学研究之中来，并对中国的封建史学观念进行了深刻的批判。他指出，中国两千多年来的各种体裁的历史著作，都不过是"为一代之主作谱牒"，并进一步分析了旧史学的四弊二病（又通称"六弊"）。这"四弊"是："知有朝廷而不知有国家""知有个人而不知有群体""知有陈迹而不知有今务""知有事实而不知有理想"。"二病"是："铺叙而不能别裁""因袭而不能创作"。梁启超史界革命对中国现代历史小说创作的影响不是具体的，我们也很难条分缕析地指出谁在哪一点上受到过他的什么影响，但只要我们从整体上观察中国现代历史小说的创作状况，马上就会发现，尽管这些历史小说各有自己不同于别人的角度和方法，其思想艺术成就也有高下之分，但离开社会的发展、人民的需要单纯为古代政治统治者的成败得失树碑立传、"为一代之主作谱牒"的历史小说已经不存在了。我们认为，这是中国现代历史小说所完成的一个根本性的转变，是为中国历史小说做出的一个最重大的贡献。

陈独秀是五四新文化运动的旗手，是五四思想革命的先驱者。作为新文学作家的中国现代历史小说的作家们，可以说没有一个人没有受过陈独秀思想的影响。陈独秀的历史观念是在反对旧道德、提倡新道德，反对旧文学、提倡新文学的伦理道德革命和文学革命的过程中形成的。在中国的历史上，儒家的伦理道德由于适应了以农业经济为基础、以封建帝王专制为上层建筑的中国社会的需要，逐渐成了在中国占统治地位的社会思想，起到了维护封建专制政治统治、阻碍中国历史发展的作用，它的"三纲五常""忠孝节义"等一系列的思想观念严重地束缚着中国人的个性。陈独秀是第一个举起批儒反孔旗帜的现代思想家，并对现代中国青年的人格建设提出了新的要求。他指出："儒教不革命，儒学不转轮，吾国遂无新思想，新学说，何以造新国民？"（陈独秀：《儒家主张阶级制度之害》）在《新青年》（原名《青年杂志》）的创刊号上，他向青年提出了六点希望："自主的而非奴隶的"，"进步的而非保守的"，"进取的而非退隐的"，"世界的而非锁国的"，"实利的而非虚文的"，"科学的而非想象的"。（陈独秀：《敬告青年》）陈独秀的思想，对中国现代历史小说创作的影响无疑也是十分巨大的，它具体表现在中国现代历史小说家把握历史人物、评价历史事件的尺度上。"忠孝节义"不但是中国大多数历史著作记述和评价历史人物的基本道德尺度，而且也是中国古代历史小说描写、表现小说人物的主要原则，而在中国现代历史小说里，这个尺度已经发生了巨大的变化。反封建的思想观念可以说是中国所有现代历史小说所贯穿的一个基本的思想观念。我们认为，这也是中国现代历史小说实现的一个质的飞跃。以现代的观念重新表现历史的人物，则是中国现代历史小说与中国古代历史小说的一个质的差别。

陈独秀在五四新文化运动的后期接受了马克思主义思想学说的影响，成了中国最早的马克思主义者之一，但他对中国新文学作家的思想影响主要是在五四思想革命时期，而作为一个马克思主义者影响了中国现代作家的则是李大钊。

如何理解马克思主义的历史观念并评价它对中国社会思想的影响作用，恐怕至今是中国学者所没有完全解决的问题，但有一点则是确定无疑的，即在中国古代的历史观念中，历史是帝王将相、文人学者的历史，人民群众只是历史的被动的接受者，他们没有，也不可能影响到一个民族的历史的发展。梁启超等近现代民主主义的历史学家，已经不满于中国封建史学这种把历史仅仅作为少数政治统治者的历史的旧的历史观念，已经提出了一个民族的历史应当是全体国民的历史的思想，但是，历史上的人民群众到底是以一种什么样的方式被组织在整个民族的历史之中，他们是怎样作用于自己民族的历史发展的，这个问题实际上是没有得到解决的。正是在中国知识分子的历史观念发生巨大变动的历史关头，马克思主义传入了中国。在马克思主义的历史观念中，有两个相互联系的主要命题，一是经济基础决定上层建筑、生产力决定生产关系的命题，一是阶级和阶级斗争的命题。相比较而言，前一个命题在中国知识分子中的影响更带有学术的、理论的色彩，而后一个命题则更带有实际的思想观念和历史观念的性质。它解决的是如何看待人民群众在历史上的巨大作用的问题。这在中国现代历史小说的创作中表现得更为明显。从30年代开始，在中国现代历史小说的创作中，逐渐增多了以马克思主义阶级和阶级斗争的观点描写历史人物和历史事件的历史小说，

中国现代历史小说论（一）

农民起义题材的历史小说更成了中国现代历史小说的一大类型。追根溯源，这种历史观念，与李大钊对马克思主义学说的提倡和介绍是分不开的。用马克思主义阶级和阶级斗争学说观照中国历史，表现中国历史，是一个派别的中国现代历史小说的特征。

梁启超、陈独秀、李大钊的历史观尽管各有不同的内容，但较之鲁迅，却有一些共同的特征。一、他们主要着眼于如何认识历史，而不着眼于如何感受历史；二、他们的历史观都带有西方某种思想学说直接影响的痕迹；三、他们的历史观都具有相对单纯的性质，没有在剖析中国现实和历史的诸种不同现象的基础上充分地予以展开；四、他们的历史观都着眼于从外部世界（政治的和经济的、群众的和英雄的等等）寻找人类历史发展的动力。在过去，我们也往往依照相同的方式看待鲁迅的历史观，但如果我们从中国现代历史小说创作的角度看待鲁迅的历史观念，就会发现他是有着与上述几个人的思想观念根本不同的性质的。鲁迅的历史观解决的，不只是如何认识历史的问题，同时更是一个中国现代知识分子如何感受人类的历史的问题。梁启超的历史观尽管从理论的角度也能感受到它的深刻性，但他的历史观念几乎没有向历史的艺术表现发生转换的可能性，梁启超的小说创作在对中国人的表现上不但没有达到鲁迅的高度，甚至连中国古代小说家已经达到的高度也丧失了。陈独秀、李大钊都没有用艺术的形式表现他们对中国社会历史的认识，而鲁迅的历史小说则显示了，他的历史观念是可以转换为对中国历史和历史人物的具体描绘和审美评价的。这也就是说，鲁迅的历史观，并不是西方某种思想学说直接影响的产物，而是在他亲身感受中国社会和中国历史发展的状况中产生并逐渐丰富起来的。西方的思想学说，是在西方的社会基础上产生出来，是为了解决西方的社会矛盾被创造出来的，它们都有可能成为我们的借鉴，但中国社会发展的特殊性，使它们都不可能直接解释中国的历史。中国现代知识分子面临的，是如何重新启动中国历史的发展问题，而不是政治制度落后于经济基础或经济基础落后于政治制度的问题，也不是过于重视英雄或过于重视群众的问题。政治上的封建专制，经济上的落后守旧，英雄精神的缺乏，群众的一盘散沙，是困扰着中国近现代先进知识分子的问题。这里是全面的匮乏，而不是单方面的缺失。全面的匮乏需要全面的思考，这使鲁迅重新回到人的存在本身，思考人类历史发展的原动力的问题。人类的历史是由人类创造的，人类历史发展的原动力不能到人的外部世界去寻找，也不应到人所创造的成果之中去寻找，它就存在于人的存在本身，存在在人的自然本性中。在留日时期，鲁迅就写了《科学史教篇》一文，这可以说是一篇简明的西方文化史论。他在全文结束时写道：

> 故人群所当希冀要求者，不惟奈端已也，亦希诗人如狭斯丕尔（Shakespeare）；不惟波尔，亦希画师如洛菲罗（Raphaelo）；既有康德，亦必有乐人如培得诃芬（Beethoven），既有达尔文，亦必有文人如嘉来勒（Garlyle）。凡此者，皆所以致人性于全，不使之偏倚，因以见今日之文明者也。嗟夫，彼人文史实之所垂示，固如是已！

鲁迅的历史观不是从接受西方某些现成的思想学说入手的，而是从具体考察西方文化发展史入手的。在这样一个基础上，他看到的不仅仅是西方的科学技术，也不仅仅是社会科学和文学艺术，而是物质世界和精神世界的全面发展。它们是人的两种同时存在的自然欲求，而正是这两种同时存在的自然欲求推动着人去进行创造性的活动。人类的历史发展，就是在人的不断的创造性的活动的基础上实现的。可以说，对人类创造性活动的重视，始终是鲁迅历史观的核心，也是贯穿他全部历史小说创作的一条红线。

综上所述，从梁启超开始到鲁迅为止，中国出现了三种相互联系而又相互区别的历史观念：一、由梁启超对封建史学的批判到陈独秀前期对传统儒家伦理道德的批判，形成了中国现代知识分子普遍接受的新的民主主义的历史观念；二、由李大钊对马克思主义的宣传与介绍，形成了部分共产主义知识分子阶级和阶级斗争的观念，它同时也是一种把握历史、表现历史的思想方式；三、鲁迅以人的创造性活动为核心的历史观念。这三种历史观念都是适应着中国近现代历史发展的需要产生的，都根本不同于中国古代历史家赖以记述中国古代历史事实的传统的历史观念。正是这些新的历史观念，使他们有可能对古代历史家所记述的历史事实进行一种新的形式的描写,对之进行再创造,成为完全独立的一种新的小说文本。我们认为,这是研究中国现代历史小说创作时所不能忽略的。

3

在我们阐述中国现代历史小说的发生根源时,人们很自然地会想到西方历史小说的影响,但我们认为,与其把中国现代历史小说视为西方历史小说影响下的产物,不如说它只是中国现代作家历史观念的变化与现代小说形式直接结合的产物。也就是说,西方历史小说的影响在中国现代历史小说的产生过程中所发挥的作用是极小极小的。

在荷马史诗之后,西方的文学和历史发生了分裂,但这种分裂和中国文化史上的分裂是绝不相同的。如果说中国的叙事文学在很长的历史阶段中是包容在历史之中,是历史的一种表现方式,因而在二者继续分化的过程中,叙事文学一直未能摆脱对历史的附庸地位的话,那么,在西方的文化史上,历史则是包容在文学之中的。古希腊的戏剧把古希腊神话和荷马史诗的内容包含在自我之中,成了古希腊人民欣赏的文学艺术作品。在那时,在历史学著作方面,有希罗多德的《历史》,但它的地位还在古希腊戏剧之下。古希腊的思想家如柏拉图、亚里士多德等人,把诗学(即文艺学)作为自己主要的研究对象之一,那种以历史寓褒贬,孔子作《春秋》而乱臣贼子惧的历史的权威在古希腊文化中并没有树立起来。"诗学"在"史学"之上,具有自己独立的文化地位。一直至公元1世纪的罗马时代,普鲁塔克的《希腊罗马名人传》成为西方历史上一部影响深远的历史学著作,普鲁塔克也享有崇高威望,但普鲁塔克的历史著作,同中国经学中的"春秋左传"是不同的,它没有经学的指导地位。与其说它产生在经学中,不如说它产生于文学中,它是作为一部堪与戏剧文学媲美的文学作品被西方文化史所接纳的。在这里,叙事文学早已成了一种独立的文学样式,埃斯库罗斯作为"悲剧之父",阿里斯托芬作为"喜剧之父"早已存在在西方的文化史上。西方的叙事文学不需要向历史学要求自己的独立地位,恰恰相反,历史学则是在与叙事文学的竞争中获取自己的独立地位的。到了中世纪,正像中国儒家的伦理道德统治了整个中国社会一样,宗教神学也统治了整个西方的社会。文学、哲学、历史、艺术和所有文化的门类都成了宗教神学的婢女,但这与中国仍有不同,其中一点重要的不同就是,西方的历史学并没有宗教神学的第一婢女的殊荣。文艺复兴之后,西方出现了小说创作的繁荣,但它却不是从历史学中被排斥出来的,而是在社会上独立发展起来的,是在与宗教神学的对立中显示出自己的价值的。直至这时,戏剧中的历史题材仍像古希腊悲剧中的神话题材一样,作为西方人对自己历史的一种主要记忆方式,人们向莎士比亚的历史剧提出的不是历史的真实性的问题,而是艺术的真实性的问题。西方的历史学直至18世纪的启蒙运动时期才成为一门备受重视的学科,但它从来没有作为文学,特别是叙事文学的"太上皇"出现在西方的社会上,西方的启蒙思想家大都同时是哲学家、历史学家和文学作家,而并不认为自己作为一个小说家要比作为一个历史学家更为低贱。在这里存在的是一个历史意识的问题。实际上,人类对于自己的历史,向来是有根本不同的两种把握方式的,一是文学的把握方式,一是历史科学的把握方式。历史科学的把握方式是人类完善对自己历史的精确认识的手段,它是以对历史事实的考证和分析为基础的,但是,历史科学永远不可能仅仅依靠自己独有的操作方式完成自己所应实现的认识任务,它必须把自己对历史事实的考证和分析纳入自己对历史的文学把握方式之中去,才能实际地发挥自己对历史事实的考证和分析的作用。而对历史的文学的把握方式则是现代人在对现实社会和现实人生的感受和理解的基础上,通过对已有历史事实的想象性联想实现的。只有在这样的联想中,历史才会作为一个完整的动态社会呈现在现代人的面前。什么是历史?历史就是人类过去的现实社会和现实生活,人们永远不可能把它所有的事实都记载下来,并且也不是所有的记载都是可靠的,仅仅根据已有的历史事实的记载和新的考证出来的事实,人们是无法组合成这样一个完整的动态的社会的。历史事实只能起到修正文学想象中的这样一个整体框架的作用,而不可能代替它。中国的历史先于叙事文学而存在,获得了自己更为持久的繁荣,也为中国的历史记载下了较之西方历史更加丰富的历史事实,

中国现代历史小说论（一）

但却窒息了人们对历史的文学把握方式。西方的历史学只在很晚的时候才取得自己的独立地位，失掉了很多历史事实的记载，但却始终保留了文学对历史的占有权，特别是戏剧这种叙事文学体裁对历史的占有权，发展了对历史的文学把握方式。西方的历史小说就是在这样的文化背景下产生的。

西方第一个杰出的历史小说家是瓦尔特·司各特（1771—1832）。他的出现要比罗贯中、施耐庵晚得多，但作为能入于"正史"的文学家却又比他们早得多。他在一开始就是作为一个独立的小说家出现在欧洲的文坛，而不是作为一个历史著作的演义者受到人们的重视的。这产生了他的历史小说的特点。严格说来，他的历史小说并不是一种独立的文学体裁，而只是一种独立的文学风格；它不是从"历史"中分离出来的，而是从诗歌和小说中发展出来的。司各特原来就是一个著名的诗人，他的历史小说的特点早在他的诗歌中就已表现出来。欧洲的读者不会把它们当作"历史"读，而始终只是把它们当作小说读，当作一种具有独特艺术风格的小说来读的。甚至直至现在，我们也很难保证中国的读者能真正精确地理解司各特作为西方第一个历史小说家的含义。我们很容易认为，司各特的历史小说里写的就是真实的历史人物和历史事件，是司各特在历史的典籍里找来的有趣的题材。假若我们这样认为，司各特就称不上是一个历史小说家了。著名的丹麦文学批评家格奥尔格·勃兰兑斯曾经这样叙述司各特最著名的历史小说《艾凡赫》的问世。他说：

> 《艾凡赫》又于一八一九年十二月问世，这部作品也受到了最热烈的赞赏。现在我们知道，就这部杰出的小说而言，司各特为他的幻想世界提供基础所需要的真实材料是多么微不足道。一位一直在德国旅行的某个斯基恩先生，曾经向他讲过关于犹太人在那里的处境，他们特有的服装和习俗、他们所受到的苛刻待遇等等情况。这点基础就足够他写成蕊贝卡和伊萨克这些生动形象的一部杰作了。司各特在私生活中，像我们已经看到的那样，对于不信奉英国国教者的政治权利问题所持的观点是极端偏颇的。因此，作为一个作家，他能够不抱偏见地以一个犹太女子作为小说的女主人公，而且

赋予她以无比理想然而又是很自然的性格，这就更加令人钦佩。[1]

实际上，司各特之被称为历史小说家，并不是因为他是在历史古籍中寻找小说描写对象，寻找历史真实人物和事件，而是他以自己的艺术想象，在小说中创造出了历史的情境、过往时代的氛围，复活了特定时代人物的思想行为方式和风俗习惯。他与历史家的关系，与其说他的小说更多地仰赖着历史家，不如说他的小说更多地营养着历史家，启发着历史家。

格奥尔格·勃兰兑斯还曾说：

> 司各特的历史感不仅使他成了整个一代诗派的先驱，而且使他那些毫无造作的小说对新世纪的全部历史写作都产生了巨大影响。举例说，正是他那部描写了诺曼人和撒克逊人之间紧张关系的小说《艾凡赫》，最先启发了奥古斯丁·梯也里的一种观点，即认为促成克洛维·查理大帝和于戈·加佩建立了煊赫功业的原动力是高卢人和法兰克人之间的种族对立。[2]

所有这一切，都不是仅仅从一部西方历史小说的译本中所可能读到的。对于把"历史"仅仅理解为古代历史家记述中的"历史"而不承认可以有文学把握方式中的"历史"的中国知识分子，司各特的小说本身不可能起到转变"历史小说"观念的作用。早在1905年，林纾和魏易就合作翻译了司各特的《撒克逊劫后英雄略》（即《艾凡赫》），但在1906年吴趼人在《月月小说·序》中给"历史小说"下定义时，所依据的仍是《三国演义》等中国古代的历史小说。他还在《月月小说》第一卷第一号发表的《历史小说总序》中说，写历史小说的目的是为了"使今日读小

---

[1] ［丹麦］格奥尔格·勃兰兑斯：《十九世纪文学主流》，载《司各特研究》，外语教学与研究出版社，1982，第90—91页。

[2] ［丹麦］格奥尔格·勃兰兑斯：《十九世纪文学主流》，载《司各特研究》，外语教学与研究出版社，1982，第88页。

中国现代历史小说论（一）

说者，明日读正史如见故人；昨日读正史而不得入者，今日读小说而如身临其境"。此后，陆绍明在《月月小说》第一卷第三号的《发刊词》中，则对历史小说提出了这样的要求："例胜班猪，义仿马龙，稗官之要，野史之宗。"而中国现代历史小说的创始人鲁迅，则对司各特的历史小说没有多么浓厚的兴趣。他在留日时期写的《摩罗诗力说》，对"超脱古范，直抒所信"的拜伦、雪莱等浪漫主义诗人推崇备至，对司各特则颇有非议，说他"为文率平妥翔实，与旧之宗教道德极相容"。司各特的历史小说或许对中国"历史小说"这个文学概念的形成有所影响，但对中国现代历史小说的产生，我们认为，是没有明显的推动作用的。

  司各特之后，西方的历史小说得到了迅速的发展。在俄国，有普希金的《上尉的女儿》、列夫·托尔斯泰的《战争与和平》等；在法国，有梅里美的《查理第九时代轶事》、雨果的《九三年》等；在意大利、有乔万尼奥里的《斯巴达克思》等；在波兰，有显克维支的《十字军骑士》等。这些作品，都先后翻译到了中国，对后来的历史小说家如李劼人等，不能说没有一些影响，但对中国现代历史小说的诞生，其作用是微乎其微的。在这里，还有一个中国现代知识分子的时空感受的问题。历史小说，是在强烈而又明确的时间意识的作用下形成的，没有这种时间的意识，就没有历史小说。这种时间意识，不仅是理性上的，更是感受上的。对于现代的读者，《红楼梦》已是过去时代的，但它却不是历史小说，因为这种理性上的"过去时"根本不同于历史小说感受中的"过去时"。西方的历史小说，到了中国读者的感受中，更是空间的而非时间的，空间上的陌生感冲淡乃至掩盖了时间上的陌生感。对于一个俄国的读者，列夫·托尔斯泰在《战争与和平》中的描写，肯定会时时显露出它的时代，而对于中国的读者，它与列夫·托尔斯泰的现实题材小说《复活》不会有多么大的差别，共同的异域感使二者在时间上的差异变得极不重要了。这也就是说，对于中国的读者，西方的历史小说与其说是历史小说，不如说只是外国小说，它们不会产生明显的时间组织上的效果。中国作家的时间感受要靠中国作家自己来重新予以组织，西方历史小说对其影响不会很大。

  仅从表现的联系，日本的历史小说与中国现代历史小说的产生有着更直接的因缘关系。日本近代风格（我们所说的现代风格）的历史小说产生于明治时代。尾崎红叶、幸田露伴、山田美妙都写过历史小说，而日本第一个杰出的近代历史小说家是森鸥外。1912年，森鸥外因大将乃木希典夫妇自杀、为明治天皇殉葬而创作了日本近代文学史上第一篇典型的历史小说《兴津弥五右卫门的遗书》，意在批判封建时代的忠孝观念，此后又有《鱼玄机》《寒山拾得》等同类的历史小说发表。在这里，森鸥外坚持为理解现实社会的各种问题而到历史中去寻找题材，而后来写《山房札记》的时候，他又转而强调准确的考证，偏重于对历史作客观真实的描写。日本学界后来把前一种历史小说对应于英语的historic novel，叫作"历史的小说"，意即"历史题材的小说"，更强调历史小说的小说性质，而认为后者与historical novel相近，称为"史传小说"或"历史小说"，更强调历史小说的"历史"性质。日本对"历史的小说"和"历史小说"的划分，对鲁迅的历史小说观是有影响的，他在《〈罗生门〉译者附记》中曾使用过这两个概念，而他把自己的历史小说与所谓"教授小说"区别开来，用的也是相类的标准。森鸥外之后，日本最重要的历史小说家是新思潮派的菊池宽和芥川龙之介。鲁迅翻译过菊池宽的历史小说《三浦右卫门的最后》和芥川龙之介的《鼻子》和《罗生门》。大约鲁迅的想以杨贵妃的题材做历史小说，是受了菊池宽《三浦右卫门的最后》的启发的，但却没有做成。而他现在的历史小说，实属一种独创性的文体，在世界历史小说史上也是罕见的，与日本的历史小说迥不相同。所以，过多地强调日本历史小说对鲁迅历史小说的影响，也没有多么充分的根据。

中国的现代历史小说是在中国现代小说产生之后几年才产生的。中国现代小说的产生无疑是受了西方和日本小说的直接影响的，它是中国现代小说产生的必要条件之一，没有这个必要条件，中国现代小说就是迥不相同的另外一种状况，但这不适用于中国现代历史小说。中国现代历史小说的产生有三个必要的条件：一、中国现代小说基本艺术形式的确立，二、中国现代知识分子新的历史观念的产生，三、中国现代知识分子对本民族历史的关怀及其相应的历史知识。有了这三个必要的条件，中国现代历史小说会自行产生，西方历史小说的存在与否以及以何

中国现代历史小说论（一）

等形式具体存在着，都不会与中国现代历史小说发生太大的关系。中国现代历史小说的鲜明特点，也使我们有理由相信，它对外国历史小说的依赖性是极小极小的。

原载《鲁迅研究月刊》1998年第3期

中国现代历史小说论（二）

4

20年代是中国现代历史小说产生的历史时期。在这个时期，五四新文化运动使绝大多数新文学的作家把自己的目光专注于对现实社会生活的描写和对自我现实苦闷的宣泄。作家们似乎刚从睡梦中醒来，睁眼看来，现实社会中到处是小说的素材，到处是诗的清泉，历史的记忆被现实的感受冲淡了，排挤了。除了在戏剧中还不得不到历史中去借用那些更完整的故事之外，诗歌和小说都被现实的热情占领了。但是，也正是在这样的现实热情的引导下，现代历史小说几乎是在无人觉察的情况下又默默地生长起来。这首先表现在中国现代小说的两个缔造者——鲁迅和郁达夫的创作实践中。众所周知，鲁迅是在反对旧文化、提倡新文化，反对旧道德、提倡新道德的新文化运动中走上文坛的。他始终把自己的目光集中在中国国民性的解剖上。但是，中国的国民性并不仅仅，甚至也不主要是由现代的中国人一手造成的，它是中国文化长期积淀的结果，是中国历史畸形发展的产物。他的《狂人日记》是中国现代文学史上第一篇白话小说，是一篇现实题材的小说，但它揭露的却不仅仅是现实，不仅仅是现实社会个别人的罪恶，同时也是中国的历史，中国历史的文化传统。

中国现代历史小说论（二）

古来时常吃人，我也还记得，可是不甚清楚。我翻开历史一查，这历史没有年代，歪歪斜斜的每页上都写着"仁义道德"几个字。我横竖睡不着，仔细看了半夜，才从字缝里看出字来，满本都写着两个字是"吃人"！

"易牙蒸了他儿子，给桀纣吃，还是一直从前的事。谁晓得从盘古开辟天地以后，一直吃到易牙的儿子；从易牙的儿子，一直吃到徐锡林；从徐锡林，又一直吃到狼子村捉住的人。去年城里杀了犯人，还有一个生痨病的人，用馒头蘸血舔。"

有了四千年吃人履历的我，当初虽然不知道，现在明白，难见真的人！

在这些引语里，我们可以清楚地意识到，在鲁迅所关注的层次上，是没有历史和现实的严格区别的。历史是发展的，但对于一个民族，乃至对于人类的整个历史，并不是在所有的层面上都有发展和变化的。在这没有发展变化的层面上，历史就是现实，现实就是历史；对现实的解剖就是对历史的解剖，对历史的解剖同样也是对现实的解剖。二者的不同是表现形式上的，是具体的行为方式和生活方式，具体的语言表达形式和人际关系的交际形式，具体的人文环境和物质生活环境上的。不难看出，正是在这里，发生着现实题材小说和历史题材小说相互过渡的广阔空间。关键仅仅在于，作者有没有需要与可能把现实层面上的解剖转移到历史层面上去。在这里，我们还必须意识到鲁迅作为一个具有了新的世界观念和人生观念的中国现代知识分子所感受到的"历史的压迫"。鲁迅的新的世界观念和人生观念不是在历史的典籍里获得的，不是在中国古代文化传统的内部形成的，虽然我们经常这样说，这样写，但这是没有多少根据的。鲁迅的新的世界观念和人生观念，是在鸦片战争后中华民族的现实处境中形成的，是他在新的基础上思考中华民族的现实出路的过程中积累起来的，是在中外文化交流的新的文化背景上受到西方文化的启发后发生的。但也正因为如此，他的这种世界观念和人生观念同固有的传统文化发生着多方面的碰撞。在这碰撞中，"历史"并不站在当时的新文化一边，它是被那些不具有新的现实感受或有了这种感受而并不真正关心中华民族的现实命运，并不真正同情中华民族绝大多数成员的生活处境，为了自己一己的私利而维护旧的文化传统的守旧派知识分子所占有的。但是，一个民族又是由这个民族的历史和文化构成的，谁占有了一个民族的历史，谁占有了这个民族的文化，谁也就在实际上占有了这个民族。正是在这里，形成了自鸦片战争以来中华民族和中国文化的一个大悖论：那些真正为中华民族的现实发展而奋斗，而牺牲，而贡献着自己的青春和力量的人，在当时的社会上往往不具有代表自己民族的资格，往往受到所谓"中国文化"和"中国历史"的强力排斥，而倒是那些不想为中华民族的现实发展做出切实的努力，拔一毛而利天下而不为的守旧派，倒往往具有代表"中国历史""中国文化"的资格，成为中华民族的代言人，并用民族主义的武器排挤着为中华民族的前途而努力的中国人。在这个历史的悖论面前，另有一些曾经关心过中华民族的现实发展的知识分子，为了获得自己"文化"上的立足地，纷纷转过头来研究历史，研究文化，整理国故，提倡学术。但这样做的结果，往往不是自己改造了历史，而是自己被历史所改造；不是自己占有了传统文化，而是自己被中国传统文化所占有。因为他们所理解的历史和文化，仍是中国古代人对中国古代历史事件和人物的书写。这里的原因是非常明显的：过往的中国历史都是被中国古代人依照自己的思想观念和道德观念所选择、所记述下来的，仅仅由这些被书写下来的事实自身，是不可能构成一个中国现代知识分子只有在现实文化环境中才能产生的思想意识和文化观念的。结果往往是这样，他对中国古代的历史事实掌握得越多，在这样一个范围中获得的"合理性"越充分，他就越是更深地陷入中国传统文化的牢笼中去，越是更远地离开自己原有的初衷。在前的梁启超，在后的胡适，都走了这么一条文化的道路。这里的根本问题是，中华民族的历史并不仅仅是由中国古代知识分子所记述的那些人和那些事组成的，他们所记述的仅仅是这个浑融的整体中的枝枝节节，是在他们眼里的事实，而中华民族的历史和文化则是无限复杂

中国现代历史小说论（二）

的。这样一个活的浑融的整体，不是由被记述的事实像排积木一样排列起来的，而是通过现实的人对现实社会、现实的人与人关系的感受和理解，借助历史事实的帮助，在想象中被重新创造出来的。也就是说，对于中国现代知识分子而言，艺术地把握中华民族的历史和文化，不但是超越于中国古代人用书写的形式凝固了的历史和文化，使之变为整体的活的历史和文化的必要，也是现实地反抗国粹派所加于自身的"历史的压迫"，占领理应属于自己的历史和文化的阵地，克服鸦片战争后中国先进知识分子面临的历史和文化的大悖论的唯一有效途径。

我们认为，只要意识到这一点，鲁迅的第一篇现代历史小说《不周山》（后改名《补天》）的产生就不是那么奇怪的了。谁是中华民族的真正缔造者？谁是中国文化的创始人？中华民族的根本命脉何在？是什么维系着中华民族绵延至今而未曾断绝？是为中华民族的现实出路而进行着艰苦卓绝的创造活动的中国人，还是死抱着过时的教条对进行各种创造活动的中国人评头品足、挖苦嘲弄、喊喊喳喳的"国粹派"？这个现实的问题只有到远古人类创生期的历史源头处去观察和思考，而远古人类创生期的情景，也只有在现实人的艺术想象中才能得到本质真实的浮现。在这时，也只有在这时，女娲的形象才获得了巨大的历史意义和现实意义。

《补天》取材于中国古代的神话传说。是不是历史小说？实际上，这个问题应该换一种问法：中国的历史应从哪里说起？中华民族的文化应以什么为本？西方的历史是从神话传说和荷马史诗中披露出来的人的生存和演变状况说起的，乃至基督教文化也是从上帝造人说起的。只有在一个民族产生的远古时代，才能发现一个民族存在的根本是什么。在那时，还没有我们后来人所说的文化，更没有后来人为人类社会制定的"道统"。创造一个民族的不是这些，而是人的生命，人的自然的生命力，人的本能的创造力量。有了这种自然的生命力和本能的创造力量，才有人，才有人的生存和发展，也才有了一个民族称为"文化"的东西。一个民族的文化是为了一个民族的生存和发展的，是为了更好地保存和发挥人的自然生命力和本能创造力量的，而不是一个民族的生存和发展是为了自己的文化的；应该用一个民族的生存和发展、一个民族的自然生命力和本能创造力量的丰啬衡量一个民族的文化，而不应当用一个民族的文化规范一个民族的生存和发展，扼杀它的自然生命力和本能的创造力量。这是一个简单到不能再简单的真理。但是，在中国传统的历史观念中，中国的历史却成了一个没有"头"的历史。儒家史学是为了为政治统治者治国安邦提供政治经验的，它不需要对中华民族起源的思考，也用它的"道统"代替了中华民族真正的存在基础。实际上，传统儒家文化观念中的中国历史和中国文化，只是一部残缺的中国历史，是一种本末倒置的文化。它使中华民族忘掉了自己的生身母亲，只记住了自己的老师的几句人生格言，从此便把这几句人生格言当成了自己立身的根本和生命的基础。而这种残缺，又是以儒家文化排斥了中国古代神话为前提的，它把原本属于中国文化源头的神话排斥到了"小道"的卑贱地位上，并成了散佚各处的零碎小故事。鲁迅的《补天》，运用的不是中国古代历史著作的历史资料，不是经过古代人考证了的事实，但完成的却是一个历史的任务，它补足了中华民族的历史，使人们能够重新立于中华民族的历史源头来俯视被儒家文化篡改了的整个后来的历史。

女娲的创造是伟大壮丽的，中华民族的存在也是伟大壮丽的。正是由于中华民族有着这种自然生命力的基础和本能创造性的力量，它才绵延至今，没有被任何毁灭自己的力量所毁灭。但是，这却不是中华民族历史和文化的全部。如若如此，中华民族就不会落到鲁迅那时那种衰败、萎靡的历史困境中去。也就是说，鲁迅在这里不能仅仅演义中国古代女娲造人补天的这个神话故事。不论这个故事在古代的典籍中是怎样写的，但女娲的自然生命力和本能创造力量却没有得到顺利的传承，它被后来被称为"文化"的东西所亵渎了，所窒息了。鲁迅的艺术想象的空间必然大于这个独立的神话故事，他需要把国粹派所称之为"中国文化"的东西全部纳入与女娲的关系中来表现，来描写。在这时，儒家文化、道家文化、道教文化和几千年间的政治、军事斗争的势力，都被提交到中华民族的母亲女娲的形象之前来，并以它们对中华民族生存和发展的意义，衡量着它们的真价值。儒家文化到底为中华民族的生存和发展创造了什么？它实际上是什么也没有创造的。它仅仅寻求现实社会秩序的稳定，是为政治统治者的长治久安制定的一套人的行为规范。这种

中国现代历史小说论（二）

行为规范是约束人的自然生命力、压抑中华民族的本能创造力量的，它才是中华民族的真正的"不肖子孙"，是被母亲生出来又诬母亲淫逸放荡的"小东西"。中国几千年间的政治家、军事家，争城掠地，相互攻伐，为的什么？为的只是占有中华民族母亲的躯体！他们不但根本不想为中华民族创造些什么，而且任意毁坏着中华民族已有的一切。只有放在女娲面前，他们才真正显露出自己的真实面目，他们只不过是一群强盗和流氓。那些方士，那些道士，那些隐逸之士，关心的是什么？关心的不是利用女娲赋予他们的生命创造些什么，不是为了使用这生命，发挥这生命的创造力量，而是为了保住这生命，留住这生命。他们求仙问道，寻找长生不老药，无非是要保住自己的一条小命。等而下之者，则以此骗骗皇帝，得些赏赐，得个禄位……这些形象，有的是拾取的神话传说中的一鳞半爪，有的则全属虚构，但它们不是历史吗？不是比中国古代历史家所叙述的一切事实更真实的一部中国历史吗？鲁迅的《补天》让我们看到，"历史"，不仅仅是由历史家用历史的事实书写的"历史"，还有一个文学家用自己的艺术想象重新创造出来的"历史"。这两个"历史"是相互为用的。仅仅用事实记述下来的"历史"，永远不可能是整体的鲜活的"历史"，它只有在艺术的想象里才能够有机地构成。当然，这种艺术的构成，也必须在历史家记述和发掘的历史事实的基础上被创造出来。

  鲁迅的《补天》于1922年12月1日在北京《晨报四周年纪念增刊》上发表，题名《不周山》，是中国现代文学史上第一篇新型的历史小说。正像田仲济、孙昌熙两先生主编的《中国现代小说史》中所说："如果说，'意在暴露家族制度和礼教弊害'的《狂人日记》是中国现代文学史上第一篇白话小说的话，那么，歌颂创造精神的《补天》则是新文学史上第一篇历史小说。《补天》同《狂人日记》《孔乙己》《药》等一样，它从一个侧面显示了五四文学革命的实绩，并表明中国历史小说艺术发生的根本变革，为现代历史小说发展奠定了基石。因此可以毫无掩饰地说，中国文化革命的主将鲁迅是中国现代历史小说的伟大的开创者和革新者。"①

《补天》之后，鲁迅在20年代又发表了《奔月》《铸剑》两篇历史小说。如果说《补天》是中华民族的创始者的悲剧，《奔月》则是中华民族的英雄的悲剧。英雄，只是一个民族在特定历史条件下建立了丰功伟绩的人，但英雄精神却不能只为少数英雄所有。如果在一个民族里，只有少数的英雄才具有英雄的精神，而多数社会群众只沉沦在狭隘自私的生活里，那么，这少数的英雄就会白白为周围的人所牺牲：他的英雄行为起到的是满足其他人狭隘私利的作用，他的英雄精神则使他成为被人利用和欺骗的对象。羿是一个曾经射落九日、拯民于水火的英雄，嫦娥因为像羿这样的英雄能使她过上安逸舒适的生活而嫁给羿，逢蒙则因为学了羿的箭法可以出人头地而拜羿为师。他们自身都是毫无英雄的精神气质的人，都不想同羿一道从事创造性的劳动而求得自己的生存和发展。但是，英雄的业绩总是一时的，在更多的情况下，他只能像平常的人一样从事日常的劳动，在这时，嫦娥因得不到原来舒适的生活而不满于羿，结果偷吃不老药而独自奔月，逢蒙也因羿的名声影响他出人头地而企图用暗箭杀害羿。这是一个有英雄但却没有普遍的英雄精神的民族，多少英雄都为它白白地牺牲了，而到头来它仍然只能败于金、败于元、败于满、败于帝国主义侵略者。鲁迅在这里写的仍然是整个的中国历史和整个的中国文化，不过它取的是同《补天》不同的角度。《铸剑》写的则是复仇的故事。中国几千年的专制政治统治制造着仇恨和怨愤，他们从人民的手里获得了统治人民的力量，但多数社会群众却只在顺从中求得幸免，对别人的灾难漠不关心，自居于社会旁观者的位置上，实际上起着保护专制统治者的作用。眉间尺要报杀父之仇，但却是在母爱抚育下长大的，只有报仇之志，却无复仇者的气质和魄力，宴之敖者是彻底失望于现实人生，充满对专制者的仇恨，因而也有复仇的气质和魄力的人，宴之敖者借用眉间尺的头杀死大王，最后自刎，三个人的头同烂于金鼎。我们认为，《铸剑》写的实际是中国几千年的政治

---

① 田仲济、孙昌熙主编《中国现代小说史》，山东文艺出版社，1984，第455—456页。

中国现代历史小说论（二）

史。在这样一个政治史上，有孤傲残暴的专制统治者，有因私仇家仇而向专制统治者复仇的眉间尺式的人物，同时也有被社会窒息、起而反抗社会的人，但在旁观者的眼里，这三种人是混杂在一起的。

《铸剑》之后，鲁迅暂时中止了历史小说的创作，直到30年代中期他才又补写了《理水》《采薇》《出关》《非攻》《起死》五篇历史小说，同20年代的三篇合成一册，出版了他的历史小说集《故事新编》。后期五篇，虽然具体写于30年代，但作为历史小说的一种类型，则是在20年代就形成的。他在30年代所继续的，仍是对中国文化和中国历史的整体解剖。《理水》中的禹，是同女娲、羿、眉间尺、宴之敖者同一历史家族中的人物，是一个具有实践意志和革新精神的政治家，他领导人们与自然灾害进行斗争，治理洪水，但包围着他的，却是一批腐败的官僚、鼓簧弄舌的文人和愚昧无知的灾民。在他未成功时，周围人歧视他，讥笑他，而成功之后，又用歌功颂德把他孤立起来。其余的四篇，表现的都是思想家型的人物。《非攻》中的墨子，体现了鲁迅对知识、文化和知识分子的理想。他的知识，不是一种谈玄说理的空话，而是为人类的和平、社会的进步服务的知识。墨子反对战争，主张和平，同时也为此而辛苦奔波，切实思考。《采薇》中的伯夷、叔齐则是无力抗争，只以消极避世保全个人名誉的典型。《出关》中同时出现了中国古代两个影响最大的思想家，一个是老子，一个是孔子，他们都对社会人生的矛盾有着尖锐的认识，但老子知难而退，孔子知难而进，但这种"进"，却也只能是走官府，成为政治统治者的附庸，而多数的老百姓关心的却只是自己眼前的生活、物质的实利。《起死》写的是在中国影响极大的另一个道家文化的代表人物庄子，对他的"齐物论"的思想进行了巧妙的讽刺。

当我们把鲁迅的八篇历史小说综合起来观察的时候，我们看到的是什么呢？看到的是中国古代一部完整的文化史和精神史。在这部历史上，有中华民族的脊梁式的人物，他们是中华民族的生命力的象征，是为了中华民族的生存和发展发挥了积极作用的人物。在这里，有中华民族的创始者女娲的形象，她用自己本能的创造力量创造了中华民族，也为中华民族的存在和发展开辟了广阔的空间；有像羿这样的英雄人物，他用自己的超凡脱俗的技能为中华民族消灾除难，进行着诚实的劳动；有眉间尺和宴之敖者，他们是中华民族正义感和反抗精神的象征，用"吾与汝偕亡"的意志抗拒着残暴统治者的压迫；有禹，他是一个具有实践精神和革新精神的政治家，起着组织社会群众与大自然斗争的社会作用；有为社会的和平进行不倦斗争，用自己的知识服务于社会的知识分子墨翟。但是，中华民族却没有把他们的精神转化为自己的整体精神，而把他们置于了极难发挥自己创造才能的困窘境地。在这里，作为他们的精神的销蚀力量出现的有下列几种人物：一是专制暴虐、争权夺利的统治者，二是谈玄说理、对中华民族的生存和发展漠不关心的知识分子，三是自私、庸俗、愚昧的社会群众。《铸剑》中的大王是个专制暴君，是社会仇恨的制造者；《补天》中的共工、颛顼是政治野心家，他们为了王位的争夺不惜发动战争，毁灭世界；《理水》中的考察大员们是些腐败的官僚，为了个人的利禄而献媚求宠，欺上瞒下。几千年的专制政治无非是围绕一个"权"字进行的，民族的生存和发展从来没有进入过中国政治家的意识中去，它产生的不就是这么三种人物吗？在中国的文化史上，无非是儒与道，儒是走官府的，道是走流沙的，前者以柔进取，后者以柔退守，但都不立足于中华民族的生存和发展。儒的末流成为《补天》中"小东西"那类的道学家，他们自己没有任何的创造精神而又专门诋毁具有生命活力的人们；道家代表人物，前有老子、庄子，其末流分裂为二，一是连自己的哲学思想也没有了的隐逸之士，二是求仙炼丹，访求长生不老药的方士、道士，最后演为道教。他们追求的不是生命力量的发挥，而是自然生命的保存。所有这些知识分子的"知识"，都不与中华民族的生存和发展发生关系，"知识"只成了个人身份的标记，招摇撞骗的资本。在鲁迅的《故事新编》当中，他们全得到了自己的表现。第三类人如《奔月》中的嫦娥、逢蒙、老婆子，《铸剑》中的看客，《采薇》中的小穷奇、小丙君，《理水》中的灾民，《出关》中的关尹喜等等，他们既与社会无涉，也与文化无关，只是社会的旁观者、历史的界外人，关心的是个人眼前的实利、自己一己的命运，像一盘散沙，不相黏连。以上三部分人，充斥了中国社会上、中、下三层，从春秋战国贯穿到宋元明清，将中国脊梁式的人物分割包围，

中国现代历史小说论（二）

蚕食着他们的创造成果，磨损着他们的奋斗精神。灾难来时由中国脊梁式的人物去顶，灾难之后故态复萌，继续着原来的历史，重整昔日的文化。中国历史就这样进一步，退两步，径一周三，蹒跚了两千余年，蹒跚出了一个半封建、半殖民地的中国。

鲁迅历史小说中的"历史"，不是古今历史家用事实记述下来的"历史"。仅就事实，鲁迅用的只是历史家记录下的事实的一鳞半爪，即使这一鳞半爪，也未必是历史家所认可的确凿的历史资料。但就其历史的立体性和完整性，又是历史家的"历史"所无法达到的。从来的历史家，记述的都是历史的更为辉煌的一面，都是那些在历史的表层活动着的事件和人物，并且往往是脱离开它们的广泛联系之后的孤立的事件和人物。真实的历史不是这样。在真实的历史中，辉煌的东西只是历史的偶然，平凡的才是历史的本体；在历史的表层上演的戏剧，是在历史的深层酝酿而成的，所有的历史人物和事件都是在自己的关系中产生和发展，它们的真正意义是在这关系中呈现出来的。也就是说，比起鲁迅所写的"历史"来，所有历史家的"历史"都是残缺不全的。这残缺不全的历史需要补足。一般的历史小说家用的是在现实体验的基础上虚构出的历史人物和情节，而鲁迅，除此之外还直接运用了现实的体验、现代的事实，这就形成了《故事新编》的将古代和现代错综交融的表现手法。必须看到，这种古今的交融，并没有歪曲了历史，也没有歪曲了现实的人物，因为在鲁迅所表现的层面上，原本是无所谓古与今的差别的。

鲁迅的《故事新编》不仅是中国历史小说史上的一块丰碑，即使在世界的历史小说史上也应具有重要的历史地位。它的这种地位，我们可以用一句很简单的话概括出来，即它实际是世界历史小说史上第一部现代主义的历史小说集。鲁迅之能率先把历史小说这一题材带向现代主义高度，主要有两个原因：一、在先的西方历史小说家，主要是为了表现他们之前的一个时代的事件、人物或风俗，因而他们的表现都不是对历史的概括的、抽象的、整体性的表现。而在五四新文化运动中走上文坛的鲁迅，产生的是综合地、抽象地、整体地表现中国历史和中国文化的企图，这使他能够超越浪漫主义历史小说的激情表现和现实主义历史小说的细节的真实描绘而走向现代主义高度哲理性概括和广义象征的表现中去。二、西方的历史小说家是在认同历史的基础上开始历史小说的创作的，而鲁迅更是在反抗历史的压迫，对中国几千年的封建历史进行批判的意图下走上历史小说的创作的。因此，他笔下的历史画面更是荒诞的、乖谬的乃至滑稽的，而这恰恰是后来的现代主义作家对人类社会和历史的感受和态度。

鲁迅的历史小说是在五四新文化运动的背景下产生的，是以文化解剖为目的的，我们可以把他的历史小说称之为文化解剖型的历史小说。

5

稍后于鲁迅的《补天》，郁达夫在1923年2月《创造》季刊1卷4期上发表了他的第一篇历史小说《采石矶》。严格说来，中国现代历史小说是由鲁迅、郁达夫两人共同开创的。

作为小说家，鲁迅和郁达夫几乎是同时代的，但说到文化倾向和思想倾向，他们则分属于两代人。

鲁迅属于中国新文化运动的倡导者和发动者。这个新文化运动是以"反对旧文化、提倡新文化，反对旧道德、提倡新道德"为宗旨的。但在鲁迅这代人眼里，新旧文化和新旧道德都是更带有整体的社会的性质，它们不是仅仅由哪一个人负责的问题，也与一个人的自身品质和动机的良否没有直接的关系。鲁迅也讽刺地表现了老子、孔子、庄子这样一些传统文化的代表者，但我们绝对不认为他笔下的这些人是品质低下的小人，即使像嫦娥、逢蒙这样的人物，也主要根源于一种普遍的文化心理，道德的问题更是一种文化的问题，而不是个人品质的问题。但在五四新文化运动之后继起的，是一代二十岁左右的青年作家。在这时，新文化、新道德、新文学在名义上已经获得了胜利，他们实际上成了新文化、新道德、新文学的实践者，但也正因为如此，他们也把这些概念具体化，细碎化了。如果说鲁迅的历史小说在艺术把握的方式上更是由整体返向具体，由概括走向分析，在对中国历史和中国文化的整体思考中具体刻画一个个个别的人物典型，而后来的青年作家则更偏向于由具体走向整体，由分析走向概括，把实感中的一个个个别的人物上升到典型

中国现代历史小说论（二）

概括的高度。这在异军突起的创造社作家的作品中表现得更为明确而具体。郭沫若在谈到郁达夫《采石矶》的创作背景时写道：

> 以"开路先锋"自命的胡适竟然以最不公平的态度而向我们侧击。……但经他这一激刺，倒也值得感谢，使达夫产生了一篇名贵一时的历史小说，即以黄仲则为题材的《采石矶》。这篇东西的出现，使得那位轻敌的"开路先锋"也确切地感觉到自己的冒昧了。
>
> （郭沫若：《历史人物·论郁达夫》）

正像郭沫若所说，郁达夫的这篇历史小说是有感而发的，是在与胡适的论争中产生的。如果从文化分析的角度，胡适与郁达夫之间的矛盾，实质上是已经奠定了自己的学术地位的学院派知识分子和新进的社会派青年作家之间的矛盾。胡适的崇高的学术地位，使新进的、情感脆弱的青年知识分子感到压抑，积郁成苦闷，郁达夫的《采石矶》抒发的就是这样一个怀才不遇的知识分子的苦闷、忧郁的心情。这个矛盾，不仅仅是现代知识分子之间的矛盾，而且是自从有了知识分子以来就已经存在着的矛盾了。文化，是社会交流的手段；文学艺术，是社会情感的交流手段。每一代青年知识分子都是在与社会交流的情感情绪需要的基础上从事创作活动的，他们需要进入社会的交流市场上去，需要读者和评论家的认可，肯定使他们感到喜悦，否定使他们感到压抑，越是情感脆弱、感受锐敏的青年作家愈是如此。这就形成了中国古代知识分子所说的"觅知音"的问题。但是，文化界又是有矛盾的，有各种不同的思想倾向和审美倾向，也是有一个时代共同认可的学术规范和文学规范的。在这种情况下，一个青年作家在社会文化交流市场上，往往获得的不都是赞扬和肯定，而同时也有否定和贬责。这对于青年知识分子的交流欲望是一种压抑，特别是在这种否定和谴责来源于一个具有很高社会威望，因而也有更大社会影响力，在很大程度上决定着青年知识分子在现实文化界的命运的权威人物的时候，这种压抑感就更为强烈。在这里，还有一种理性和情感的矛盾问题。青年知识分子所受到的否定和贬责，往往是以一种社会理性标准出发的，是以当时普遍认可的学术文化规范出发的，带有更明显的理性的色彩，而这在青年知识分子身上激起的则是情感的波澜。以情感的反抗理性的，往往是这种冲突的表现形式。显而易见，这种文化的矛盾，在青年知识分子这里，本身就是一个文学的主题，并且是在中国文学史上带有某种永恒性质的主题。它是自我表现性质的，是抒情性的，带着明显的自我哀怜的性质和对现实理念进行反叛的色彩。

郁达夫与清代诗人黄仲则正是在这样一个意义上，发生着历史与现实的精神呼应，构成了历史小说《采石矶》的思想基础。郁达夫和清代诗人黄仲则在身世和性格上有很多相似之处。黄仲则三岁丧父，郁达夫也是三岁丧父。两个人都属于感情丰富而意志力相对薄弱、才情横溢而理性相对欠缺的那种性格类型。在中学时，郁达夫就爱读黄仲则的诗，1922年左右在安庆教学时又细读了两遍黄仲则的《两当轩全集》。郁达夫说："把那《全集》细读了两遍之后，觉得感动得我最深的，于许多啼饥号寒的诗句之外，还是他的落落寡合的态度，和他那一生潦倒后短命的死"，"所以在那时候，曾以黄仲则为主人公，而写过一篇《采石矶》的小说"。（郁达夫：《断残集·关于黄仲则》）由于郁达夫和黄仲则性格和处境上的相同或相似，由于郁达夫写的是当时自己的真情实感，所以《采石矶》作为一篇抒情小说和历史小说都是具有一定价值的。黎锦明曾说："没有达夫的心性，我相信此篇在无论何人手中都不能写出来的，此篇特点是从那精炼的文字中表示一种单纯的情感。"[1]作为一篇抒情小说，郁达夫抒发了自己的苦闷和悒郁；作为一篇历史小说，郁达夫表现了像黄仲则这样的怀才不遇的知识分子的内心感受和心理特征，而这些心理特征单靠古代诗文是不可能像现代抒情小说这样表现得细腻委曲、缠绵感人的。

但是，像郁达夫、黄仲则这类的中国知识分子，在人生态度上也有一个天然的弱点，即往往把社会文化的矛盾个人化、道德品质化。中国古代的社会文化主要是儒家的道德文化，它把人与人之间的所有分歧和矛盾都纳入人的道德品质上来理解，来把握，这就把人对人、人对社会

---

[1] 黎锦明：《达夫的三时期》，载《郁达夫评传》，现代书局，1931。

中国现代历史小说论（二）

的认识简单化、狭隘化了。人的道德品质确实在人的社会历史及其发展中起着重要的作用，但却不是任何人与人之间的矛盾和差异都是由道德品质引起的，它只在社会矛盾的固有基础上发挥作用。一个现实主义者和一个浪漫主义者的矛盾，是不一定因为其中之一的道德品质上的恶劣而产生的，在固有的文化权威与青年新进作家之间的关系上也是如此。实际上，在历史上的黄仲则和戴东原之间与在现实中的郁达夫和胡适之间，存在的都主要是不同层次上的知识分子之间的差异和矛盾，并不能仅仅用戴东原和胡适的个人道德品质来说明。但在不惯于社会分析而惯于道德谴责的中国社会上，黄仲则、郁达夫这类富有才情的青年文学家自然极易受到社会权威的道德上的贬责，他们自己也往往用同样的方式对待社会上的权威人物。这对他们自己的人生态度和文学创作也是有直接影响的。在人与人的关系中，他们往往明于知己而暗于知人，对人的判断囿于一时与个人的关系；在文学创作上，则长于抒情而弱于客观描写，对自我之外的人物形象的描写流于概念化、脸谱化，带有个人道德谴责的色彩。而当这些弱点反映到历史小说创作中的时候，就具有一些根本的性质了。

"历史"，在历史的小说中，是作者和读者的一个共同的话题，它是借助于作者和读者都知道的大量历史事实展开艺术的想象的。作者可以对历史人物和历史事件做出独立的艺术表现，但这也必须在他们与其他历史事实的新的联系中予以实现。鲁迅对老子的艺术表现并不等同于历史学家和哲学家对他做出的历史评价，但在鲁迅的新的人物关系的表现中，读者并不认为是不可能的、不真实的。这不同于对一个历史人物的主观的道德谴责。而在郁达夫对戴东原的表现中，则更多是这种道德谴责的言辞：

　　他们的目的，总不外乎一个翰林学士的衔头，我劝他们还是去参注酷吏传的好，将来来带立于朝，由礼部而吏部，或领理藩院，或拜内阁大学士的时候，倒好照样去做……

这种引申，无法与人们已知的戴东原的事实相串联，唤起读者的更丰富的想象，从而把这个人物塑造成有血有肉的历史人物。与此相反，戴东原的历史性存在反而会破坏郁达夫的艺术表现，使人产生对整个小说情感表现的幻灭感。历史小说不能囿于古代历史家的历史记述，但却不能忽略它们的积极参与，否则历史小说就没有自己的独立性了。

历史是需要超越也能超越的。历史一旦成了历史，就成了人们能够对之做出客观观照的对象。黄仲则与戴东原的关系，在黄仲则那里是没有最终完成的，黄仲则只能囿于自己的立场感受二者的关系，但到了郁达夫这里，二者的关系已经成为历史，是可以进行超越性观照的客观对象，而郁达夫只是简单地返回到了黄仲则的视点上，它就不属于"历史"的性质的了。因此，作为一篇历史小说，《采石矶》的历史感是不强的，它更是一篇现实的抒情小说。

郁达夫写出了《采石矶》之后，就没有继续写作历史小说，说明他对历史的表现并没有真正的兴趣。只是到了十年之后，他才又写了《碧浪湖的秋夜》，表现的仍是他与中国古代文人相同的生活趣味，其现代性质较之《采石矶》更加淡薄。

真正对历史的表现有浓厚兴趣的创造社作家是郭沫若。他一生除写了大量历史剧之外，也以历史为题材创作小说，他的历史小说，在20年代颇重文化主题，30年代更重政治主题，但不论何种主题，他都是通过对历史人物主观动机和道德品质的表现来实现的。因而我们把他的历史小说和郁达夫的历史小说合称为个人道德表现型的历史小说。

郁达夫的历史小说是抒情性的，郭沫若的历史小说是写实性的。郭沫若自己曾说："我是利用我的科学的知识对于历史的故事作了新的解释或翻案，我始终是写实主义者。"（郭沫若：《豕蹄·序》）但是，郭沫若和郁达夫在当时的文化界，又都属于与过往的学术文化权威有矛盾的新锐青年作家之列，都是更多从个人道德品质上来感受自己与周围社会的矛盾和分歧的作家。如前所述，这类作家的特点是长于知己而暗于知人，强于主观抒情而弱于客观描写。不能不说，在历史小说的创作中，郁达夫更发挥了这类作家的长处，而郭沫若则更暴露了这类作家的短处。郁达夫和郭沫若都重视心理描写，但郁达夫写的是自己，故而挥洒自如却不失其真实性，郭沫若写的是不同于自己的别的类型的人物，故

中国现代历史小说论（二）

常常脱离开人物性格的自身逻辑，用自己的心理代替作品人物的心理，或无意间美化了他笔下的人物，或无意间将复杂的人物单纯化了。例如他写秦始皇的"忏悔心理"说："我自己完全是一位有残疾的不值半文钱的庸人，我全靠我父亲的本领得到了秦人的基业，才做到了皇帝。"（郭沫若：《秦始皇将死》）历史上的秦始皇肯定是比历史家记述中的秦始皇更加复杂得多的人物，他的内心世界更是如此，但不论如何复杂，他也不会产生自己是一个"不值半文钱的庸人"的想法。且莫说王位的继承在中国的历史上不会被视为无能的表现，秦始皇继承王位后的表现也非此前王位继承人所能比拟。中国全部的专制政治的历史都支持着秦始皇这样的政治家和军事家的自我意识，即使任何别的人都认为自己是一个无能的庸才，像秦始皇这类的人物也不会把自己视为庸才。历史小说可以不符合历史的事实，但却不能不符合历史人物的精神心理特征，郭沫若历史小说中这些随意性的心理刻画，破坏了它们的历史真实感。

郁达夫的历史小说缺乏对历史的超越感，往往把自己等同于历史上的一个人物，也用这一个人物的目光看待周围的世界。郭沫若的历史小说则努力于对历史的超越，他不但努力超越个别的历史人物，还要超越中国古代历史人物的事实记述。这就是他所说的对于历史的故事"作了新的解释或翻案"。但是，他的超越不同于鲁迅的超越。鲁迅更立于整个历史的高度，从对历史的思考入手，把历史人物和历史事件放在完全不同的关系中进行表现，从而超越了历史家对他们的历史记述。但郭沫若超越历史的办法往往仅从历史的记述出发，企图对历史的记述做出新的解释，达到对历史记述的超越。但在这里，却存在着一个根本的矛盾，即历史小说家对历史的超越必须接受历史记述者本人主观意图的制约，不能走到与历史记述者本人的意图迥然不同的方向上去。如若如此，"历史"就不再支持历史小说家，而是起到反抗历史小说家的作用，使其无法获得超出于自身描写的更丰富的意蕴和更自由的联想。鲁迅对历史人物和历史事件的表现是很自由的，但对他所采用的历史记述自身的意蕴，则是极为忠实的，不论是女娲、羿、墨子、禹、老子、孔子、伯夷、叔齐，都没有根本改变历史记述者的根本精神意图。我们感到，他们还是历史家记述的那些人物，只不过鲁迅把他们置于了不相同的联系之中，使我们看到了他们的另外一些侧面，从而对他们产生了一种新的印象，改变了对他们的固有感受和理解。他们不是与历史家记述的完全不同的另一个人物。而在郭沫若的历史小说中，我们则感到他写的不是那个人物本身，而是另外一个不同的人物。例如，他根据荀子所说"孟子恶败而出妻，可谓能自强矣"（《荀子·解蔽篇》）一句话写了《孟夫子出妻》，但小说中孟子的形象却绝对不可能是荀子心目中的孟子的形象，这就使这个小说中的形象失去了历史的根据，也与一般人心目中的孟子大异其趣。同样的情况也出现在《孔夫子吃饭》中。郭沫若自称这篇小说根据于《吕氏春秋》卷十七《审分览》的《任数》篇，但在《任数》篇出现的孔子，实际是一个能够在现实生活中总结经验教训、知错即改的孔子，而在郭沫若的《孔夫子吃饭》中，则把孔子写成了一个虚伪多疑、领袖欲望极强的人。这样一个人物形象，既无法获得作者所依据的原始材料的支持，又与社会一般人心目中的孔子不同，就成了一种与历史毫无联系的无根之谈了。郭沫若在这里犯的错误，是想用曲解原始材料的某些词语的方式达到自己的目的，但任何词语的意义都是在说话人的总体意图中被规定的，荀子不会把孟子想象成一个色情狂和宗教狂的畸形结合体，《吕氏春秋》的作者们不会认为孔子是一个虚伪多疑、领袖欲极强的人，所以郭沫若的解释不会得到别人的认可，反而会被认为牵强附会，影响了对小说的接受。在这里，还有一个在什么样的层面上超越历史人物的问题。五四新文化运动对孔孟之道的批判，是在中国社会思想的高度进行的，新的历史条件使中国知识分子完全有理由说，把孔子、孟子当作无所不知的圣人，用他们的思想规约整个社会的思想，已经是不合时宜也根本不可能的了。但这绝对并不意味着，即使在个人道德品质的修养上，孔子、孟子也是毫无可取的。这是两个层面上的问题，而不是一个层面上的问题，企图丑化孔子、孟子的个人道德品质而达到对他们的超越是不可能的。

历史小说，归根到底只是"小说"而不是"历史"。"历史"在历史小说中，只是一种创造艺术幻象的形式，是在历史的背景上，依靠作者和读者头脑中储存的历史的形象创造一种全新的艺术幻象的方式。而就小说的创作目的而言，则完全是现实的，是为现代的读者而创作、而欣

中国现代历史小说论（二）

赏的。所以，历史小说总与现实社会生活发生着千丝万缕的联系，纯粹为历史的是历史家而不是小说家。郭沫若把自己的历史小说称为历史讽喻小说，并说："讽喻的性质本是先欲制今而后借鉴于古的。"（郭沫若：《豕蹄·序》）应该说，这是历史小说创作的一种可行的路向。但是，不论古今以一种什么形式联系起来，作为小说，作为艺术，都要更重"神似"，而不能仅仅注重"形似"。中国现当代盛行一种影射文学和影射史学，这种"影射"就是仅仅注重形似的结果。影射的两端是单纯的、固定的，不是相互发明、彼此丰富的，形成的是一种古今之间的极简单的联系。只有神似，才会产生更广泛的联想，古今相互发明，使古人和今人、古事和今事都以新的面貌呈现在读者的面前。如果说形似只是古、今两者之中都存在着一个相同的点，神似则是古、今两者都包括在一个相同的圆里。鲁迅《奔月》中的逢蒙和高长虹之间的联系，是一种神似。二者在表现形式上极不相同，但却都包括在一个更大的"神"中。二者之间的神似之处在于：凡是没有一个明确的社会目标，主要从成名成家、出人头地的愿望出发而学习一种技艺才能的青年，在本能中就会有一种弑师情结。以一种才能服务于一个普遍的社会目标的人，都在本能上希望为这一社会目标而共同斗争的人的强大，他不会嫉视同一阵线中比自己本领更强大的人，更不会嫉视自己的老师。但如果仅为成名成家和出人头地而学习一种本领，他的虚心只在自知没有别人的帮助就无法成名的时候。在这里，他很能自觉地迁就老师而求得老师的信任和欢心，但一旦他已经成名，不再需要老师的帮助，他就在本能上感到老师的存在对自己是一种束缚、一种压抑，一种弑师的愿望就会自然地产生。在这里，他开始不再迁就老师而压抑自己，而是在不自觉中就会寻找损害老师的机会。人类的嫉妒心是在失去了共同关心的社会目标时自然产生的，是在彼此高下的比较中必然具有的。高长虹对鲁迅的攻击使鲁迅更切近地意识到像羿这样的名箭手的现实处境。与此同时，这种神似是在更深层的意义上形成的，它包括了指涉的对象但却大于指涉对象，从而把艺术根据上升到了超越个人攻击、简单影射的高度。但在郭沫若的历史小说中，古与今的联系还更多地停留在形似的基础上，带有明显的简单影射的特征。有时他用秦始皇影射蒋介石，有时又用项羽影射蒋介石,实际上,这三者在其典型意义上甚少共同之处,无法在艺术的感受上将这三个不同的人物联系起来,因而在人物刻画上就显得简单粗糙,没有耐人咀嚼的艺术况味。

真正体现郭沫若历史小说最高水平的,实际上仍然是与郁达夫《采石矶》有相近特征,带有明显个人表现性质的作品。《漆园吏游梁》(原名《琬雏》)、《司马迁发愤》、《贾长沙痛哭》虽然在写法上采用的是写实的手法,但庄子、司马迁、贾谊这些历史上的知识分子,实际与郭沫若在当时社会上的处境极为接近,在人生感受和思想感情上都有更多的相同特征。显而易见,这几篇作品,较之《柱下史入关》(原名《函谷关》)、《楚霸王自杀》,对历史人物的表现都没有有意做全新的创造,基本忠实地遵守了历史上对这些人物的记述和评价,也没有其余几篇的那些过于牵强之处。这里的原因是明显的,即从春秋末期中国知识分子产生以来,一直到郭沫若所处的中国现代社会,中国知识分子始终处于一种异常尴尬的处境之中。文化即经产生,知识分子阶层即经存在,一种独立的文化价值标准在知识分子的自我意识中就是相对明确的,但几千年的封建专制政体,使知识分子的文化价值的实现方式始终主要是政治的,是通过为现实政权的服务而获得其价值的具体实现的。这不但严重规约了中国文化的发展,使其带有明显的畸形的性质,而且也使中国古代知识分子在精神上始终带着严重的精神创伤。在郭沫若的历史小说里,描写的就是其中比较典型的三种:一、《漆园吏游梁》中的庄子,是以拒绝政治、淡泊名利,放弃文化价值的实现、放弃自我的形式来对政治对文化的控制进行消极反抗的知识分子;二、《贾长沙痛哭》中的贾谊,是以自己的热情与才华服务于政治,但不肯屈服权贵、为个人名利放弃自己的政治主张的知识分子;三、《司马迁发愤》中的司马迁,是以忍受专制政治加于自己的侮辱、从事自己的文化创造,因而在表面上获得了高官厚禄的知识分子。就其实质,这三种知识分子都是在一个非正常的社会状态下形成的三种畸形的精神形式,是专制政治在知识分子心灵中留下的严重的精神创伤。但郭沫若也仍然处于中国文化的这个怪圈之内,他当时的处境同他所描写的古代知识分子基本上是相同的,坚持知识分子的文化价值标准,反对社会上更有实际力量的政

中国现代历史小说论（二）

治权力标准，是郭沫若同庄子、贾谊、司马迁相同或相通的内心要求。他同情地描写了他们的痛苦处境，刻画了他们的心理，赞颂了他们不畏权贵、蔑视名利的思想品质，不论在心理刻画的细致性还是在借用主人公进行的主观抒情的感情力量上，都比其余各篇为优。但从这三篇历史小说的创作上看，郭沫若仍然没有找到实现自己文化价值的合理方式，他仍然只是在政治和文化、政治官僚与知识分子的关系中意识中国文化的命运和中国知识分子的命运。这是一个怪圈，他的一生也只能在这个怪圈中旋转。

新文学第一个十年（1917—1927）的历史小说创作在数量上很少，除上述鲁迅的三篇（《补天》《奔月》《铸剑》）、郁达夫的一篇（《采石矶》）、郭沫若的两篇（《漆园吏游梁》《柱下史入关》）之外，现在搜集到的还有冯至的《仲尼之将丧》，王独清的《子畏于匡》和废名的《石勒的杀人》。虽然如此，20年代的历史小说创作还是相当重要且成就显著的。它不但标志着中国现代历史小说的产生，而且鲁迅的文化解剖型的历史小说和郁达夫、郭沫若的个人道德表现型的历史小说都产生于这个时期，鲁迅和郭沫若这两个中国现代历史小说的有代表性的作家都在这里开始了自己的历史小说的创作，并形成了自己独立的艺术风格。而鲁迅的文化解剖型的历史小说则代表着中国现代历史小说的最高水平和中国现代历史小说对世界历史小说的独立贡献，其中最优秀的三篇，都创作于这一时期。在总体艺术风格上，20年代的历史小说家，不论是鲁迅，还是郭沫若、郁达夫、王独清、废名，都表现着对固有历史记述的超越态度，他们都不那么迷信历史和历史人物，都把历史和历史人物当作过去时代的现实人物来理解，来把握，来描写，来表现；在历史与现实的关系上，他们都更重视历史小说的现实主义，不是为写历史而写历史，不是为了显示自己的历史知识的广博和学问的宏富。是他们驾驭着历史，而不是历史驾驭着他们。在艺术手法上，这时的历史小说都有着一种特有的活泼气象，不仅取材自由，有真实的历史人物，也有神话传说中的人物，而且形式自由，有写实性的，有抒情性的，甚至有的以写现实题材小说的形式写历史小说（如废名的《石勒的杀人》，用老和尚讲故事的形式重造石勒与王衍的故事）。讽刺、幽默则是这时期非常流行的表现方式。所有这一切,甚至为三四十年代的历史小说所不及。一种自觉不自觉地反抗"历史的压迫"的情绪贯注在这时历史小说家的意识里,这反映着中国现代知识分子独立意识的加强:独立地面对自己的历史,独立地面对目前的现实。

原载《鲁迅研究月刊》1998年第4期

中国现代历史小说论（三）

6

新文学第一个十年（1917—1927）是中国现代历史小说的诞生期，新文学第二个十年（1927—1937）则是中国现代历史小说的繁荣期。

如前所述，中国现代历史小说诞生期三位杰出的历史小说家鲁迅、郭沫若、郁达夫的历史小说创作，都是到了30年代才最终完成的。鲁迅于1934年，在停止历史小说写作八年之后，又相继写成了《非攻》《理水》《采薇》《出关》《起死》五篇历史小说，并于1936年1月同前期的《补天》（《不周山》）、《奔月》《铸剑》三篇一起，结集为《故事新编》，由上海文化生活出版社出版。郭沫若则从1935年1月始，至1936年9月止，连续写了《孔夫子吃饭》《孟夫子出妻》《司马迁发愤》《贾长沙痛哭》，1936年5月将前六篇（包括前期创作的两篇《漆园吏游梁》《柱下史入关》——编者）结集为《豕蹄》出版。郁达夫也在1933年写了他的第二篇，也是他最后一篇历史小说《碧浪湖的秋夜》，收入他同年出版的《忏余集》。在第一个十年即写了《仲尼之将丧》的冯至，这时期又写了他的第二篇历史小说《伯牛有疾》。

新文学第二个十年历史小说创作的特点是大量新的历史小说作者的涌现。1928年6月，许钦文在《北新》半月刊上发表了他的历史小说

《牛头山》；1929年冯乃超发表了《傀儡美人》，孟超发表了《陈涉吴广》，施蛰存发表了《鸠摩罗什》，是这个时期较早出现的几篇历史小说。1930年，茅盾相继写了《豹子头林冲》《石碣》《大泽乡》三篇历史小说，因其都是以农民起义为题材的，在新文学第二个十年历史小说创作中占有一个相当重要的历史地位，茅盾也堪称中国现代历史小说史上的一个重要作家。继承茅盾这一传统的是刘圣旦，他先后创作了《新堰》《白杨堡》《突围》《诗狱》《北邙山》五篇历史小说，1934年5月结集为《发掘》，由上海天马书店出版，其中有三篇是以农民暴动为题材的。郑振铎是新文学第二个十年另一个重要的历史小说家，他在这个时期创作的历史小说有《汤祷》《桂公塘》《黄公俊之最后》《毁灭》，后三篇曾结集为《桂公塘》于1936年由商务印书馆出版，《桂公塘》则是中国现代文学史上第一个中篇历史小说。施蛰存这个时期的历史小说除《鸠摩罗什》外，还有《将军底头》《石秀》《阿褴公主》《李师师》，前四篇曾结集为《将军底头》，于1932年由上海新中国书局出版。1936年，宋云彬为《新少年》杂志接连写了十六篇短篇历史小说，后结集为《玄武门之变》，于1937年由开明书店出版，郑振铎、茅盾分别为之作序。李劼人长篇历史小说的创作是这个时期历史小说创作的重要文学现象。1935年，他创作了《死水微澜》《暴风雨前》，至1937年，他又完成了《大波》前三卷。此外，沈祖棻虽然没有历史小说专集出版，但不论在数量还是在质量上，也是一个值得重视的历史小说作家。张天翼、蔡仪、陈子展、曹聚仁、周木斋、严敦易、朱虞、唐弢、何其芳、王统照、李俊民、徐懋庸、向培良等人，在这个时期也有历史小说发表。

由于历史小说创作的繁荣，除了作家自编的历史小说集之外，特为出版社编辑的历史小说选集也开始出现。1936年，登太编选了包括鲁迅、郭沫若等人的历史小说和历史小品的《历史小品集》，由上海长江书店出版，大概是中国最早的中国现代历史小说的编选本。

中国现代历史小说的多种类型，都产生于这个历史时期。

一、农民起义题材的历史小说

农民起义题材的历史小说在数量上不多，在成就上也不是很大，但作为一个历史现象和文学现象，其意义却是重大的。如果说在新文学第

中国现代历史小说论（三）

一个十年，鲁迅的文化解剖型历史小说体现着中国现代历史小说发展的"主流"，那么，在第二个十年，农民起义题材的历史小说就应该被视为"主流"了。它是当时空前尖锐的社会矛盾的产物，是马克思主义的阶级斗争学说在中国知识分子中传播的结果，同时也是当时左翼作家对中国现代历史小说题材的新开拓。中国现代文学史上第一篇以农民起义为题材的历史小说是孟超于1929年写的《陈涉吴广》，它就发表在中国共产党的刊物《引擎》创刊号上。这是很能说明问题的。

孟超的《陈涉吴广》写的是大泽乡起义的过程，似在告白中国共产党领导的革命是在受到国民党的残酷镇压之后不得不采取的生存方式，也似在号召那些在新的更残酷的专制压迫下走投无路的人必须起来反抗，不能坐以待毙。

——难道就这样的死吗？难道就这样的死吗？
陈涉还是不住的反复着，渐渐的转入自言自语的神气，表示出实在是对于这种死是不甘心，而且他更倔强的是一个命运否定论者，不愿意当一个哀哀待杀的绵羊。

（孟超：《陈涉吴广》）

把农民起义题材的历史小说正式推向文坛的是茅盾。他在1930年一年之中，连续在《小说月报》上推出了三篇以农民起义为题材的历史小说：《豹子头林冲》《石碣》和《大泽乡》，分别发表在该刊第8、9、10三期上。茅盾的这类小说反映的不是单纯的情绪，而是他当时的矛盾复杂的心情，这同时也给中国古代农民起义的描写带来了复杂性。茅盾是中国共产党初建时的党员之一，从20年代就接受了马克思主义思想的影响。他曾作为中国共产党的干部参加了国共两党共同领导的第一次国内革命战争，对革命阵营内部的情况有着更多的切身了解。第一次国内革命战争失败之后，情绪一度消沉，他把对当时革命青年的了解写成了《蚀》三部曲：《幻灭》《动摇》《追求》，并因此受到来自左翼知识分子内部的青年马克思主义者和当时创造社、太阳社成员的攻击。但是，他对当时国民党的专制统治始终是反对的。这使他对中国古代农民起义的内外两面都有表现：在反抗当时的专制压迫的意义上热情歌颂农民起义，而在农民起义内部关系的描写中则批评农民的自私性、狭隘性以及封建等级制度的残余。

司马迁的《史记·陈涉世家》和施耐庵的《水浒传》为中国现代农民起义题材的历史小说提供了现成的可供利用的材料。除孟超的《陈涉吴广》、茅盾的《大泽乡》之外，宋云彬的《夥涉为王》、陆费墀的《陈胜王》、廖沫沙的《陈胜起义》和孟超在《陈涉吴广》基础上修改而成的《戍卒之变》都是在司马迁《史记·陈涉世家》的基础上写成的，而靳以的《禁军教头王进》、张天翼的《梦》和几篇其他类型的历史小说（如施蛰存的《石秀》、李拓之的《文身》等）则使用了施耐庵《水浒传》的材料。在题材范围上有所开拓的是刘圣旦。他把自己的历史小说集命名为《发掘》，就是重在发掘新的历史资料的意思。他的《新堰》，写的是隋末的农民起义；他的《白杨堡》，写的是明末农民起义；他的《突围》，写的是清朝白莲教起义；他的另两篇历史小说《诗狱》《北邙山》写的也是统治者的专制、腐败乃至由此丧失国家政权的历史悲剧。他在历史小说集《发掘》的前记中写道：

> 埋葬在历史里的故事，自然是发掘不尽的，这一点微细的工作，也许可以证明"日光之下，并无新事"的一句格言。至于应如何看法，那自然，各要各的立场，各要各的见地。或者，历史是警告着人们，"不要再那么样"；但或者历史也在告诉人们，"又要那么样"了。[①]

在该类历史小说的写法上，刘圣旦也有开拓，他不写农民起义者的思想斗争，不把笔力只集中在一触即发的斗争场面，而是从朴素的生活写起，把农民起义的过程写成他们日常生活发展的一种自然的结果，也是他们朴素人生观念的自然表现。显而易见，这比孟超、茅盾的小说更接近农民的本身。正像曹聚仁所说："他写农民的朴素意识，那么浩大

[①] 刘圣旦：《发掘》，上海天马书店，1934，第12页。

中国现代历史小说论（三）

的事件，就是那么简单的登场了。"①在小说的艺术风格上，刘圣旦写得更加从容、轻松，视野也在从容中更显开阔，只是结构上稍嫌松散，描写上还不够传神，缺乏应有的历史力度。时至今日，鲁迅《故事新编》所体现的历史观念，还基本上没有转化为中国历史家叙述和论证中国历史的观念，它对中国现代史学的影响是极小极小的，但农民起义题材的历史小说则同时是中国马克思主义史学革命的一个核心内容。这个革命的实质意义是：在马克思主义史学之前，中国的历史学家只在社会上层的各种不同政治势力之间的斗争中描述中国的历史发展，它无法使人看到广大没有社会权利的人民群众在中国历史发展中所起到的作用。中国的马克思主义史学第一次把中国历史纳入统治阶级和被压迫阶级这个上下两个社会集团的对立和矛盾中看待和分析，虽然这并不是一个唯一有效的角度，但至少是一个可能的、有重要意义的角度，它揭示了此前中国历史家所未曾揭示过的历史内容。中国历代的农民起义在马克思主义的史学框架里，是作为中国历史上绝大多数没有社会权利的社会群众的独立力量出现的，是作为他们作用于中国政治和中国历史的一种基本形式而看待的。在日常的社会生活和历史演变过程中，人民群众没有足以制约政治统治集团的实际权力，政治统治集团的独立利益是在没有另一个独立力量的制约下单独发展着的，广大社会群众在这漫长的年代里，只能在顺从独立发展着的政治统治集团的意志和力量的情况下获得自己物质上和精神上的生存条件，个别人的反抗永远是无效的，并且也不可能影响社会的整体性存在形式，进入不到历史家的视野中去。只有当多数群众不但在精神上而且也在物质上丧失了自己生存基础的时候，他们才有可能在物质生活权利要求的基础上联合起来，以反官府的形式构成一种独立的社会力量，表现在社会并成为历史家无法忽略的事实，被以"暴乱"的形式记载在中国历史的史册中。但是，中国现代的历史小说家是在一种极特殊的境遇中发现中国古代农民起义这个历史题材的。1927年及其后国民党残酷的政治专制和文化专制改变了中国的文化环境，使

---

① 曹聚仁：《从〈发掘〉说到历史小说》，转引自刘圣旦《发掘》，上海天马书店，1934。

五四新文化运动坚持的文化革命和思想革命变得极为无力，多数没有政治权力的社会知识分子已经在自己的基础上找不到摆脱自己社会困境和文化困境的力量，转而把自己的希望寄托在中国共产党领导的政治革命斗争中。与此同时，国民党的文化专制使他们没有可能直接揭露现实的政治专制和文化专制，没有可能直接描写中国共产党领导的武装革命。在这种情况下，中国古代的农民起义实际上成了他们对国民党现实政治统治的憎恶和对中国共产党领导的武装革命的希望的象征物和代用品。作为对现实政治统治的诅咒，他们需要的是一种有力量的革命，是可以埋葬现实政治所代表的时代的革命，只有这种革命，才能提高他们反抗现实政治压迫的信心和力量；作为对中国共产党领导的革命斗争的希望，他们需要的是一种相对完美的革命，是能与国民党现实政治迥然不同的、代表自由民主平等和社会进步的革命；作为一个现代的知识分子，他们需要的是一种具有现代思想性质、摆脱了传统观念束缚的革命。不难看出，在所有这些条件上，中国古代的农民起义都无法满足他们的要求。历史，一旦成为历史，就必须被超越，就不能不超越。全部的历史都已经证明了，中国古代的农民起义是一种没有实际力量的革命形式，它的命运只有一个：失败，不是失败在自己被镇压里，就是失败在自己胜利后所建立的政权里，它对现实政治统治者的威胁要远远小于对那些尚有一息生存之地的多数知识分子的威胁；中国古代农民起义不是一种完美的革命形式，它是一种社会情感的总爆发，是那些平时被传统政治统治窒息了的本能生存力量的无节制的释放，它是以一种盲目的报复力量出现在中国历史上的，是一种冲破了堤坝的洪水的泛滥；中国古代农民起义体现的不是现代知识分子的思想观念，而是对政治统治者违背传统道德信条，无节制增加社会群众政治、经济负担的一种惩罚，"替天行道"的形式体现着他们把社会更严格地纳入传统道德秩序中去的愿望。所有这一切，都是那些农民起义题材的历史小说家自己也知道的。他们无法疏通他们的创作要求和基本的历史认识之间的矛盾。他们的创作目的使他们不能完全自由地对待这一题材，他们使用的题材也使他们无法自由地贯彻自己的创作意图。所以，历史的进步和文学的发展并没有实际地帮助这类历史小说的创作。相对于中国现代农民起义题材的历史小说，司马迁的《史记·陈涉世家》和施耐庵的《水浒传》仍是两个没有被超越的高峰。而像乔万尼奥里的《斯巴达克思》类型的现代历史小说巨著，在当时的中国还没有产生的历史条件和思想基础。

2. 爱国主义题材的历史小说

新文学的第二个十年不但是中国国内社会矛盾空前尖锐激烈的历史时期，同时也是民族危机日益加强、民族矛盾日趋尖锐的历史时期。1931年九一八事变之后，日本帝国主义侵占了中国的东北，此后不断向内地侵蚀，而这个历史时期的结束则是以1937年七七事变、日本帝国主义发动全面的侵华战争为标志的。亡国的威胁又一次给中国知识分子的心灵罩上了沉重的阴霾。不言而喻，爱国主义题材的历史小说就是在这种背景下产生的。中国最早运用这种历史题材写作小说且成就最大的作家是郑振铎。他在1934年先后写了《桂公塘》《黄公俊之最后》《毁灭》三篇历史小说，分别在该年度《文学》的2卷3号、3卷1号和3卷5号上发表，1936年集为一册，以《桂公塘》为总题，由商务印书馆出版。这三篇历史小说的总主题，实际都是民族主义、爱国主义的。

中国人的民族意识问题，在鸦片战争之后，始终是困惑着中国有良知的知识分子的问题。面对西方帝国主义的侵略，几乎没有一个中国的社会阶层，没有一个中国人，不是以爱国主义为自己的思想旗帜的，但一旦中华民族面临生死存亡的实际威胁，真正从民族利益出发，坚持民族主义立场、坚持民族气节的人却只是极少数的人，而越是拥有高官厚禄的政治统治者，越常常卖国求荣，成为出卖民族利益的败类。这里，有一个中国社会文化的基础观念的问题。鲁迅曾指出：

> 汉的高祖，据历史家说，是龙种，但其实是无赖出身，说是侵略者，恐怕有些不对的。至于周的武王，则以征伐之名入中国，加以和殷似乎连民族也不同，用现代的话来说，那可是侵略者。然而那时的民众的声音，现在已经没有留存了。孔子和孟子确曾大大的宣传过那王道，但先生们不但是周朝的臣民而已，并且周游列国，有所活动，所以恐怕是为了想做官也难说。说得好看一点，就是因为要"行道"，倘做了官，于行道就较为便当，而要做官，则不如称

赞周朝之为便当的。

(《且介亭杂文·关于中国的两三件事》)

用儒家的所谓"道"掩盖起民族的界限，可说是中国封建士大夫实行自己民族投降主义的最方便的条件。一旦异民族掌握了中国的政权，他们就可以以行道为名到异族统治者手下去做官，取得与在本民族政治之下同样的地位和荣誉，这就使大多数封建官僚在受到异民族侵略的时候不是下决心抗击外来侵略者，而是准备自己的后路，只要异族侵略者有招降之意，便准备卖身投靠。在这时，只有少数爱国志士矢志抗敌，但他们却处在周围这些观望等待、准备随时改换门庭的投机官僚的无形包围之中，举步维艰，上下掣肘，不但自己生命无保，也无法挽回民族灭亡的命运。而一旦中原政权沦于异族统治者之手，一代代知识分子又都到新的政权中出将拜相、"治国安邦"、"行王道"、"施仁政"去了。这是一个多数的力量，这是一种"文化的潮流"，任何的历史家也无法对这个高举着儒家文化传统而为异族侵略者效劳的阶层做出根本否定的评价。但他们的存在本身，就是对前期少数爱国志士的一种嘲弄，他们即使不是不可容忍的，至少也是不够"明智"的。直到异族侵略者的政权再一次面临灭亡，才有人打起前期爱国志士的旗帜。但是，他们既不能否定儒家文化自身的价值，也就无法否定那些在异族侵略政权之下供职的全部知识分子，一旦又有新的异族统治者用武力威胁到中华民族的安全，同样的历史过程又会重演一遍。显而易见，郑振铎对中国历史上这种不断重复的过程，是有清醒的意识的，所以他对中国古代历史上的这类爱国志士，取的不是简单的歌颂态度，而是深切的同情态度。他没有重点描写他们的英雄壮举，而是把笔力主要放在他们的悲剧处境的描写上。

天地虽宽靡所容，长淮谁是主人翁？
江南父老还相念，只欠一帆东海风。

《桂公塘》一开始就引录了文天祥的这首《旅怀》诗，可以看出郑振

中国现代历史小说论（三）

铎对文天祥当时处境的深切同情。他在这篇小说的篇末附记中说："读文天祥《指南录》，不知泪之何从竟打湿了那本破书，因缀饰成此篇，敬献给为国人所摒弃的抗敌战士们！……因为这一段事过于凄惨，自己写完了再读一过，却又落了泪。"[①]

描写爱国志士，揭露卖国权奸，是爱国主义题材历史小说的主要结构形式，也是这类小说的两大主题。在一篇之中，二者相互对照，相互斗争，构成主要的情节线索；在篇与篇之间，有的以表现爱国志士为主，有的以揭露卖国权奸为主。郑振铎的《桂公塘》主要表现民族英雄文天祥，《毁灭》则主要鞭挞卖国权奸阮大铖。《黄公俊之最后》虽然取材于太平天国起义，但其视角主要是民族主义的：黄公俊是坚持民族立场的爱国志士，曾国藩是服务于异族统治者的鹰犬。

从30到40年代，民族矛盾日益尖锐，民族危机日益加深，所以以郑振铎为代表的爱国主义题材的历史小说传统，直到40年代，都自然地得到了延续和发展。40年代的爱国主义题材的历史小说，可以以孟超和廖沫沙为代表。30年代的郑振铎重在表现古代爱国志士的悲剧处境，40年代的孟超则更重民族英雄的品格和气节的歌颂。他的《渡江》写收复失地的民族英雄祖逖，他的《瞿式耜之死》写从容就义的爱国志士瞿式耜，他的《怀沙》写忧国忧民、愤然投江的爱国诗人屈原，他的《苏武与李陵》写牧羊十九年、誓不降敌的苏武。郑振铎和孟超的历史小说，都有较多的书卷气，属于鲁迅说的"教授小说"之类，而廖沫沙则更重生活细节的描写，把严峻的斗争纳入日常的生活描绘中来，故而有轻松自然的特点。他的《东窗之下》揭露秦桧夫妇勾结外敌谋害民族英雄岳飞的过程；他的《南都之变》与郑振铎的《毁灭》取的是同一题材，写阮大铖、马士英等人左右福王，欺压百姓，陷害忠良，导致南明灭亡的过程；他的《江城的怒吼》写江城人民反对清朝政府的剃头令，奋起反抗的历史事件。郑振铎、孟超、廖沫沙之外，属于爱国主义题材的历史小说还有沈祖棻的《崖山的风浪》、罗洪的《斗争》、秦牧的《死海》、吴调公的《突围》、周木斋的《郑成功孔庙焚儒巾》、曹聚仁的《叶名琛》

[①] 郑振铎：《〈桂公塘〉篇末附记》，《文学》第2卷3号，1934年3月1日。

等等，至于以其他的题材蕴含着民族主义、爱国主义精神的作品，那就更是比比皆是了。

但是，爱国主义、民族主义的问题，不论是对于中国古代的知识分子，还是对于三四十年代写爱国主义题材历史小说的作家们，乃至对于现在我们这些对历史做着各种各样的评论和指点的人，都仍然是一个极为复杂的"简单"问题。它简单到人人觉得不必说，不用说，不言而喻，但又复杂到谁也说不清，可感的不可说，可说的不可感。在这里，一个基本的问题是，民族精神、爱国主义、民族主义，对于一个民族及其每一个民族成员，都应是一种最最基本的素质，像一个中国人会说中国话，一只鸟留恋自己的窝，所有的蜜蜂都会保卫自己的巢一样。只有这样，一个民族才成为一个民族。但在中国，爱国主义则成了少数民族英雄和爱国志士的崇高品质和伟大业绩，中国的知识分子也一直像歌颂一种可望而不可即的东西一样反复提倡着它，宣传着它，歌颂着它，这本身就是一种带有悲剧色彩的文化现象。在中国古代社会中，"国"只是皇帝一人的私有财产，所以真正"爱国"的，仅皇帝一人而已。但他之"爱国"，爱的是自己的政权。为了这个政权，他在平时是不惜任何代价镇压本民族不服从他的统治的人及人民群众的。人民群众并不视这个"国"是属于自己的，"国家兴亡，匹夫有责"，只是少部分知识分子，更多是政治官僚的思想。他们是"臣"，是"沐"了君恩的。他们之爱国，是因为皇帝给了他们更高的社会地位。严格说来，在平时，他们都是"爱国主义者"，但他们之"爱国"，是因为他们在这个国家里具有一人或数人之下而万人之上的地位。社会群众也是"爱国"的，但社会群众是因为现实政权的稳固为他们提供了安定的社会局面。他们害怕战乱，因而也希望现实政权的稳定。但是，战争来了，外族侵略者用武力威胁着皇帝的政权。皇帝是愿意保住自己的政权的，但他自身毫无力量。他的臣们平时是因"叨君恩"而爱国的，这时候皇帝需要的是他们付出牺牲，乃至牺牲自己及其全家的生命。这个"君恩"不在了，而"异族"的"君"则仍然可以提供给他们甚至比"前朝"灭亡前更好的社会地位和生活条件，可以对他们施恩宠。对于"皇帝"那个"国"，他们也很难爱得起来了。人民群众平时希望的是社会的安定，除此之外，皇

中国现代历史小说论（三）

帝并没有给予过他们更多的东西，在这时，谁能尽快取得胜利，使动荡着的社会安定下来，谁就有益于他们。一个"种地纳粮"的社会地位，不论是在本民族的皇帝手里，还是在一个异族皇帝的手里，都是极容易获得的。也就是说，在"皇帝"最需他的臣民"爱国"的时候，恰恰是他的臣民最难爱起他的"国"来的时候。在这里，只有极少的"臣"和"民"还出于对异族侵略者的义愤而坚持着对异族侵略者的抗争。这样，爱国主义在中国就成了少数人的高贵品质。这些人的爱国主义自然地带有下列几个突出的特征：一、它是以一种个人的道德品质表现出来的，是一种气节，是在武力压迫下也不改变平日志向的一种精神；二、它是以维护即将灭亡的前朝政权的形式表现出来的，"忠君"与"爱国"密不可分；三、它是以盲目的排外主义为思想基础的，因为只有把"外国人""异族人"视为无恶不作的坏人，才能激发原本在本民族政权之下处于无权地位的社会群众起而反对异族侵略者；四、它是在两个朝代相交替的极短暂的历史时期出现的一种极特殊的思想文化现象。显而易见，当中国现代知识分子面临严重的民族危机，又一次深感爱国主义精神的需要而转向中国古代的这些少数爱国志士的时候，他们还是无法在现实的民族生活中找到爱国主义、民族主义生长的广阔土壤的，还是只能乞灵于这种个人的气节和道德品质的宣传和赞颂的，因而也就很难突破这些历史故事自身的束缚，给读者一种全新的思想感受和艺术感受。鲁迅批评郑振铎的《桂公塘》说："太为《指南录》所拘束，未能活泼耳。"[1]我们认为，这绝不仅仅是一种写法问题，而是如何独立地把握和运用这类历史的题材的问题。在这里，我们可以对照列夫·托尔斯泰的《战争与和平》思考中国三四十年代的这类历史小说，就可以看出它们还是有些"空"，有些拘谨，有些人为的美化和丑化。

按照鲁迅的见解，民族主义、爱国主义的问题，实际是一个民族成员的个性意识的问题。他说："国人之自觉至，个性张，沙聚之邦，由是转为人国。"（《坟·文化偏至论》）一个有个性的人，尊重个人的独立意

---

[1]《书信·340516致郑振铎》，载《鲁迅全集》第12卷，人民文学出版社，1981，第414页。

志，尊重个人的合法权利，因而他也尊重自己民族的独立意志，尊重自己民族独立意志的合法权利。民族侵略是一个民族对另一个民族独立意志的剥夺和对它的合法权利的戕害，同时也是对这个民族所有成员的侮辱和侵凌。这样的民族，在任何情况下，都不会承认别民族对自己民族的武装侵略，而这种反抗武装侵略的行为，也绝对不意味着对另一个国家的人民的仇视和憎恨。它尊重自己，也尊重别人。一个民族，把自己的成员训练成奴隶，训练成羊，到民族危机的时候，又希望他们是战士，是狼，那是根本不可能的。鲁迅的这一看法，可备一解。

3. 政治斗争题材的历史小说

可以说，从春秋战国到辛亥革命的中国历史，就是一部政治斗争的历史，军事斗争的历史。20 年代的新文学作家，开始重视的是文化的革命、思想的解放，多数人把政治斗争仅仅视为一个文化的问题、思想的问题；到大批青年作家起来，更把政治作为一个整体攻击的对象，在他们的情感的世界里，容纳不下政治上的权力争夺，更容纳不下政治斗争的残酷、政治策略的曲折，乃至连鲁迅对文化斗争策略的重视也视为"世故"的表现，似乎人生只是一泓清水，可以任他们在里面自由地游泳。但到了1925年之后，大批新进青年都政治化了，有的则亲自参加了1926年开始的北伐战争，但接着是1927年的风云突变，把这些青年一下子抛入了政治斗争的泥沼里。在这时，政治成了一个不可回避的问题，历史上的政治斗争也开始引起了他们的关注。1928年6月的《北新》半月刊上，刊载了许钦文的历史小说《牛头山》，虽然作者依然立于政治斗争之外描写姜维和魏延的争权夺利，但显而易见，对他们斗争手腕的兴趣也开始浓了起来，这与20年代初的作品有着很大的不同。此后出现的农民起义题材的历史小说、爱国主义题材的历史小说，特别是后者，不能不更多接触到政治斗争的一些实际状况，作者立于农民起义和爱国志士的立场上，对他们为了自己的胜利所不能不采取的一些策略性行为开始有了更多的了解和肯定。孟超的《陈涉吴广》把《史记》中写的诸多神秘都作为起义者不得不采取的斗争策略；郑振铎的《桂公塘》中的文天祥、杜浒等为了逃离困境，也使用了很多迷惑敌人的办法。也就是说，一旦新文学作家开始接触到政治斗争和现实人生的实际矛盾，中国

中国现代历史小说论（三）

古代历史上那些政治斗争、权力斗争和与此相联系的人与人的斗争，就是他们自然关心的对象了。1936年5月，宋云彬为《新少年》杂志接连写了十六篇历史小说，后来结集为《玄武门之变》，于1937年由商务印书馆出版。表面看来，这十六则小故事是循着历史的脉络选取的，是为了便于青少年理解中国的历史发展的，但只要我们把它们同其他类型的历史小说比较着看，就会看到，它们作为"小说"的特质，实际是建立在对政治斗争及其斗争策略或权术的关心之上的。像《大男》，像《焚券》，都不是与历史的发展有必然关联的故事，为什么作者也选取了它们？显而易见，它们表现了人的政治智慧和人生智慧。这种智慧，表现在正面人物身上，曰策略（如《焚券》中的冯谖）；表现在反面人物身上，曰权术（如《禅让的又一幕》中的王莽）。智慧的反面则是愚笨（如《大男》中的大男）。但不论是策略、权术、愚笨，让人读了都感到趣味，都有小说的艺术效果。"玄武门之变"则是在中国历史上决定了一个时代面貌的重大权术较量，一代"英皇"唐太宗就是在这样一场父子、父兄间的厮杀中登上了皇位，开始了他的政治统治的。所以，我们把宋云彬的《玄武门之变》作为政治斗争题材历史小说的代表作。

茅盾评论宋云彬的《玄武门之变》说："作者用力之勤，以及态度的谨严，到处可见。这里十六篇，都是为《新少年》半月刊写的，因刊物的读者对象的关系，故事的形式和内容都务求平易，然而却并不空洞。《新少年》的读者在历史教科书上知有'禅让'，有'变法'等等，然而所得的观念总不免模糊，读了这里的故事，他们至少可以多明白一点，所以也许有人将因其平易而忽视之，但我以为这在少年读者中自有其被爱好的理由。"[①]《玄武门之变》的意义，在于把古代历史上的政治斗争和政治事件，改编成现代人乃至现代少年能够理解的东西。为什么古代历史上的政治斗争和重大历史事件在现代人乃至现代少年人的心灵中仍然可以成为能够被理解的东西？因为现代人的人生中也有斗争，现代人也生活在政治斗争的漩涡里，因而现代人也需要人生的智慧、斗争的经验，也要善于识破别人的阴谋，运用正确的策略克服前进道路上

---

① 茅盾：《〈玄武门之变〉序》，浙江人民出版社，1983。

的困难。也就是说，在人生智慧和斗争策略的意义上，古人和今人原本也是相通的，历史小说也可以把它作为思想和艺术的隧道，将二者沟通起来。但是，历史小说家在这里遇到的困难都更大，更复杂。在这里，尊重历史和超越历史、历史家和历史小说家发生的是遭遇战。鲁迅的文化解剖型历史小说是依靠重组一个文化框架的方式实现了对古代历史家的超越的，他避开了古代历史学家所叙述的大部分历史事实，只给它提供了一个新的几乎是象征性的框架。个人道德表现型历史小说对历史的表现是零碎的，但它们的作者们也满足于这些零碎事实的表现。实际上郁达夫、郭沫若创作历史小说的意图都不在告诉我们中国的历史是怎么样的，而在表现他们自己一时的情绪或对现实某个人、某件事的态度。农民起义题材的历史小说和爱国主义题材的历史小说是通过把古代历史中少量的事实提高到整体的、最重要的位置上来的方式实现对古代历史家的超越的，它们分别把中国的历史视为地主阶级与农民阶级斗争的历史、爱国主义与卖国主义斗争的历史的整体面貌，虽然过于单纯，但却有效。但政治斗争题材的历史小说重视的也就是中国古代历史家所重视的，中国古代的历史就是一部权力争夺的历史。可以说，中国人的智慧在这方面发展得最充分，积累得最丰富，但这种智慧却并没有带来社会的进步和经济的发展，没有带来现代中国的繁荣和富强，它起到的是恶化社会环境、阻碍人类进步的作用。仅就智慧，诸葛亮是比伽利略丰富得多、智慧得多的一个人，但对于人类的作用却是极不相同的。也就是说，智慧有一个丰啬、高低的差别，还有一个运用于什么目的的差别。对于中国古代历史家，我们不能提出这样的要求，因为在他们的视野以内，这个问题并没有当然的合理性；但对于一个鸦片战争之后的知识分子，特别是对于一个"五四"之后的新文学作家，它就不是一个苛求，而是一个必须了。在这里，一个中国现代历史小说家与中国古代历史家应有的区别在于，现代历史小说家不但应当重视中国古代人的智慧的表现，更应当重视这种智慧表现的人道主义性质。因为只有在与人类普遍的生存和发展的需要相联系的目标上增长着的人类的智慧，才会真正起到推动人类历史发展的作用，而所有那些仅仅关系到固有权力和经济利益再分配形式的斗争及其斗争智慧，不论在当时看来是多么有意义的，

中国现代历史小说论（三）

但从整个历史发展的角度，都不能不是中华民族在智慧上的极大浪费，并且最终起到的只是恶化中国社会关系、破坏中国经济持续发展的作用。鲁迅小心地绕开了中国历史上各种政治集团之间的权力争夺的大量有趣的故事，而肯定地描写了造人补天的女娲，射落九日的羿，治理洪水的禹，为反对战争和维持人类和平而绞尽脑汁、四处奔波的墨翟，显而易见，他们所实现的，是人类的人道主义目标。他也写了向统治者复仇的眉间尺和宴之敖者，但他的艺术处理却告诉人们：复仇者必须与自己的仇敌同时毁灭。有仇敌在，就有复仇者的意义在；一旦仇敌被消灭，复仇者的存在就是毫无意义的了。它是惩罚人类罪恶的方式，不是人类历史发展的方式。宋云彬的《玄武门之变》在某个层次上（主要是对历史上的反面人物）也是努力超越古代历史家的，但从总体来说，仍然没有逃出他们感受和描写历史人物的窠臼，因而重述多于创造，叙述多于描写，表现着在历史面前的拘谨，没有充分展开一个小说家应该有的自由想象的空间。

宋云彬的《玄武门之变》可说是历史和小说的中介形式，以它为中心，这类的作品向两个方向发展：一是向更纯粹的历史故事发展，从而失去了作为历史小说的基本性质；二是向历史小说发展，更增强了小说的性质，但也因此更少历史所要求的史实的可信性。30年代，中华书局出版了一批历史故事书，其中有喻守真的《晏子春秋童话》、朱文叔的《左传故事》和《史记故事》、吴翰云的《二桃杀三士》、郑昶的《前汉书故事》和《后汉书故事》等，他们的目的是以通俗的形式普及历史知识，更少个人的想象，更多依靠史书的记载，故而不能当作现代历史小说来看待。而在另一个方向上，则出现了一些较之宋云彬《玄武门之变》更成熟的以政治斗争为题材的历史小说。

纵观中国现代的历史小说，真正能涵盖中国古代各种文化现象的，实际只有鲁迅的文化解剖型历史小说。它虽然取材范围很狭窄（只集中于中国古代的神话和传说以及先秦时期的部分历史人物），但透过它的文化棱镜看到的却是中国古代各色各样的人物及其思想面貌。个人道德表现型的历史小说取材比较零碎，其道德类型也仅有虚伪、残暴和追名逐利的几种。因为那时的青年作家处于社会困窘的地位，憎恨的也只是这样几种人物，而作为他们自身的形象体现的，则是命运蹇舛、生不逢时、多愁善感、恃才傲物的一类。农民起义题材的历史小说描写的不过是墨家的末流——侠义剑客类型的人物或民间宗教文化（白莲教起义中的白莲教教民、道教文化等等），作为它们的反面的则是当时的贪官污吏和整个政治统治。爱国主义题材的历史小说只接触到民族矛盾尖锐时期政治官僚的分化状况，实际是同一种儒家知识分子的不同文化选择。有的坚持儒家的伦理道德标准而放弃一己的私利，成为爱国志士，有的则放弃了他们平日标榜的道德原则而成为卖国求荣的无耻小人，在所持的文化标准上则都是儒家文化所提供的伦理道德标准。而政治斗争题材的历史小说所主要接触到的则是中国古代法家文化范围中的历史现象。中国古代的道家文化是自外于政治的，它在历代的政治斗争中起不到实际的作用；墨家的末流——那些侠客义士主要活动在下层社会，少数与政治斗争有关的人物也只是政治家手中的工具，起到的不是关键性的作用；各种民间宗教常常转化为农民起义的组织形式，它们不是中国古代政治斗争内部的组成成分。真正在政治集团内部起作用的实际只有儒、法两种文化，而儒家文化几乎只能提供给中国古代政治制度一种组织形式和伦理道德标准，道德家向来是只会说嘴，不会干事的，一干事，他们也就成了法家了。"权"不是说来的，而是争来的，夺来的；一争一夺，就要讲法术，讲权势。而讲法术、讲权势的，则是法家，而不是儒家。

中国古代的法家是在帝王专制的政治体制内形成的。法术，就是智慧。我们说中国古代历史上积累了大量的政治斗争的智慧，实际就是积累了大量人与人的斗争、这派政治力量与那派政治力量斗争的智慧。在这里，又可以分为几种不同的情况：一、不同政治力量争夺王位的斗争及为此而运用的智慧或权术。宋云彬的《霸上》《侮辱》《禅让的又一幕》《两同学》《玄武门之变》，曹聚仁的《焚草之变》，孟超的《垓下》、刘盛亚的《安禄山》等等，实际上都是围绕着国家权力的争夺和占有进行的。由于他们之间方式方法上的差异和历史家所处的不同的地位，他们被分为被肯定或被否定的两类，但斗争双方都是为了得到国家政权，则是相同的。二、在同一政治体制内的争权夺利的斗争。许钦文的《牛头山》、沈祖棻的《马嵬驿》、严敦易的《马嵬》等，都是不同政治集团之间的斗争。三、代表政治统治集团诛杀异己的酷刑酷法。李俊民的《鼠的审判》，廖沫沙的《厉王监谤记》《鹿马传》，刘圣旦的《诗狱》，都以此揭露了封建专制统治的残暴，而这些则都是在法家传统上演变发展起来的。四、个体人在专制政体下为获取个人的利益（或保全自己，或营私舞弊）而运用的手段或法术。宋云彬的《大男》《焚券》，廖沫沙的《信陵君之归》《咸阳游》，秦牧的《囚秦记》都可视为这一类。以上所有这些斗争的智慧，或被中国古代历史家所肯定，或被中国古代历史家所否定，归根到底，只是为了"权"，为了个人的私利私权，除了"权"之外，它们连点"剩余价值"也没有。不论在当时人看起来谁是谁非，但作为一种"智慧形式"，起到的都是瓦解中国社会、恶化中国社会生活环境的作用。它们是中国人的"智慧"的浪费形式，不是中国人的"智慧"的运用形式。

　　但是，中国古代的政治智慧也不是在任何形式下都是于中国社会历史发展无益的。政治是用权力的杠杆支撑起来的，但它却不应仅仅是权力斗争的场所。政治的最根本的作用是组织社会，把分散的社会力量组织成一个整体，而使这个整体具有较之分散状态更大的力量，而这则是保存自我和发展自我的最基本的需要。因此，在政治体制内，一切超出单纯的权力争夺，对于国家整体的存在和发展有着积极作用的政治力量，是在中国古代政治粪堆中的真正的鲜花。这朵鲜花也是在法家文化范围中出现的，那就是面临政治危机，真正从国家政治的整体发展出发从事政治改革实践的法家代表人物。而在中国历史上最著名的两个人物则是商鞅和王安石。宋云彬的《变法》和杨刚的《公孙鞅》是以商鞅变法为描写对象的，李拓之的《变法》写的则是王安石的变法。他们都是中国历史上的悲剧人物。他们的悲剧在于，他们都是在维护封建帝王的专制统治的基础上提出自己富国强兵的改革措施的，但封建帝王一旦稳固了自己的政权，这些改革措施就不再有实际的意义。在这时，封建帝王为了自己政权的巩固，就要把他们作为牺牲品，换取反对改革的大批守旧官僚的支持。他们的悲剧，在鸦片战争后的中国历史上，又一再得到了重复，所以像杨刚的《公孙鞅》，在政治斗争题材的历史小说中，属于写得生气盎然的一部。

中国的历史，就是一部政治斗争的历史，迄今为止的中国古代史的观念，还是被中国古代历史家为我们记述下来的大量历史事实所左右的，所以30年代产生的政治斗争题材的历史小说，在整体上并未超脱中国古代历史家所记述的历史事实的束缚，并没有塑造出中国古代历史家所未曾塑造出来的新的典型人物形象。他们大都还是古代历史家给我们塑造出来的典型人物的复述，并且多数作品没有超过司马迁《史记》中历史人物传记的艺术水平。但在重复的过程中，像杨刚、廖沫沙、李俊民等人的作品，还是注入了个人的爱憎感情的。

原载《鲁迅研究月刊》1998年第5期

中国现代历史小说论（四）

4. 心理分析型的历史小说

心理分析型的历史小说是在弗洛伊德精神分析学说的影响下在中国产生的一种完全新型的历史小说。弗洛伊德的精神分析学在"五四"以前就传入了中国。1907年王国维翻译的《心理学概论》就提到无意识和梦；1914年5月，钱智修在《东方杂志》10卷11号上发表《梦之研究》一文，首次对弗洛伊德的梦的理论做了介绍。五四新文化运动之后，弗洛伊德的精神分析学说发生了更广泛的影响，他的作品也陆续翻译到中国。中国最早运用弗洛伊德精神分析学说写成的历史小说是鲁迅的《补天》。鲁迅说他的《补天》是"取了弗洛特说，来解释创造——人和文学的——的缘起"（《故事新编·序言》）的。但鲁迅的历史小说重在对中国文化的解剖与表现，不在精神分析学说的运用和试验。鲁迅的《肥皂》《高老夫子》和《弟兄》也曾运用精神分析学说的原理揭示人物的心理隐秘，但它们又是现实题材的小说。所以，真正的心理分析型的历史小说到了第二个十年才正式出现，而它的开创者是施蛰存。

施蛰存在创作历史小说前，就已开始运用弗洛伊德精神分析学说创作现实题材的小说。严格说来，施蛰存的心理分析型历史小说，并非为了表现"历史"，只不过是从古代历史人物中寻找题材来写心理分析小说。所以，它们自身的"历史"的意义是极小的。但是，它们又确实为历史小说的创作开辟了一个崭新的途径。叔明在评论施蛰存的历史小说时就说过这样的话：

> 在国内，从来以古事为题材的作品（无论是戏曲或小说），差不多全是取了"借古人的嘴来说现代人的话"那一种方法，至于纯粹的古事小说，却似乎还很少看见过，有之，则当以《将军底头》为记录的开始。《将军底头》之所以能成为纯粹的古事小说，完全是在不把它的人物来现在化：他们意识里没有只有现代人所有的思想，他们嘴里没有现代人所有的言语，纵然作者自己的观察和手法却都是现代的。古人的心理和苦痛，他们自己不能写，甚至不能懂，而作者却巧妙地运用现代艺术的工具写出来，使它们成为大家都能懂——只就这一点而论，《将军底头》就已经多么值得我们的注意。①

叔明的话说得虽有些夸张，但也不能说不含有一点本质上的真实性。鲁迅的文化解剖型心理小说原不以现代的某种思想学说和标准而衡量人的存在价值，他是以人为自己的生存和发展所表现出来的生命活力或曰创造力量为标准看待古人和现代人的，因而在他那里没有一个将古人现代化或将现代人古代化的问题。但到了个人道德表现型历史小说中，就出现了古代人如何意识自己和自己周围世界的问题了。郭沫若力图表现孔子的"领袖欲望"、孟子的"圣人欲望"、秦始皇的自我忏悔、老子的虚伪自私，这些在本质上是不真实的，因为这些困扰着现代人的观念并不一定是困扰着那些古代人的观念。在农民起义题材的历史小说和爱国主义题材的历史小说里，不写起义者的权力欲望而只写他们的反抗行动，不写古代爱国者的忠君意识而只写他们的爱国行动，本质上是不符合历史人物的真实精神面貌的。在政治斗争题材的历史小说里，把所有的专制帝王都写成道德上畸形发展的人物。看不到他们的专制暴虐

---

① 叔明：《评〈将军底头〉》，《现代》第1卷第5期，1932年9月号。

中国现代历史小说论（四）

行为在他们的立场上的"合理性"，也就无法更深刻地表现专制政治体制赖以存在并持续几千年长盛不衰的社会原因。弗洛伊德精神分析学说向文学作家提供了客观地揭示人的内在精神结构的方式，它把人放在自然本能和由当时社会占统治地位的伦理道德观念的矛盾中看待他的内在精神活动，凡是在当时的社会上构不成束缚力量的现代人的道德观念和思想观念，就进入不到古代人的精神结构之中去，因而也不是他们的语言构成形式。它只能是作者的意识和作者的语言，是构成作者把握或感受人物和事件的思想意识的或语言的框架。历史小说的现代性主要是由作者的叙述语言决定的，而不是由历史人物的心理活动和思想行为决定的。因此，叔明说施蛰存的心理分析型历史小说是"纯粹的古事小说"，不是没有一定道理的。

施蛰存的第一篇历史小说《鸠摩罗什》发表于1929年9月《新文艺》的创刊号上，1930年创作了《将军底头》，发表于《小说时报》第21卷第10号，1931年又发表了《阿褴公主》和《石秀》。以上四篇都是运用弗洛伊德精神分析的方式创作的历史小说，1932年1月，合为一集，总名为《将军底头》，由上海新中国书局出版。它是中国现代文学史上第一部，也是唯一一部完整的心理分析型的历史小说集。叔明概括了这四篇的主题：

《鸠摩罗什》　宗教和色欲的冲突
《将军底头》　信义和色欲的冲突
《石秀》　友谊和色欲的冲突
《阿褴公主》　种族和色欲的冲突[①]

从这个归纳我们可以意识到，把人的性本能的潜在作用普遍地纳入对历史人物和历史事件的理解和表现中来，是心理分析型历史小说对历史表现的一大贡献。乍一看来，这似乎是一种非常荒诞的做法，但如果我们切实地对人类历史，特别是中华民族的历史进行思考，便可看到，

[①] 叔明：《评〈将军底头〉》，《现代》第1卷第5期，1932年9月号。

心理分析型历史小说所自然地表现出来的历史的观念，至少应该是值得格外重视的。中国古代社会是以血缘亲情关系为主联系在一起的，血缘亲情关系的基础就是特定的、固定化了的性关系，就是婚姻关系；中国传统的儒家文化，中心内容就是宗族制度和在宗族制度基础上建立起的礼教制度，说到底，它只是规范婚姻关系、规范性关系的。在这里，人的动的、盲目的、不能自我节制的性本能，在特定性关系基础上形成的社会组织形式，在这种社会组织形式的基础上建立起的伦理道德观念，三者之间的经常的激烈的冲撞，不能不是中国古代历史上社会冲撞的一个重要的原因。这只要读一读《红楼梦》和《水浒传》的描写就能够充分地意识到，林冲、宋江、武松走上反抗社会的道路都与社会性关系的性质有直接关系，而其余的起义者大多是游离于社会性关系、婚姻关系之外的流浪汉。我们至少可以说，不注意描述中国古代的性观念，不注意在这种性观念基础上建立的社会组织形式和社会伦理道德观念，就无法更清醒地认识中国的历史人物和中国历史发展演变的特点。但是，施蛰存并没有因此而走向历史的思考，而更多满足于直接运用弗洛伊德精神分析学说来写小说。实际上，任何一种理论学说与文学艺术创作的关系都是若即若离的。理论学说是在整个社会文化背景上把特定关系显示出来的方式，而不是显示整体的方式。马克思主义的阶级斗争学说是让人在纷纭复杂的社会关系中看到阶级和阶级斗争的作用，不是告诉人们社会上只有阶级和阶级斗争；弗洛伊德精神分析学说是让人在人的复杂的精神现象中看到性本能所起到的作用，而不是告诉人们只有性本能，不是说人的一切活动都是由性本能决定的，更不是说在任何的条件下性本能都是不可战胜的。文艺是以整体表现为目的的，直接运用一种理论学说往往会使文艺家忽略其他的联系，把描写的对象人为地单纯化。实际上，在人的存在中，性本能是重要的，生本能也是重要的。性本能导向人的情感性和非理性，而生本能则导向人的实利性和理性。施蛰存所描写的宗教（作为一种社会信仰）、信义（作为一种人与人关系的处理原则）、友谊（作为同性间相互帮助的关系）、种族（作为人的群体存在的一种形式）都是和人的生本能直接联系着的。生本能与性本能的冲突，才导致了性本能与全部社会理性的冲突。而在这种冲突中，性本能并不

中国现代历史小说论（四）

总是能够获得胜利的；它不获得胜利，也并不意味着人性的扭曲。一切宗教的、道德的、社会的、种族的文化，同样是人类历史发展中的重要力量。弗洛伊德认为文艺是艺术家被压抑的性本能的无意识宣泄，并不说明弗洛伊德认为文艺是不重要的，文艺家的人性是被扭曲了的。但施蛰存的历史小说，把性本能的力量写成是不可战胜的，把限制性本能的宗教、信义、友谊、种族都写成好像是不合理的、虚伪不实的东西，实际上反映的是都市享乐主义的人生观念，从而也影响了他的历史小说的进一步开拓和发展。

当施蛰存把性本能的力量看得过于强大，无形之间就又使他离开了弗洛伊德的精神分析学说本身。在弗洛伊德精神分析学说中，性本能的表现是极为曲折的，是主体自我很难意识到的，因此它也为揭示人的复杂性提供了可能。但施蛰存笔下人物的性本能欲望是直接呈现在人的理性意识中的，他写的实际仍是思想斗争，而不是潜意识与意识的纠缠。这在艺术表现上，表现为直露、清浅、少含蓄，没有真正发挥出心理分析小说的艺术潜能。叔明在《评〈将军底头〉》中指出的他在具体人物心理刻画上的疏漏之处，大都根源于此。

施蛰存在理论上借鉴了弗洛伊德精神分析学说，但在描写上仍然停留在写实的层次，真正把它提高到象征性的高度的，是李拓之。

李拓之在整个小说创作上的成就不如施蛰存大，但在心理分析型历史小说的创作上，却有着施蛰存所不及的深度和高度。如果说性本能在施蛰存这里还主要是人的享乐欲望层次上的东西，到了李拓之这里，它才真正成了人的生命本能。

在施蛰存笔下，人是无法摆脱性本能享乐欲望诱惑的，因而它常常把人引向自己愿望的反面，从而使人的性本能欲望获得满足，而满足了性本能欲望之后的心灵则只是一片空白、一种空虚，在人的心灵中开不出艳丽的花，在外在的世界上也建不起精神的塔。而在李拓之的笔下，人的性本能欲望是可以战胜的，但这种被战胜了的性欲望却在内部和外部以炽热的形式得到象征性的表现。在外部，它流溢成艺术的美，爆发出生命的活力；在内部，它激发出奇丽的幻象，充满一团生命的火。他的《文身》就是在这样的一个意义上展开了他的艺术描写的。在分析这篇小说时，人们往往只注意作者对一丈青扈三娘的心理刻画，实际上，水浒英雄身上的"文身"花纹，同样是性本能欲望的化身，它体现着这些英雄人物被压抑着的性本能欲望，被压抑着的生命活力，正是这种旺盛的生命活力，点燃了扈三娘的被压抑着的本能欲望，构成了她的一幅奇美壮丽的梦境。

李拓之的《文身》是一首生命的赞歌，他的《埋香》写的则是一个萎靡的生命对生命和美的残酷。鱼玄机自身的生命已经衰竭，自身的美已经枯萎，她嫉妒绿翘的健美的肉体，憎恨她的生命的壮旺，她只有在毁灭生命和美的施虐行为中才能感到刹那的快感。显而易见，在这里，存在着李拓之与施蛰存对性心理作用的完全不同的理解。施蛰存在《石秀》中把施虐视为性本能强旺的结果，而李拓之则把施虐视为性本能衰竭的表现。在这一点上，李拓之是正确的。武松、石秀杀嫂都只能是儒家伦理道德观念影响的结果，不是自身性本能欲望的作用；是在维护社会正义的心理基础上进行的，而不是在自私的观念上发生的。他们愚昧盲目，但不失为一个英雄。李拓之在心理分析上找到了这些历史人物内在矛盾的结合点，而施蛰存笔下的石秀则不再是《水浒传》中那个真实的石秀。

施蛰存是30年代心理分析型历史小说的代表作家，李拓之是40年代心理分析型历史小说的作家，不论他们之间在理解和运用弗洛伊德精神分析学说上有何差异，但都给中国现代历史小说的创作提供了一个新的范例。他们找到的是一条超越历史的道路，因而较之个人道德表现型的历史小说、农民起义题材的历史小说、爱国主义题材的历史小说和政治斗争题材的历史小说，在艺术表现上都有新颖、独到的特点，是鲁迅《故事新编》之后在艺术上最有独创性的一种艺术形式。但它的"小说"的意义更大于"历史"的意义，这不是因为它不能上升到对中国历史的整体表现，而是它的作者还仅仅满足于一点表现上的新颖，没有把它当作探索历史奥秘，在更深更广的意义上表现历史的手段。它在今后的历史小说创作中，将会表现出自己更大的潜能。

5. 长篇历史小说

长篇历史小说的出现，是30年代历史小说创作中的重要历史现象，

中国现代历史小说论（四）

也是中国现代文学史上的重要文学现象。

20年代，是现代短篇小说产生并很快走向繁荣的历史时期。现代报纸杂志的出现为短篇小说的创作提供了广阔的发表阵地，对现实生活的关切也使作家更多选取生活的片段，及时地以短篇小说的形式表现出来。历史小说在这种文学氛围中产生，自然也取了短篇的形式。但是，短篇历史小说对历史的表现是有天然的弱点的，即它更适宜于从一个角度揭示历史人物和事件的新的意义，而无法把历史作为一个复杂的综合过程有阔度感地全面展示出来。所以，即使鲁迅的《故事新编》，也无法给读者造成中国历史发展的那种宏大而复杂的浑融感受，它更多是给人提供了一种感受历史的新角度。历史的广度感和浑融感，是只有用长篇历史小说的方式才能有效地传达出来的。这个任务，是由李劼人首先完成的。李劼人说："从1925年起，一面教书一面仍旧写些短篇小说时，便起了一个念头，打算把几十年来所生活过，所切感过，所体验过，在我看来意义非常重大，当时起历史转折点的这一段社会现象，用几部有连续性的长篇小说，一段落一段落地把它反映出来。"[①]这就是他的三部连续性的长篇历史小说《死水微澜》《暴风雨前》和《大波》。《死水微澜》写成于1935年，《暴风雨前》写成于1936年，1937年写成《大波》前三卷，第四卷未完成，即因七七事变爆发而中止了写作。1954年以后，作者对《死水微澜》和《暴风雨前》进行了重要的修改，对《大波》则进行了重写，但第四卷未完成，作者即于1962年去世。但作为这三部长篇历史小说的创作期，仍应属于30年代，属于中国现代历史小说的范畴。

对于这三部历史小说所反映的时代，作者说：

> 《死水微澜》的时代为1894年到1901年，即甲午年中国和日本第一次战争以后，至辛丑条约签订时的这一段时间……
>
> 《暴风雨前》的时代为1901到1909年，即辛丑条约签订，民智

[①] 李劼人：《〈死水微澜〉前记》，载《李劼人选集》第1卷，四川人民出版社，1980，第3页。

渐开，改良主义的维新运动已在内地勃兴，到戊戌年，一部分知识分子不再容忍腐败官僚压制的这一段时间……《大波》是专写1911年，即辛亥年，四川争路事件……①

不难看出，在中国现代历史小说史上，李劼人的三部曲是一种新型的历史小说。如果说此前的历史小说是对已有定型的中国古代历史的艺术地重写或改写，李劼人的历史小说则是为没有定型的中国近代史创造一种艺术的具文。前者的根据是历史家的文字的记载，它们的任务是把文字的记载重新复活为实际的历史，实际的生活史和精神史，李劼人的根据则是实际的历史，实际的生活史和精神史，作者的任务是把实际存在的历史变成艺术的具文，变成小说。李劼人占有的中国历史的空间，同其他中国现代历史小说家占有的中国历史的空间是根本不同的两种空间。如果说其他中国现代历史小说家占有的是历史家早已获得了独占权的一个空间，李劼人占领的则是至那时为止历史家还没有取得独占权的一个历史的空间。这使他的历史小说和其他中国现代作家的历史小说在历史的真实和艺术的真实的关系上呈现着迥不相同的面貌。在其他中国现代作家的历史小说里，"历史的真实"是首先被中国古代的历史家所占有的，小说家的"艺术的真实"经常表现为对"历史的真实"的背叛或改造。在那个空间里，虽然鲁迅也指出有随意点染的历史小说和"教授小说"的区别，但那种"言必有据"的"教授小说"则往往流于拘谨、呆板，较之所依据的历史资料更没有生动活泼的独创色彩，其"小说性"远远逊于"历史性"，而在鲁迅所说的随意点染的小说里，人们则感到缺乏"历史的真实"，是"小说"，但不是"历史"。这正是历史小说家必须反叛"历史的压迫"的结果。他要屈从于"历史的压迫"，完全忠于"历史"，他就很难发挥自己自由的想象，把旧的资料变成新的创造的基础。而在李劼人的小说里，并不存在这个问题。他的小说的"艺术的真实"和"历史的真实"是被小说家同时创造出来的。它没有凌驾于作

---

① 李劼人：《〈死水微澜〉前记》，载《李劼人选集》第1卷，四川人民出版社，1980，第4页。

者之上的另一个凝固不变的"历史的真实"。它的艺术素材就是活生生的历史的资料,它的历史资料也就是生动具体的艺术素材,其"历史的真实"与"艺术的真实"是天然地结合在一起的。

李劼人长篇历史小说的出现,与历史小说家的一种综合性的历史观念是分不开的。鲁迅的历史观念,迄今为止还不是中国知识分子普遍理解并接受的历史观念,因而他的历史小说在迄今为止的中国文学中,还少有人进行自觉地继承和发扬。而除鲁迅之外的其他类型的现代历史小说,在对中国历史的表现上,都带有明显的零碎性和片面性,甚至连作者本人,也把自己的历史小说仅仅作为现实斗争的工具,并不重视它们认识和感受中国历史的作用。在这种情况下,一种综合的表现历史的观念随之产生出来。李劼人说:"你写政治上的变革,你能不写生活上、思想上的变革么?你写生活上、思想上的脉动,你又能不写当时政治、经济上的脉动么?必须尽力写出时代的全貌,别人也才能由你的笔,了解到当时历史的真实。"[①]杨继兴先生曾经很切当地指出:"李劼人历史小说的新创作模式,正是适应作家力图从构成历史生活的各种因素的复杂关系中去理解、表现历史的内在欲求而产生的。"[②]杨继兴先生还指出,李劼人最终要实现的新的历史小说的模式是:

> 借助于主要人物和主要情节的全开放性框架,力图把历史还原为重大历史事件、社会日常生活、家庭私生活组成的宏大生活流,熔政治、军事、风俗史为一炉。[③]

李劼人在中国现代历史小说中所努力实现的创作模式,实质也就是茅盾在现代题材长篇小说创作中所努力实现的创作模式,二者又同时是

[①] 李劼人:《〈大波〉第二部书后》,载《李劼人选集》第2卷中册,1980,第953页。

[②] 杨继兴:《长篇历史小说传统形式的突破》,载《李劼人作品的思想与艺术》,中国文联出版公司,1989,第5页。

[③] 杨继兴:《长篇历史小说传统形式的突破》,载《李劼人作品的思想与艺术》,中国文联出版公司,1989,第4页。

西方由巴尔扎克、列夫·托尔斯泰、左拉等现实主义或自然主义小说家所成功地实践了的创作模式。毫无疑义，这对于中国长篇小说的创作是有十分重要的意义的。但是，我们不能不指出，它在中国现代小说史上，却没有获得它在西方已经获得了的那么巨大的艺术成功。在李劼人的长篇历史小说中存在着两种有差异的长篇历史小说模式，一是《死水微澜》的，一是《暴风雨前》，特别是《大波》的。前者是非全景式的，只有几个主要人物，故事情节也是相对集中的。后者是全景式的，有很多人物，他们几乎都有自己的代表性，体现着社会各不同阶层的不同思想倾向，在小说中他们几乎具有并列的意义，找不出谁是小说的主要人物。情节也是分散的，有多条线，各有自己的独立意义。但是，我们在艺术上感到成功的，却仍是非全景式的《死水微澜》，而《暴风雨前》，特别是《大波》，在艺术上却是不够成功的。即使在历史的表现上，《死水微澜》给我们的印象也是明确的、鲜活的，《暴风雨前》《大波》则印象杂沓、模糊，我们看到了许多人物、许多场景，但却没有看清它们所描写的"历史"。在这里，我们应该提出的是历史小说家的历史观念和历史发展的实际运动过程的关系的问题。

历史不是少数英雄创造的，不是由个别重大历史事件单独造成的，而是由一个民族的成员共同创造的，是由政治、经济、军事、风俗习惯等各种不同因素构成的综合运动过程。这作为一个整体的历史观念无疑是正确的，但具体到一个特定历史时期的特定历史过程，情况却并不总是这样的。在一个特定民族特定历史阶段的特定历史过程中，到底有几个阶层和其中的多少人物实际地而不是虚幻地进入了这个历史过程并决定了这个过程的实际进展，这是需要具体考察的。在这里，"历史"总是需要"化简"也必须"化简"的，不"化简"，"历史"便只能沉埋在大量生活现象中，人们只能模模糊糊地感觉到它，但却无法看清它。如何"化简"？"化简"到何种程度？这要由作者的具体创作意图所决定。但不论作者的创作意图如何，"化简"的原则却是确定的：被"化简"掉的是在这个历史过程中没有以自己的独立意志和独立活动影响到这个过程的实际进展的阶层和人物，而应当保留的则是没有这个阶层和这些人物的活动历史就不会如此发展的阶层和人物。在《死水微澜》里，蔡

中国现代历史小说论（四）

傻子作为一个"历史人物"，只是一个"共名"，一个"背景"，他代表了那些逆来顺受，消融于传统的习惯生活，对历史不会发生新的触动力的人。这些人在当时的历史上是绝大多数。他们也有自己的生活，自己的故事，自己的矛盾和斗争，但作者并不必具体地描写他们。不描写他们，是为了浮现出他们的代表人物蔡傻子来，而蔡傻子则是因为与蔡大嫂发生了关系才在群体中被提取出来的。"蔡大嫂"是谁？她就是那个时代的感情和愿望，那个时代的魅力和美。不论现在我们可挑剔她多少缺陷，但她都是一个不安于平庸生活，要把自己提高到传统妇女生活之上的一个雄心勃勃的女人。她为此，就要冲出历史的常规，冲出蔡傻子的怀抱，打破固有的历史秩序，给旧的历史一个刺激、一个羞辱。她爱的不是一个平常的男人，不是没有力量的懦夫，而是一个社会的主宰，一个历史的英雄。在这时，她找到了罗歪嘴这个袍哥。实际上，罗歪嘴就是当时的"历史"，那时的"历史"是被罗歪嘴们主持着的。罗歪嘴也不是我们理想中的人物，但他却有一个为当时绝大多数人所没有的优点：有血气，有意志力，不怕死，因而也不逆来顺受。而只要有这么一点，在清王朝政治统治松懈下来的历史时代，在天高皇帝远的四川社会上，他就有了不受官府控制的独立力量，就有了占领社会、占领历史的资本，只要多数的社会群众还得像蔡傻子一样依靠他的保护，他们就得顺从他的意志，并且也无法阻止他的越轨行动。他改变着当时的社会秩序，也改变着传统的生活习惯，他使蔡大嫂违犯礼教制度的行为不但受不到制裁，反而得到他的权力的有效保护。就其人格，顾天成是个"孬种"，但他不像蔡傻子，甘愿把理应属于自己的权利拱手让给罗歪嘴。他像罗歪嘴一样要获得他想获得的东西，这使他找到了外国帝国主义的力量，并假借外国人之力打倒了罗歪嘴，成了主宰着四川社会历史的人物。《死水微澜》所描写的历史就是如此的简单，四个人的关系就构成了当时的整个历史。我们对这个历史是不满意的，但却不能认为它是不真实的。李劼人"化简"了历史，但却更加鲜明地表现了历史。但是，到了《暴风雨前》和《大波》中，李劼人却不再重视对历史的"化简"，他似乎认为不"化简"的历史才是真正的历史。其中一个重要的原因，还在于他太顾惜他亲眼看到、亲身经历的一切。但他当时经历的一切却只是"历史的现象",而还不是历史的本身。只要我们回到中国历史的整个进程中去,我们就会看到,《暴风雨前》所描写的这段历史,首先是由康有为、梁启超、谭嗣同这类知识分子激活的。他们就是后来的蔡大嫂,是一些不甘心于随便嫁给一个位卑职贱的小小官位的人,他们要浮进中国历史之河中去。但他们比蔡大嫂更其不幸,也比蔡大嫂更守本分。他们最终也没有找到一个能够控制整个社会、能够保护他们的社会安全的罗歪嘴,却只嫁给了性格懦弱、毫无英雄气概的光绪皇帝。在整个社会上,光绪皇帝更像蔡傻子,他爱康有为、梁启超这些要求进步的知识分子,但却无力保护他们,在当时主宰整个社会、整个历史的是慈禧太后,她扼杀了他们的爱情,拆散了他们的婚姻,一纸休书将他们逐出了家门。即使在这种情况下,他们也没有背叛他们懦弱的"丈夫",他们比蔡大嫂更顾忌自己的社会名声,更不喜爱像罗歪嘴那样有独立意志、有火气、有拼命三郎的不怕死精神的粗人,他们为光绪皇帝守节守灵,一直守到历史抛弃了他们。但他们也有比蔡大嫂优越的地方,即他们是知识分子,代表了当时知识分子中的一个小的部分。他们有文化,传播了自己的思想,使他们的后辈们能够跨过他们继续前进。而蔡大嫂则只是一个自己阶层的个别,她没有直接的生育能力,连她自己的女儿也没有可能自觉地走上她走过的道路。她只是一个偶然,一个不期而遇的典型。四川社会同整个中国社会当然是有差异的,但就其历史的模式,二者则不会有根本的差异。康有为、梁启超、谭嗣同绝不是《暴风雨前》中那些灰色的知识分子,他们在当时是在现实社会秩序中"活不下去了"的人物,他们没有实际的力量,但绝非看风使舵、随波逐流的庸人。像《死水微澜》循着蔡大嫂的足迹才能走进当时的历史一样,《暴风雨前》只有循着四川的几个维新派首领人物的足迹才能走进当时的历史。他们所遇到的矛盾斗争就理应是《暴风雨前》的主要矛盾冲突,他们对周围世界的感受才应是《暴风雨前》应当给人产生的历史的感受,他们的命运的变迁才应是《暴风雨前》的基本情节线索。一切对他们的命运产生正面的或反面的影响的人物是不能被"化简"掉的人物,而一切与他们的命运没有实质性关系的人物,就是必须被"化简"掉的人物。这不能仅仅由作者的抽象的历史观念所决定,而是由这个历史过

中国现代历史小说论（四）

程的具体运动形式所规定的。到了《大波》中，四川的历史才有了自己的真正的独立性，那是由保路运动引发出来的，但即使在这样一个运动中，也并没有把所有的四川人都真正地组织进历史的进程。在这时引发整个历史过程的是四川当地的官商和绅商。是他们，由于清政府在现代世界经济体制中的懵懂无知，才被推离了老老实实做官、安安稳稳享福的传统生活方式，而不得不上阵与清廷的政治权威做一次危险的较量，是他们刺激了四川人的情绪，把与此有关和无关的人众引入了历史的波涛。但是，真正历史的较量却不是在这些被激动起来的社会人众中进行的，正像"文化大革命"的历史进程不是由全国上下的红卫兵决定的一样，这些在街头张望或呼号的人众只是历史的虚数。历史小说家必须沿着这些官商和绅商的足迹才会发现历史的线索。但在《大波》里，作者却严重偏离了这个线索。他反复对《大波》进行了修改，并且越修改越是用大量历史的现象掩盖了它的真实的历史过程。他像把我们原已抓到的鱼又重新放回到大海里，让我们再一次去捉到这条鱼而却再也没有捉回来一样，徒劳无益地跟着他逛遍了成都市的大街小巷。

历史小说家有自己的历史观念，但历史小说创作的最大忌讳也就是把他所描绘的特定历史进程作为自己历史观念的等价物。历史小说的"历史感"并不主要产生在细节描写上，不产生在人物的语言、外貌、服饰、行为方式和环境描写等等的具体描绘中。我们常常这样认为，但这是一种错觉。让一个现代小说家的描写处处合于历史上的事实，不但是根本不可能的，而且也是不可取的。现代的读者甚至听不懂唐朝人的口头语言，不熟悉他们所使用的器物，看不惯他们穿的服装，你怎样处处做到这些细节的真实？在这里，作者使用的是具有历史感的现代语言和细节描绘方式，造成的是一种"感觉"，而不是一种"实际"。历史小说的历史感主要产生自历史的特定进程及其人物的命运与小说家的历史观念、思想观念的差距和矛盾中。历史不是依照现代小说家自己所希望的形式呈现并演化的，故而"历史"就是"历史"，作者的历史观念和思想观念就是作者的历史观念和思想观念。人们不会把历史等同于现实，也不会把它等同于作者的主观愿望。这里的差异，这里的矛盾，同时也构成了历史小说的情感性、情绪性，使"历史"变为"小说"。在《死水微澜》中，我们同情蔡傻子，认为他应当自主、自强，应该获得蔡大嫂的爱，但他却不能，他是被压抑在那时历史的底下的；我们并不同情罗歪嘴，但我们不得不承认他是有力量的，不得不承认蔡大嫂爱他是有理由的；我们甚至憎恨顾天成，但我们知道，在那样一个历史情况下，罗歪嘴斗不过他，他的"胜利"是一种"历史的必然"。正是由于这些矛盾，这些连作者也无法"摆平"的关系，《死水微澜》才有了激动人心的力量，才使我们不能不关心他们，思考他们。但到了《暴风雨前》和《大波》中，这种矛盾感不存在了，好像历史就应当是这样子的。我们不必不平，不必不满，我们如果再走进那段历史，仍应当原封不动地重走一遍。这样，"历史"就不是"历史"了，"历史"就更不是小说了。在这里，中国的历史和西方的历史是不相同的，西方现实主义、自然主义所创造的小说模式也理应有不同的运用方式。在西方，历史的观念是相对薄弱的，基督教宗教教育加强的是西方人的自我意识，加强的是他们灵魂的自我拯救观念。他们对于青史留名、对于名垂千古并不重视，重视的是灵魂的安宁，是原罪的涤除。文艺复兴之后，神学的衰落，人学观念的加强，强化的也是现世的人生追求，而不是要在人类历史上占取一个什么位置。但也正是因为如此，他们共同构成了自己的历史，不同的人生处境，不同的人生要求，不同的思想观念，在西方社会上相互制约着，也相互推动着，没有任何一种力量足以压制住其他所有的现实人生追求，但也没有任何一种现实人生追求不会或明或暗地影响整个社会的发展。正是在这种情况下，西方现实主义、自然主义作家发展了全景式的长篇小说创作模式。这种模式的实质意义是要在全社会各种不同的人生追求及其相互的关系间揭示社会历史发展变化的多种原因及其总体倾向。但在中国，"历史的观念"自古以来就是十分强固的，不但政治统治者和知识分子把青史留名当作自己人生价值的最高实现形式，即使老百姓，也普遍把"雁过留声、人过留名"当作人生的一个基本原则。在这种观念左右下，人的行为是可以与自己的现实人生追求相离异的，少数英雄可以为一种普遍的观念牺牲自己的生命，而多数则在不影响自己现实实际利益的情况下，可以支持、拥护与自己的现实人生追求毫无关系，但在自己周围的社会环境中为多数人所重视、所推崇的事物与历史思想观念,并依靠这种与己无关的事物或思想观念把自己的名声远播出去。这种热情是无根的,极易膨胀,从而把那些实际需要这种事物或思想观念的人的实际努力埋葬在大量空洞的活动中,用空洞的形式取代了实际的努力,即使胜利,也没有实际的效果,而一遇阻力,则极易迅速低落,甚至可以回转身来将自己原来支持、拥护的事物攻击得体无完肤。这种抢占历史荣誉的斗争,只与历史的实际发展有着极其微弱的联系,社会与历史在这里是脱臼的:社会上大量外在的斗争只与历史的实际发展有极微弱且曲曲折折的联系,而决定了历史的实际发展的斗争却沉埋在了大量毫无意义或意义极小的外部斗争中。如果说西方的历史家最容易被一种概括历史复杂运动过程的理论教条所迷惑,从而把复杂的历史简单化,那么,中国的历史家则最容易被大量与历史实际发展无关的事实所迷惑,把极简单的事物复杂化。在这种情况下,中国的读者更希望历史小说家拨开历史家不得不叙述的大量历史事实的迷雾,让我们看到现象背后那些对中国历史的发展具有确实意义的东西。也就是说,把历史的镜头从全景式的扫描中迅速集中到社会实际力量的较量及其由此决定的历史过程中去,让我们看到谁是有真情实感的蔡大嫂,谁是有真正力量的罗歪嘴,谁是善于随机应变的顾天成。我们认为,这恰恰是《死水微澜》所以获得成功而《暴风雨前》《大波》没有获得同样的成功的根本原因之所在,也是全景式的长篇小说的创作模式在西方现实主义、自然主义作家那里获得了极大的成功,而在中国现代作家这里没有获得同样的成功的根本原因之所在。

  30年代的长篇历史小说是以空谷传响的李劼人的三部曲为代表的,40年代的长篇历史小说也是以绝无仅有的谷斯范的《新桃花扇》为代表的。《新桃花扇》出版于1948年,由新纪元出版社初版印行。严格说来,它不是对李劼人长篇历史小说创作传统的直接继承,而是在30年代爱国主义题材的历史小说的传统中发展而来的。但是,不论从哪一种题材的短篇历史小说的基础上发展起来,长篇历史小说都会自然地具有综合表现的性质。最早以南明王朝覆灭过程中的人物和事件为题材的是郑振铎的《毁灭》,他是中国现代历史小说中爱国主义题材历史小说的开拓者,他的《毁灭》是在揭露和痛斥卖国投降的官僚文人的目的上创作出来的。廖沫沙在40年代创作了《南都之变》,从题材和立意上都与郑振铎的《毁灭》相同。但是,这个题材较之文天祥、陆秀夫、夏完淳乃至岳飞等爱国主义志士的题材有更大的开掘价值,因为它与现代的呼应不仅仅是精神的和思想的,更是社会整体状况之上的。外族的入侵、汉族政权内部爱国主义与卖国主义两种倾向的斗争、不同政治派别间的争权夺利、形形色色的知识分子的表现,乃至社会群众的暴动、男女爱情的穿插,都具有特定历史状态下整个社会表现的性质。而谷斯范的《新桃花扇》就是把这个题材的内在潜力进行了更充分挖掘的一部历史小说作品。较之李劼人的《暴风雨前》和《大波》,它的组织更严密,描写更集中,对人物的刻画也更精细。许杰曾简要评述了该书中的几个人物形象:

> 这一部小说中的人物描写,都是相当形象的。我在读过一遍之后,在我的心中,却还时常活跃着这一些人物的形象。这中间,我觉得写得最成功的,是这位专门跑闲腿,有忙帮忙,有闲帮闲的杨龙友。他的地位不很高,但是南京城里,上到王府衙门,下到娼寮茶坊,一切都是熟门熟路,什么都兜得转的红人。他会画画,也会吃酒,他会陪你玩妓院,给你拉皮条,也会带你游游金陵风物,熟悉各种掌故。但同时却也出入相府,参预军机,说人情,拉关系,没有人不找到这位好好先生的。在这部小说中,作者在他身上花了很多笔墨。如果抽出了这个人物,我真设想不到这小说将怎样的发展,怎样的连系。这是一个清客,是代表最无聊的读书人的嘴脸。其次,是周仲驭,这人的着墨并不太多,但那样的充满正义感,那样的坚强与对正义的执着,是令人如见其人,如闻其声的。再次,阮大铖的阴险权诈,钱牧斋的卑鄙无耻,也写得入木三分。在女性方面,我以为写贞娘,却比写香君来得好。至于写侯方域的地方,作者也并不怎样的着力,自然成绩也不见得很好了。①

---

① 许杰:《〈新桃花扇〉序》,载谷斯范《新桃花扇》,新世纪出版社,1948,第4—5页。

中国现代历史小说论（四）

我们认为，把中国各类知识分子纳入社会危机的状态下予以表现，以揭示其本质性的面貌特征，是谷斯范《新桃花扇》的最大价值之所在。这是在普通社会状态下很难予以表现的东西。杨龙友这类"好好先生"的丑恶性质，钱牧斋这类"博学忠厚"知识分子的自私性质，在平常的社会状态下是极难表现的。在这里，历史的题材起了关键性的作用。它把鲁迅在杂文中揭露的帮忙文人、帮闲文人的形象刻画得相当逼真、精确，既无故意的丑化，也能见出实在的性质，似乎比鲁迅的杂文本身更见效力。该小说一个不可见的弱点是，由于它在语言上刻意模仿中国古代小说的风格，虽很成功，但却也不能不带上了中国古典小说常有的性质，即以单纯欣赏的意味对待讲述的一切。中国古典白话小说原本是在说话人的说话语言的基础上提炼出来的。说话是把故事说来愉悦观众的，它的语言的基本特征是"欣赏"的，是引人愉悦的，只有到了现代白话小说这里，小说的目的才不仅仅是愉悦读者，而加强了感受性的特征：感受人和人的命运。具体到谷斯范的《新桃花扇》，它描写的当然是丑恶封建官僚的形象，对于他们，读者抱有幸灾乐祸的态度欣赏着，是理所当然的，但它描写的同时也是中华民族的一个集体性的悲剧，不论这个悲剧具体是怎样造成的，应该由哪些人员负主要责任，但悲剧却是我们民族的。对此，我们不能以优游的态度进行有距离的欣赏，不但应当知道，而且应当感到我们的不幸，不但应当知道，而且应当感到对毁坏了我们民族的事物和人的愤怒。这是一个"复调"的题材，是像鲁迅的《阿Q正传》《祝福》一样的复杂情绪的交织，但《新桃花扇》的作者只注意到了把当时的人纳入当时的时代中，而没有注意把那个时代的人纳入现代中国人的感受中来表现，那种"单调"的古典白话小说的语言没有能够有效地传达这个题材的深沉的悲剧性质。

原载《鲁迅研究月刊》1998年第6期

中国现代历史小说论（五）

7

中国新文学的第三个十年（1937—1949）是中华民族危机空前严重的历史时期，也是中国国内社会矛盾空前尖锐复杂的历史时期。抗日战争和三年国内革命战争虽然严重地改变了中国新文学作家的生活，但却没有从根本上改变他们的思想倾向和创作倾向。在历史小说创作领域，新文学第二个十年产生的爱国主义题材的历史小说、农民起义题材的历史小说、政治斗争题材的历史小说、心理分析型的历史小说都在这个时期得到了继续的发展，李劼人在这时期中止了自己长篇历史小说的写作，但到底又出现了谷斯范的《新桃花扇》，填补了这一领域的空白。新的类型的历史小说在这时期没有出现，但有两种形态的历史小说从20年代零星地出现，至这时渐渐趋于成熟或有了较为多的作品，那就是：人生哲理型的历史小说和历史爱情小说。这个时期的重要历史小说家有下列几位：一、孟超。他从1929年开始发表历史小说《陈涉吴广》，但更多的历史小说是在这个时期创作的。1942年，他在桂林文献出版社出版了历史小说集《骷髅集》，后又曾编成《怀沙集》，未及出版。他的历史小说多属于爱国主义题材的历史小说，兼及他种。二、冯至。他从新文学第一个十年开始历史小说的创作，十年磨一剑，一个时期有一篇历史小

中国现代历史小说论（五）

说作品：第一个十年发表了短篇历史小说《仲尼之将丧》，第二个十年发表了短篇历史小说《伯牛有疾》，第三个十年则有中篇历史小说《伍子胥》。我们认为，不论在思想性还是在艺术性上，他的《伍子胥》都体现了这个时期历史小说创作的最高成就，在整个中国现代历史小说创作中，也是少数最优秀的作品之一，可视为人生哲理型历史小说的典范性作品。三、杨刚。他于1939年由上海少年读物编辑社出版了中篇历史小说《公孙鞅》。如前所述，它是政治斗争题材历史小说中的一部较优秀的作品，也是为数不多的中篇历史小说之一。四、廖沫沙。他是在40年代开始历史小说创作的。1941年皖南事变之后，他化名"易庸"，在香港邹韬奋主编的《大众生活》上发表了《东窗之下》《南都之变》《碧血青磷》《江城的怒吼》《信陵君之归》等历史小说。后来，又在其他报刊上发表了《厉王监谤记》《咸阳游》《接舆之歌》《离殷》《陈胜起义》《曹操剖柑》《鹿马传》等历史小说。1950年将《厉王监谤记》以下七篇集为《鹿马传》由生活·读书·新知三联书店出版。他的历史小说，题材较广，爱国主义题材、农民起义题材、政治斗争题材、知识分子主题均有，但均围绕现实问题取材，有很强的现实性和斗争性。五、李拓之。他于30年代开始历史小说创作，是把施蛰存心理分析型历史小说提高到一个新的高度的重要的历史小说作家。在这个时期，他又创作了《焚书》《变法》《听水》等历史小说。六、罗洪。她于抗战胜利后始发表历史小说，有《牺牲》《薄暮》《笼着烟雾的临安》《斗争》四篇。主要侧重于爱国主义题材的历史小说创作。《牺牲》写荆轲，《薄暮》写岳飞，《笼着烟雾的临安》写文天祥，《斗争》写夏完淳。七、秦牧。秦牧也是在这个时期开始写作历史小说的。他的历史小说有《囚秦记》《死海》《火种》《伯乐与马》和《诗圣的晚餐》五篇。数量虽不算太多，但选材广泛，不落俗套。八、谭正璧。不论就其代表性，还是就其独创性，他都应该被视为这一时期最重要的历史小说作家之一。在抗战爆发前，他是中国一个蜚声文坛的文学史家，此类著作颇丰并有影响。上海沦陷后，他因家累滞留上海，在生活极度艰难的情况下坚持民族气节，靠卖文为生。1945年上海杂志社同时出版了他的两个历史小说集《长恨歌》和《三都赋》，同年上海中国书报社又出版了他的另一个历史小说集《琵琶弦》。九、欧小牧。他于1947年出版了短篇历史小说集《七夕》，内收《当垆》《投阁》《捉月》《七夕》四篇历史小说和一篇未完成的历史小说《新儒林外史》的残篇。十、谷斯范。谷斯范的《新桃花扇》是这时期唯一一部长篇历史小说。此外，聂绀弩、王统照、苏雪林、李俊民、包文棣、吴调公、蒋星煜、魏金枝、端木蕻良、张爱玲等人都有历史小说作品发表，而选编的历史小说集则有宋云彬编选的《历史小品集》等。

这个时期的历史小说，大多仍继承着30年代的历史小说传统，这我们在论述30年代历史小说时已有论述，而在这时期趋于成熟或蔚成局面并代表了这个时期历史小说的特色的，有下列两类：

1. 人生哲理型历史小说

五四新文化运动，按其本质的意义讲，原本是一次人生哲学观念的变革运动。科举制度的废除，现代社会结构形式的初步形成，从根本上改变了中国知识分子在社会上的处境和地位，传统儒家和道家文化为中国古代知识分子提供的人生哲学观念已经很难满足中国现代知识分子的需求，用一种新的人生哲学观念代替固有的人生哲学观念成为一种内在的需要。在其正常的情况下，这种新的人生哲学观念的建立，应是在中国现代知识分子新的人生感受的基础上逐渐建立起来的，但中国五四新文化革命又是在西方文化的影响下产生的，当中国现代知识分子刚刚诞生，就从西方的思想学说中取来了现成的人生哲学观念，反而掩盖了中国现代知识分子自己对社会人生的感受和理解。除了鲁迅始终重视自己的人生感受并以自己的人生感受为基础建立起自己的人生哲学观念外，包括五四新文化运动的倡导者在内的多数新文学作家大都把西方的某种思想学说作为自己的思想旗帜，这就把"五四"人生哲学观念的变革仅仅做成了一个思想学说的变革运动。这在文学创作上的表现，就是除了鲁迅的作品之外，多数新文学作家更满足此时此地思想感情的直接表白或对现实人生现象的直接思想评判，主体与客体之间的不间断的复杂交流过程以及由此产生的复杂人生体验，极少得到新文学作家的重视。到了30年代，社会矛盾的尖锐化和民族危机的加重，更加强了新文学作家对具体人生选择的重视。他们在下意识中就认为，人对自我的人生选择

中国现代历史小说论（五）

是具有完全的主动性的，而这种选择就是在正确与错误间的选择。人对自己人生的被动性是在非主流作家的作品中表现出来的，但几乎是循着一种自然的趋向。当西方思想学说被中国热情、乐观的青年文学家当成了自己的思想旗帜，那些感受到人生的被动性的作家则又重新返回到中国传统佛、道思想学说中寻求自己的哲学根据，并以此作为抵抗盲目乐观的青年知识分子的思想武器。周作人、废名的作品体现了这种新文化的回归趋势。但是，现代知识分子所感受到的人生困境绝非是用传统佛、道人生哲学所能解决的。中国知识分子的人生困境在于：他们不但不再具有人生选择的绝对自由性，而且也失去了自己不做人生选择的绝对自由性。他们不再可能像传统佛家和道家知识分子一样离开社会人生而遗世独立。在永无休止的人生追求中、在不断的人生选择中、在感受形形色色的复杂人生现象的过程中体验自我和自我存在的意义和价值，是现代知识分子建立和丰富自己的人生哲学观念的唯一有效途径。这是一种体验的哲学，是不断追求、不断感受的过程，任何一种静止的、凝固的人生观念都意味着自我精神生命的死亡。鲁迅思想的丰富性，他的精神创造的旺盛的生命力，就是在这一基础上产生的。但鲁迅的人生哲学思想，主要是在他的散文诗集《野草》中予以直接表现的，他的历史小说集《故事新编》重在揭示中国古代人的各种不同的人生倾向，不是对他的人生哲学思想的直接表现。把这种人生哲学观念以历史小说的方式表现出来的是冯至的《伍子胥》。

  从20年代开始，冯至就是精神感受力很强的抒情诗人。只要我们把他那时的历史小说《仲尼之将丧》同创造社郭沫若、郁达夫、王独清的历史小说加以比较，就可看出，他那时的历史小说就明显地具有人生哲理意味。他在《仲尼之将丧》中，并不把中国古代思想家孔子作为一种道德品质的典型，更不把他的思想学说作为规范社会人生的标准，而是把他当作一生执着地追求着自己的理想并因此有比一般人更丰富、更复杂的人生体验的一个人来表现的。小说选取孔子即将走完自己的全部人生旅程的暮年，其时他的弟子有的已经死去，其余的也云散各地，集中揭示了他的孤独凄凉的心境和这时对往事的回忆。在30年代，他又创作了历史小说《伯牛有疾》，写的是暮年的孔子和他的身患恶疾的弟子冉伯牛之间的同情和理解。冉伯牛由于身患恶疾，受到周围人的歧视和怀疑，但孔子对冉伯牛异于常人的行为表现是理解的。由于这两个短篇历史小说情节相对单纯，冯至历史小说的独创性还没有十分突出地表现出来，而到了这个时期创作的中篇小说《伍子胥》，其不同凡响的性质才异常鲜明地得到了表现。

伍子胥的故事在中国是广为流传的，它不但被《左传》《史记》《国语》《吕氏春秋》《吴越春秋》《越绝书》《淮南子》《新序》等大量历史文化典籍所论述，被墨子、庄子、荀子、贾谊等历代思想家所评说，同时还被大量平话、小说、南戏、大曲、杂剧、传奇、地方戏曲改编后在广大社会群众中流传。但只有到了冯至的历史小说《伍子胥》这里，它的人生哲学的意义才被充分地显示出来。《伍子胥》的故事，是一个为父兄报仇的故事，但冯至着眼的不再是他复仇的实际过程，而是他的精神生命的问题。每一个人被生到这个世界上来，被生到一个特定的环境中，并在这个特定的环境中遇到人生的矛盾斗争，受到挚爱，遭遇不幸，都不是他主动选择的，而是被现实的人生和偶然的机遇所决定的。但他一当被这个环境所塑造，他就从自己内在的精神中感受到了自己人生的使命，他就要对自己、对世界担负一定的责任。为父兄复仇，这不是他主动接受的，不是任何人交给他的，而是他内在精神的呼唤，他必须听从自己内在精神的呼唤，主动地承担起这一使命。只有在这复仇的意向里，才有他生存的意义和价值。他拒绝它，就是拒绝自己内在精神的呼唤，就是放弃自己生命存在的价值和意义，就是一个苟全生命的懦夫和任人践踏的奴才。他可以找出很多外在的理由拒绝承担这个历史的使命，但不论任何理由，都无法摆脱他自我存在毫无价值和意义的感觉。他承担了它，因而他成了一个充满英雄气质的人，成了一个在精神上顶天立地的人，因而也成了有力量的人，成了可以历尽千辛万苦而精神意志不疲的人。

每个人的历史使命感都是不相同的，由于自己所承担的生命责任的不同，使一个人在世界上感到孤独。他不能放弃自己的追求，但也不能希望别人都能理解在自己追求中生活的自己。他孤独，他寂寞，他感到世界的荒凉、人与人之间的隔膜，但所有这一切，都更加强化着自己的

中国现代历史小说论（五）

独立意识，都使他更加明确地意识到自己的历史责任。他必须以自己的独立的力量完成自己的历史使命，完成自己的生命价值。当一个人勇敢地在精神上承担了自己的生命的责任，他就开始了这样一个漫长的精神旅程，他的孤独感同他的生命力的强旺是同时加强着的。这就是伍子胥性格的基本内涵，同时也是像鲁迅这样的中国现代知识分子的基本性格内涵。

　　一个人承担了自己，才能真正地承担起整个世界。一个人连自己也不能承担，是不可能承担起整个世界的。他在自己的内在精神要求面前倒下了，他在任何强有力的外在事物面前就会自觉不自觉地倒下去。他不敢向世界表示自己最内在的愿望和要求，因为他早已可耻地背叛了它，并把它愈来愈深地埋葬在潜意识里。他已经没有一个看待周围千差万别世界的确定的标准，他不得不随时按照别人的标准看待事物，而在不同的境遇中各有不同的人的价值标准发挥着作用，因而他面前的周围世界永远是破裂的、零碎的，无法在他的意识中找到统一性，随波逐流，没有主见，出尔反尔，对弱者主观武断，对强者唯命是从。这种外在世界的破碎正是他内在精神破碎的表现。正因为伍子胥承担了自己，所以他也有了承担整个世界的能力。冯至用九个部分写了伍子胥在整个世界的漫游。这些情节，有些是在正史中有记载的，有的是后来艺术家杜撰的，有些则是冯至添加的，但无论属于什么情况，我们在伍子胥这个人物的精神生命中，都能找到负荷它们的力量。他感受到世界的爱，也感受到世界的恨；感受到和平生活的美，也感受到战争带来的灾难；感受到人的崇高的追求，也感受到卑鄙无耻的叛卖；感受到人的聪明智慧，也感受到人的愚昧迷信。所有这一切，都丰富着他的内在精神，但都无法使他放弃自己的生命的价值。他爱一切所当爱，但爱无法软化他的精神意志；他憎一切所当憎，但憎也无法使他放弃人生的希望。他不亵渎这个世界，因为不用亵渎这个世界，他也能感受得到自己的存在价值；但他也不美化这个世界，因为他不用通过美化这个世界而美化自己。就是在伍子胥这样一个人物的眼里，世界以它自身的面目展现出来。冯至则通过对他的精神历程的描绘，描绘了当时整个中国的现实社会。可以说，冯至的《伍子胥》是现实化了的鲁迅的《过客》，而鲁迅的

《过客》则是象征化了的冯至的《伍子胥》。二者都具有深刻的、具有现代意义的人生哲理性质。

2. 历史爱情小说

爱情小说在20年代的文坛上是繁茂勃发着的一种小说类型。恋爱自由和婚姻自主的口号把20年代青年恋爱婚姻生活上升到了时代主题的高度，因而也得到了迅速的发展。但那时的青年学生，有着大量现实的爱情体验，相对于他们的体验，古代历史上的爱情故事就显得黯然失色了。因而，中国现代历史小说是从文化解剖的意愿中产生的，历史上的爱情故事并没有受到当时青年作家的重视。鲁迅曾经设想描写杨贵妃同唐玄宗的爱情纠葛，但他终于没有动笔。到了30年代，严敦易和沈祖棻分别以杨贵妃的故事写成了《马嵬》和《茂陵的雨夜》。但与其说他们写的是爱情故事，不如说写的是统治阶级内部争权夺利的斗争，爱情在这场斗争中仅仅成了牺牲品。所以，严格说来，真正的历史爱情小说到40年代才正式出现。

历史爱情小说的代表作家理所当然地应该算是40年代开始历史小说创作的谭正璧。但是，一旦我们把这种小说落实到它的创作者这里，我们马上会发现，它的性质是极特殊的。鲁迅的文化解剖型历史小说直接联系着现实的文化反思、文化解剖，是鲁迅解剖国民性思想的别一种体现形式；郁达夫、郭沫若的个人道德表现型历史小说是刚刚踏进社会斗争的青年作家看待当前现实斗争的一种方式，他们通过历史人物道德品质的表现影射的是现实人物的道德品貌；农民起义题材的历史小说在中国共产党领导的现实革命斗争与历史上的农民起义之间建立的是对应关系，小说家对古代农民起义的歌颂就是对中国共产党领导的革命斗争的歌颂；爱国主义题材的历史小说对应的是古代和现代的民族危机，特别是对古代卖国权奸的揭露，更明显地是为了揭露现代的卖国官僚和他们的屈辱投降政策；政治斗争题材的历史小说对历史上政治斗争的描写实际是为了认识当前的政治斗争；心理分析型历史小说和人生哲理型历史小说是无所谓现实的人和历史上的人的区别的，前者揭示的是古今人的性心理，后者表现的是古今人相通的人生态度。但到了中国现代的历史爱情小说这里，这种古今的对应关系实际上是不存在的。谭正璧是在一

中国现代历史小说论（五）

种极特殊的历史条件和个人境遇中走向了历史爱情小说创作的。在抗日战争爆发之前，谭正璧既是一个小说家，也是一个著述甚丰的文学史家。在小说创作方面，1923年他出版了中篇小说《芭蕉的心》，1926年出版短篇小说集《人生的悲哀》。在文学史著方面，1924年他出版了国内第一部用白话文撰写的中国文学史《中国文学史大纲》，其后又先后有《中国女性的文学生活》《中国文学进化史》《新编中国文学史》《中国小说发达史》《中国文学家大辞典》等著述问世。显而易见，他的学术研究为他后来的历史小说创作积累了丰富的素材，他的小说创作也为他后来的历史小说创作积累了艺术的经验，但创作历史小说的感兴却并非在二者直接的结合中产生的。上海沦陷后，他因家累滞留于上海，强烈的民族意识使他矢志不走周作人、张资平附敌叛国的道路，日伪的政治统治和文化专制主义统治又使他不可能像其他历史小说家一样用历史题材表达自己对现实社会的认识及其主观感情态度。当时他的家境窘迫，妻子因忧成疯，一个儿子因断乳而饿死，两个儿子因无力抚养而让人领养，他自己也身患各种疾病，卖文为生成了他唯一的生活出路。正像他自己所说："忍气吞声、腼颜握管者，地非首阳，无薇可采，与其饿死，不如赖是以苟延残喘。"[1]也就是说，他的历史爱情小说，是与现实的爱情生活没有直接的对应关系的。它既非作者的爱情体验借了古代爱情故事的躯壳，也不是现实中男女的恋爱激起了他对历史故事的丰富想象，而是在大量现实题材和历史题材都不能再加以利用的情况下，历史上的爱情故事仍然可以成为中国现代作家能够加以利用的创作素材。如果说它在历史和现实之间也存在着一种对应关系的话，那么，那也不主要是爱情与爱情的对应，而是冷酷无爱的现实与历史的爱情梦幻故事之间的对应。在这种历史与现实的关系中，现实越是痛苦，人生越是艰难，主观思想情感越是得不到直接的自由表达，文艺创作的空间越是逼仄狭小，这种与现实社会没有直接对应关系的梦幻爱情故事越是能够得到片面的发展。而古代历史，则是创造这类梦幻故事的最适合的背景。

---

[1] 转引自徐廼翔、黄万华：《中国抗战时期沦陷区文学史》，福建教育出版社，1995，第534—535页。

在以往的文学评论和社会评论中，人们往往把文学与现实之间的这种关系简单地用"逃避现实"四字予以简单的概括，但只要文学评论家能正视谭正璧的实际人生经历和创作经历，就会看到，这种概括是极不恰切的。实际上，"逃避现实"和"正视现实"在谭正璧这里，已经没有本质的界限，它们对谭正璧的作品没有任何阐释的意义和概括的价值。在任何的历史时代，在任何的文化环境中，都会存在着两种处境不同的人：一、占有相对大的自由空间的人，二、只有极狭窄的自由空间的人。不论是一个社会的进步，还是一个民族的文学艺术的发展，都有赖于第一类人在自己的基础上不断选择更逼近社会人生也更有普遍社会价值的课题，而第二类人只是充分利用自己所能够有的自由空间的问题。在文学创作上，"逃避现实"只发生在由于种种原因已经获得了相对大的自由空间的创作家，而不适用于仅有极狭窄的自由空间的创作家。自由，是由一代代知识分子不断开拓出来的；进步，也是由一代代社会成员争取来的，只有有了相对大的自由空间的社会成员，才有可能进一步开拓这个自由空间，创造前代所未曾实现的社会进步。但是，中国固有的文化传统，只把文化视为个人才能的表现，一旦成名，永为名人。他不必再去开拓新的自由的空间，不必再去触及现实敏感的问题，利用已经到手的自由空间，不断做着自己不做别人也能做的事情，解决着与现实人生没有更直接意义，因而也不会失败、不会引起争议的问题，与现实的社会达成片面的妥协，放弃对一切尚未实现的理想的追求，从此把自己裹在名人的褓褓中，住进学者文人的象牙塔，成为社会文化的摆设。等而下之者，因为自己有了更大的自由，有了更高的权力，遂行私利己，压制新一代的成长，剥夺他人应享的自由权利，阻碍社会的进步。他们立于社会的前锋地位，但却并不继续往前走，在中国社会的前端筑起一堵墙，自己不再前行，也不再让人前行。这种文化传统直到现代社会，仍使中国社会呈现着种种畸形状态。例如，越是名人越是讲往古、谈玄理，而越是青年越是讲现实、求进步；越是有了权力、有了地位越是讲人缘、重稳定，而越是处于无权无势地位的人越是讲斗争、重改革。能动的人不想动，动不得的人要动；有条件做事者不做，暂时没条件做事者要做。呼声大，收效小；斗争激，进步微。不能不说，这是

中国现代历史小说论（五）

获得了更大自由空间的社会成员不想承担社会的责任而是习惯于逃避社会责任的结果。在这种情况下，和平时期，人人安中求安，蜷缩不进；战争一来，把大批国土抛入侵略者之手，使沦陷区人民只有一息苟延残喘之地，而丧失了几乎所有的自由权利。谭正璧正是在这种情况下写作他的历史小说的。他是一个只有极狭窄的自由空间的人，他充分利用了他的这个空间，因而对于他，没有一个逃避的问题。他被逼出了现实，而不是主动逃避了现实。

我们之所以要区分两种不同现实处境的人，还在于"历史"这个概念在这两种不同的境遇中本质上是不同的。在一个民族的和平发展时期，特别是在有着相对大的自由空间的社会成员这里，历史是必须被分解的，历史必须被分解为有不同价值等级的历史。这种分解是由于他的现实社会生活是可分解的，他的具体的人生选择是可以分别为不同的情况的。在这不同的人生选择间，必须区分不同的价值等级，绝对不能把本质不同的人生选择混同起来。对于那些有着相对大的自由空间的社会成员，对于同时可以做出两种或两种以上的人生选择并且都有实现的可能性的人，不但不能流于卑污，而且也不能满足平庸，而必须追求崇高。一个帝王满足平庸就等于掠夺了一个民族的财富，一个官僚满足平庸就等于骗取了社会的金钱，一个文人满足平庸就等于骗取了社会的信任，所有这些"崇高"的职业都赋予了一个人追求崇高的可能，因而也必须向他要求崇高。这种现实的分解，同时也就是对历史的分解。但是，对于那些只有极其狭窄的自由空间的人，对于有且也仅仅有一种可能性的人生选择的人，现实是凝固的，是无法分解的。它是一种强制性的力量，一道只有一种解法的数学题，你必须屈从它的意志，做它允许你做的那一件事，走它让你走的唯一一条道路，否则，你就只有在这个世界上消失，变成一个根本不存在的意义。现实自然是不可分解的，历史也就是不可分解的，甚至连历史和现实的分解也不存在。对于老舍笔下的骆驼祥子，拉车就是他的唯一一种可能性的选择，其他的所有差别，对于他都毫无意义。但也正因为如此，他的拉车也就同时具有了人生的全部意义：物质的和精神的，现实的和未来的，崇高的和渺小的。对于他，拉车就是一切，整个世界的意义和全部人生的意义就都包含在了他的拉车中。

　　在这时，我们再回头思考谭正璧历史爱情小说的意义，我们就会感到，他的历史爱情小说的意义几乎不在于"爱情"，或主要不在于"爱情"，正像骆驼祥子拉的车不是一辆车，或主要不是一辆车，而是他的全部人生一样。谭正璧在当时甚至没有一种明确的意识，认为他自己创作的实际是历史爱情小说。他说他的取材有三种性质：一种是历史传说，一种是民间神话，再一种是文人故事。①但他实际描写的，却是爱情居多。因为在那时能够选取且又有些趣味性的历史题材，也就主要是爱情的故事了。但也正因为他只能选取这类的题材，所以这里的爱情的题材所表现的也就不主要是爱情了。只要我们把它们同当时周作人写的有关日本的衣食住行、日本的人情美的散文加以比较，我们就会知道，谭正璧写的是"中国的"历史爱情故事，而不是中国历史的"爱情"故事。如果说周作人那些有关日本衣食住行的不能说"不真实"的描绘体现的是周作人极力用一种不能说"不真实"的东西涂去自己对于自己民族的意识，从而为自己变节投降的行为寻找借口的努力的话，谭正璧用自己的"中国的"历史爱情传说暗示的却是自己的民族意识。在这时，"中国的历史"是以整体性的存在发挥作用的。它不论怎样写，写什么，只要能够写出来，只要人们还愿意看，发生的就是中国人与中国人之间用中国的历史故事进行的情感交流，它在无言间强化的就是中国人对自己民族的意识，它使人永难忘记中国曾经是一个独立的国家和独立的民族。从这个意义上，也只有从这个意义上，我们才能从总体上说，中国几千年的历史，中国几千年的文化，不论从具体分析的意义上有多少缺陷，多少不足，但都是一种强大的力量，是使中华民族不可能从根本上丧失自己的民族意识和独立意识的原因所在。显而易见，对于谭正璧的历史小说来说，这个意义更重于他描写的具体爱情故事的意义。但是，谭正璧的历史爱情小说也是有明显弱点的，而它的弱点也是当时不自由的社会环境留给他的。当然，并不是在不自由的环境中就一定创作不出

---

　　① 参见谭正璧：《〈长恨歌〉自序》，载《长恨歌》，上海杂志出版社，1945，第1页。

中国现代历史小说论（五）

格外优秀乃至伟大的文学作品，但不自由仍然是扼杀一个民族才能的最可怕的刽子手，因为它只把成功的希望留给了那些它无法控制的极狭小的空间，而大多数人的才能是不适宜于在这极狭小的空间中生长的。谭正璧大概属于一个中间的类型。他在自己的狭小的自由空间中找到了自己的文学的衣冠，但这个衣冠对于他又是极不妥帖的。他是一个学者，文学史研究给他积累了大量可资利用的历史题材，这是使他在当时的环境中能够进行创作的前提条件，但当他具体地运用这些可资利用的素材时，他却已经过了对爱情有强烈内心体验的年龄，特别是对他所取材的青春期纯真无瑕的爱情，他已较少感同身受的能力。学者的生涯，当时内外交困的生活环境，都不易使他重新唤回自己的青春，唤回自己的爱情感受，而这，则是影响他历史爱情小说创作取得更高成就的最大心理障碍。在整个中国现代历史小说的创作史和研究史上，始终都存在着一个如何利用和改造历史素材的问题。当时的创作家，多数是学者兼搞创作，而其他类型的历史小说又多是需要制造历史真实的幻象的，故而很多历史小说家本人都把对历史素材的改造问题视为一个学术的问题和理性的问题。实际上，历史小说家是以历史的素材编织历史的幻梦的，而不是复写历史的事实的，它对历史素材的改造归根结蒂都是一种情感的和艺术的改造，而不是一种学术的和理性的改造。纯粹的学术的改造和理性的改造是历史家的事，它对历史小说家是有害无益的。历史小说家要把不是梦的东西编织成一个梦，所有的问题都是这个梦做成做不成的问题，而不是符合不符合历史事实的问题。这个问题，到了谭正璧的历史小说中，特别是到了他的历史爱情小说中，变得显豁起来了。他所取材的历史传说、民间神话和文人故事，本身就是中国古代人为自己编织的一些梦，甚至连古代人自己也不把它们当作完全信实的东西。中国现代历史小说家的真正任务，是要把这些梦继续做下去，而不是要戳破这些梦。戳破了这些梦，小说就不成其为小说了。而这些故事之所以美，就在于它们的梦幻性，梦幻性就是它们的艺术性。但是，谭正璧当使用这些素材时，却已经没有对梦幻性的强烈欲求，他努力为它们寻找"合理性"，实质是做着破坏它们的梦幻性的工作。他把汉武帝、青溪小姑的人神恋爱故事都一律改写成了人与人的故事，写成了人制造的一个骗局、一个情感的安慰术,这个梦就不成其为梦了。其他如《奔月之后》《女国的毁灭》,较之古代的神话传说,也很有些大煞风景的意味。显而易见,这些故事,是不适宜于由学者的手来碰它们的,如果由仍然充满爱情梦幻的青年作家来处理,或许是更适合的。此外,谭正璧笔下的文人故事,主人公多属才子型,这在郁达夫写来,可能是驾轻就熟的,而对于谭正璧这类严肃多于潇洒、认真多于灵秀的学者,尤其是又置身于艰难竭蹶的生活困境中,性格类型差距较大,很难用自己的情感体验补充历史记载的不足,为历史故事注入更丰富的内容。但是,所有这些弱点,也只是弱点而已,是不应由作者本人负责的。一个民族的弃儿,置身于异民族的统治之下,仍然坚持民族气节,仍然坚持文学创作,把对自己民族的历史记忆不断传送出去,并且为中国现代历史小说的创作开辟了一个新的领域,其作品也有为其他作品所无法取代的独立特点,其功绩是不可抹杀的。

8

综观中国现代历史小说的创作,我们认为,有下列几点是应当特别指出的:

一、中国现代历史小说有自己独立的特征,有自己独立的艺术形态。

中国现代历史小说同整个中国现代文学一样,是中国新文化革命的产物。它的"历史"的界定,主要不是由社会经济、政治形态的变化为依据的,而是以文化观念的变化为根据的。五四新文化革命的发生,使中国现代知识分子感到中国古代的历史已经结束,一个中国文化的新的时代已经到来。尽管中国在经济、政治形态上较之中国古代社会仍没有根本性质的变化,广大社会群众的思想状况也没有明显的改观,但中国现代知识分子却认为,再也不能用中国古代人的思想看待中国古代的历史,现代中国人正在追求的是不同于中国古代人的新的社会理想。因而中国的社会也就有了历史和现实、古代和现代的划分。这种划分是在社会进化论或社会发展观的基础上实现的,古代社会是作为一个不完美、不理想的社会形态出现在中国现代作家的观念之中的,所以,像西方早

中国现代历史小说论（五）

期的历史小说那种通过美化历史而否定现实社会的创作倾向，在中国现代历史小说中并不具有代表性，也没有形成一种带有倾向性的创作潮流，更多的是通过对历史的表现而表现对现实社会的认识。这是中国现代历史小说不同于西方历史小说，也不同于中国古代历史小说的独立特征。

由于中国现代知识分子关于历史的观念是从文化观念的变化中形成的，所以从中国现代历史小说产生之日起，中国现代历史小说的概念就与西方的历史小说有着明显的差别。它的含义是从文化的意义上取得的：凡是对中国古代人曾经表现过的人物、事件用现代人的意识重新予以表现的小说，在创作者本人，都自觉不自觉地意识为历史小说。它是在与现实题材小说的区别中被界定的。因了这个原因，中国现代历史小说比西方历史小说包括的范围更加宽泛。西方历史小说主要包括对被认为是历史的真实人物和事件的表现，而中国现代历史小说则不但包括对被认为真实的历史人物和事件的表现，同时也包括中国古代人曾经表现过的神话、传说和民间故事。中国现代文学史上的第一篇历史小说《补天》，采用的就是古代神话的题材。鲁迅后来说："那时的意见，是想从古代和现代都采取题材，来做短篇小说。"（《故事新编·序言》）而这从古代采取题材的小说，自然也就成了一类，成了"历史小说"。一直到40年代，谭正璧把自己根据历史传说、民间神话、文化故事写成的小说结集出版时，其小说集仍直接标明为"历史小说集"；至于茅盾及其后继者在《水浒传》等古代小说的基础上重新创作的小说，也是明确作为"历史小说"进行创作的。这种情况，更因为中国小说这种艺术形式的革新而得到了固定。现代小说这种形式，体现着现代历史小说的现代性，而所描写的非现代的所有题材，自然就具有了"历史"的性质。因而，在中国的作者和读者中，很自然地就会将所有这些作品归为一类，是没有什么勉强的，倒是那些仅从固有的历史观念和历史小说的定义出发的学者，往往对这种区分提出各种异议。但文学的发展有其自然的趋势，中国现代文学的发展也有与中国古代文学和西方文学的不同特征，用固有定义规范现代文学作品的分类，原本是没有多大必要性的。

二、历史观念的多元化发展，带来了中国现代历史小说艺术形态的多元化发展。

如上所述，历史学在中国古代文化中是仅次于经学的一大显学，它在中国知识分子的心目中有着比在西方人心目中更高的权威性。直到中国现代历史小说的发展史上，我们仍然可以感受到这种"历史的压迫"的重担，连很多历史小说家自己也往往不得不把自己的艺术创造送到"历史"的法庭上去接受审判。但是，中国现代历史小说到底是中国现代文学革命的产物，是新的历史观念反抗旧的历史观念的结果，而文学艺术家在自觉与不自觉中产生的看待和表现历史的新角度，有时比历史家所自觉使用的历史的观念更能反映中国现代知识分子历史观念的实际变化。

中国古代历史学有极高的权威，也有极丰富的著作，但作为有实质意义的历史的观念，却并没有真正树立起来。历史的观念是从对历史的变迁和发展的思考中引申出来的，是感受和评价历史现象和历史变化的相对统一的角度和观念。如果说中国古代的历史学有一种观念的话，那也只是政权更迭、朝代易姓的观念，其中并不隐有任何实质性变化的因素。鸦片战争后中国文化与西方文化的接触和比较，西方现代历史学说的影响，中国现代知识分子对现实进行根本性改造的切盼，促使中国现代知识分子的历史意识迅速增长起来。但是，直至现在的中国知识分子，在主观上都往往认为，世界上是存在着一种唯一正确并普遍可接受的统一的历史观念的，因而中国的理论家和历史学家往往以这种意识为基础，到中国古代和西方的历史学说中去为自己寻找唯一正确的历史观念。实际上，这种历史的观念是不存在的，不同的人的不同现实感受形成了他们不同的思想观念，因而也形成了他们感受和表现中国历史的角度和标准，所以，中国现代历史小说作家在无意之间流露出来的感受和表现中国历史的角度和思想观念，不但更能反映他们自己的历史观念的实际变化，也为中国现代文化的发展提供了更加丰富多彩的观察和研究中国历史的思想模式，而这不能不是我们应当重视中国现代历史小说研究的一个重要原因。

任何分类都是对现实存在事物的一种简化形式，并且带有进行分类人的某种强制性，因而任何分类也都是不完全精确的。但是，要研究就

中国现代历史小说论（五）

要分类。我们在上文把中国现代历史小说区分为若干不同的类型，实际是以感受并表现历史的主要角度和思想观念为标准的。它有很多不精确的地方，也有以偏概全的毛病，但至少我们从中可以看到，中国现代知识分子是有各种不同的感受和表现历史的方式的，而所有这些方式，实际都是一种历史的观念，是在特定境遇中自然地产生，有时又自然地消灭着的历史的观念。鲁迅是在对中国社会的劣败感受中建立起自己的文化观念和历史观念的，他希望着中华民族的自立和自强，所以他重视人的生命力量。他把人类的历史和中华民族的历史都视为生命力的强旺和生命力萎缩二者相生相克的历史。强旺的生命力在创造活动中实现自己，它创造了世界，也推动着人类历史的发展；而萎缩了的生命则消耗着乃至扼杀着别人的创造活动，破坏着这个世界，阻遏着人类历史的发展。郭沫若、郁达夫是以新进青年的主观感受看待人生，也看待中国的历史的。他们希望着一个纯洁美好、真诚温暖的世界，但他们看到的现实世界的人却是自私虚伪的。他们同时也以这种感受认识历史和历史上的人。他们把历史上的人分为两类，一类是真诚坦白、富有才华的，一类是自私虚伪、待人冷酷的，前者给人以幸福，后者给人以灾难。把人变得纯洁真诚是消除灾难、增进人的幸福、取得社会进步的首要条件。农民起义题材的历史小说是在社会革命的潮流中产生的，当时左翼作家面对社会的专制和腐败而找不到现实地改变社会的和平方式，转而希望用武装的力量推翻现实政权而重新建立新的社会制度。在这时，中国历史上的农民起义就有了新的、独立的历史意义。马克思主义阶级斗争的学说在中国具体转化为历代政治统治政权与自发反抗的底层社会群众二者之间的斗争，并以这种斗争看待中国历史的发展和社会的进步。爱国主义题材的历史小说是在民族危机中产生的，它自然地把中国历史视为爱国者和卖国者两类人的斗争历史。政治斗争题材的历史小说更多取用正史中的资料，但其中贯穿的则是改革者与反改革者的斗争。反改革者是为了自己的权力和地位，改革者是为了国家的富强和进步。中国的历史实际也就是在这两种力量的不断较量中构成的。心理分析型历史小说表面表现的是个体人的心理，但它之运用于历史人物，也就有了一种历史的意义。实际上，人类历史也可视为人类的本能欲望与社会道德二者之间矛盾和斗争的历史。人类的本能欲望是人的一种自然属性，社会的道德是在共同的生存中为约束个体人的自然本能而形成的社会规范。社会的道德失去了对人类本能欲望的约束力，人类社会就会陷入混乱和战争，而人类的本能欲望一旦被社会的道德所束缚，人类的历史就会陷于停滞和保守，人类的生活也会变得沉寂和寂寞。二者之间是一种相生相克的关系。中国现代心理分析小说是在反对传统封建道德的基础上发展起来的，反映着现代都市的享乐主义思潮，故而重点表现人类本能欲望对社会道德限制的反抗。不论整个人类的历史，还是一个民族的历史，都不但与群体的活动有关，也与个人的主体选择机制有密切的关系，因为群体的活动归根到底是由一个个人的主体选择构成的。人类历史是由一代代人像环环相扣的锁链一样构成的，每一个个体的人都由他的前代人的历史所创造、所限定，他承担的是历史赋予他的使命，他的主动性是在他的被动性的承担中具体发挥出来的。他无法超越历史，但又必须超越历史。历史就这样被一代代人所造成。这种历史观念，我们从冯至的《伍子胥》中可以清晰地感受出来。这是中国现代知识分子对自我和历史、自我和社会关系的思考。他们所承担的民族贫穷落后的现实，不是他们自己造成的现实，但他们必须承担，不承担这个历史的重担，不想为改变这一现实而做艰苦卓绝的奋斗，就没有这一代人的存在价值和意义。只有在这承担中，他们才会意识到自我的存在，意识到自我的价值，并形成自己独立不倚的精神人格。显而易见，这是中国现代具有社会意识和社会责任感而又有独立意识的知识分子的历史观念。中国现代的爱情小说比较发达，但较多集中在现实题材的小说中，写历史爱情小说较多的谭正璧更多着眼于这种题材本身的可行性，而较少思考它与民族发展史的关系。但从李劼人的《死水微澜》中，我们仍能看到，一个民族的历史是与两性关系的发展变化息息相关的。在西方基督教神学中，上帝首先创造了亚当和夏娃，人类的历史是从两性有了差别之后开始的。两性的关系不但表现在两性的关系，同时也表现为男性与男性、女性与女性、贵族与平民、前代与后代的诸多关系中，人类的历史和其中一个民族的历史是不能不和两性关系联系在一起的。因而，爱情不但在现实生活中具有举足轻重的作用，而且也是影响历史发展的重要力

中国现代历史小说论（五）

量。总之，我们从中国现代历史小说中所看到的，是中国现代历史观念的多样化发展趋势。而这种多样化发展趋势，同时也造成了中国现代历史小说的多样化艺术形态。鲁迅《故事新编》在艺术形态上的独立性是不必论证的，即使在世界历史小说的历史上，它提供的也是一种独立的艺术形态和独特的艺术范例。如前所述，世界历史小说在鲁迅这里，首先实现了由浪漫主义、现实主义向现代主义的转变。它的古今杂糅的写法体现了历史中有现实、现实中有历史，古今的分别并不是绝对的、它们没有一道不可逾越的鸿沟的现代性的历史意识。在鲁迅的《故事新编》里，世界的庄严性、历史的庄严性、人的存在的庄严性同世界的荒诞性、历史的荒诞性、人的存在的荒诞性是相互交织在一起的，它们同时也是这些历史小说的主题。《故事新编》艺术风格上的严肃性和滑稽性的交织、悲剧性与喜剧性的交织，是与鲁迅的这种历史意识相呼应的。它的取材集中于中华民族历史源头处的神话、传说、历史人物和奠定了中国社会思想基础的先秦思想家老子、孔子、庄子、墨翟等，他们在中华民族历史上所发挥的实际巨大作用，把历史小说的概括力提高到了概括全部中国历史的高度，并使它所描写的人物具有了象征性的意义。以郁达夫的《采石矶》为代表的个人道德表现型的历史小说也有自己的独立艺术形态。它是一种主观性最强的历史小说形态。呻吟、呼号、倾诉乃至诅咒是这类历史小说的主要艺术手段，一种软弱无力的感伤情调贯穿在郁达夫的《采石矶》里，它反映着历代怀才不遇的知识分子对虚伪自私的社会统治势力的软弱无力。这类小说的取材主要是历史上怀才不遇的知识分子。郭沫若的历史小说取材相对广泛，描写较为客观，但其基本视角也与郁达夫的小说没有本质的不同。农民起义题材的历史小说除少数描写起义者内部矛盾斗争的篇章外，大都着眼于特定历史情节的描绘，人物性格的刻画不是这类小说的重点，它们的主要情节线索是社会外部的矛盾对立，由物质的对立引发出的情感的对立则是这种历史情景的主要特点。它们的取材都在中国封建王朝更迭的关键时刻，但都是片断的，像此前的施耐庵的《水浒传》和此后的姚雪垠的《李自成》这样的描写农民起义全过程的历史小说，在中国现代文学史上没有出现，也不可能出现。农民起义题材的历史小说着眼于场景，爱国主义题材的历史小说则着眼于人物,着眼于人物的气节和品质。对于人物塑造,不着眼于复杂性,而着眼于倾向性,正、反面人物都是如此。其取材则大都在汉民族王朝即将覆灭而尚未覆灭之际。政治斗争题材的历史小说在其故事性上是最突出的,其中优秀的作品有性格描写,有过程,矛盾冲突较集中,其取材是正史中有较突出地位的事件或人物。心理分析型历史小说的特点更其明显,着眼于人物心理的复杂性和矛盾性,表现人物的心理活动历程,且一篇小说一个主要人物,心理分析的方法主要用于主要人物,其他人物仍保留其相对的单纯性。人生哲理小说主要表现人物的心理历程,它与心理分析型的历史小说不同,心理分析型的历史小说在单纯的外部环境中展示人物心理的复杂性,人生哲理小说则重视在内部丰富性和外部复杂性的对应关系中展开故事。而长篇历史小说则注重上述各种形式的综合运用,其总体特征更接近西方现实主义、自然主义的长篇历史小说。总之,中国现代历史小说虽然在数量上不多,且多为短篇,但在类型学的意义上,则是丰富的。

三、我们不能过分夸大中国现代历史小说的艺术成就,但也不应漠视它为中国现代小说的发展所做出的贡献。

中国现代历史小说的创作在质量上是参差不齐的,其影响也不如现实题材的小说,但它的艺术成就也是不可低估的。首先,鲁迅《故事新编》的创新意义必须予以更高度的重视,它的思想成就和艺术成就都有进一步研究和挖掘的价值。就其单篇的作品而言,我们认为,鲁迅的《补天》《铸剑》、冯至的《伍子胥》都能当之无愧地被列入世界级的优秀小说作品。而鲁迅的《奔月》《理水》《出关》《采薇》,郁达夫的《采石矶》,郑振铎的《汤祷》《桂公塘》《毁灭》,施蛰存的《鸠摩罗什》《将军底头》《石秀》《黄心大师》,李拓之的《文身》《埋香》,沈祖棻的《辩才禅师》《马嵬驿》,杨刚的《公孙鞅》,聂绀弩的《一个残废人和他的梦》等,在中国现代小说中,都属于优秀作品之列;而李劼人的《死水微澜》,也是中国现代若干部最优秀的长篇小说之一。在这数量不多的中国现代历史小说作品中,能够出现这样一批优秀作品,其艺术成就不能说是太菲薄的。

但是,中国现代历史小说正处于新的历史小说的初创期,它的不足

中国现代历史小说论（五）

也是显而易见的。在所有这些不足中，我们认为，最大的不足是因为它还处于文学和历史的分体过程中，这个过程还远远没有结束，所以，除了鲁迅、郁达夫、冯至等少数几个作家具有真正的现代文学家的气度，真正把历史作为自己的文学题材，艺术地而不仅仅是历史地把握历史和表现历史之外，多数现代历史小说家仍然自觉不自觉地受到"历史的压迫"。历史地把握历史的方法是以历史记载的事实把握历史的方法，艺术地把握历史的方法是通过对历史上的人的理解在想象中把握历史的方法。一部历史小说的成功与否是以艺术上的成功与否为标准的，而不是以历史家心目中的历史为标准的。鲁迅说他"没有将古人写得更死"（《故事新编·序言》），这实际上是以艺术地把握历史的方法为自己的历史小说的存在价值做出的最好的辩护。但在中国现代文学史上，多数历史小说家为自己作品辩护的方法就是历史的而非艺术的，他们企图在历史事实的范围中为自己的小说找到存在的价值。这使中国现代历史小说的创作流于两端：一、拘泥于历史事实，牺牲了艺术的趣味性，牺牲了生活的气息、活人的气息。甚至像郑振铎这样的历史小说家，也难免此病。历史家眼中的文天祥，主要是一个爱国主义者的文天祥，他们的一切记述都是围绕这一点展开的，但他们却把这个人物简化了。对于历史家，这种简化是必要的、合理的，不简化，历史家就无法把他纳入历史叙述中去。即使文天祥对自己经历的记述，也是事过之后的记述，不是对自己全部感受和活动的记述。但对于一个历史小说家，这种简化却是不利的，他应当从这种被简化了的叙述中重新复活一个完整的、丰富的、活的文天祥。在这里，文学家依靠的是艺术的想象，因为只有在这种想象中，文天祥才有可能重新还原为一个活的人。这种想象，从历史事实中来，但却无限大于历史的事实，它不是从历史事实的相加当中产生出来的。他是一个活的人，才有喜怒哀乐各种情绪，而不是只有爱国主义的一种情绪；才有恐惧、犹疑、坚定、勇敢等各种表现，而不仅仅只有民族的气节和坚定的意志。他仍然是一个爱国主义者，但同时也是一个活生生、亲切可爱的人，艺术的趣味性也才能从对这样一个活生生的人的描绘中产生出来。但郑振铎的《桂公塘》却满足于对文天祥这段历史经历的叙述，满足于连历史家也能给我们说出的文天祥的精神品质。这样,"小说"的性质就埋在"历史"中表现不出来了。与此同时,历史小说的趣味性,只能由历史小说家自己创造出来,而不能依靠历史故事原有的趣味性。历史小说家是以读者了解原有的历史故事为前提的,不了解原有的故事,他就不会产生对历史小说家要制造的历史的感受,而一旦他已经了解了原有的历史故事,原有历史故事的趣味性就成了他阅读历史小说时的心理背景,历史小说再重复这个故事就没有必要且显得啰唆空洞了。因此,历史小说的趣味性是从它与原有的历史叙述的差异中产生的,而不是从二者的共同性中产生的。中国现代许多历史小说家因为屈从历史的压力,想仅仅依靠历史记载本身的趣味性创作出历史小说,结果往往是这样:这些历史故事在历史记载中原本是十分生动有趣的,其中的人物原本是性格鲜明、虎虎有生气的,但经历史小说家一转述,反而连原有的生动性也丧失了。二、离开历史人物的主要历史活动而到细枝末节的历史记载中去寻找否定这个人物的证据。这表面上看来是对历史的批评,是对历史固有结论的翻案文章,但实质上也是屈从历史记载的表现。它的实质意义是,现代人只能从不同于正史的记载中得出与正史不同的历史结论,假若仅仅有正史中的记载,现代人是永远不可能产生对历史人物和历史事件的不同感受和理解的。这实际上也是历史小说家把自己等同于历史家,以历史家的标准要求自己的小说创作的表现。实际上,历史小说家与历史家的不同是由艺术的把握方式和历史的把握方式的不同带来的,而不是由依据的材料不同带来的。离开一个历史人物的主要历史活动,仅仅依照一条过去谁也不重视的历史资料和谁也不同意的解释方法而塑造出来的历史人物,与原有的历史人物已经没有任何关系。他们是名字相同的两个人物,而不是历史小说家与别人有不同感受的同一个历史人物,因而,历史小说家的创造性人们也感受不到了,感受到的只是现代人对古代人的挑剔和不公。郭沫若的《孔夫子吃饭》和《孟夫子出妻》就有此病。以上两种表现都是因为历史小说家屈从历史权威、重历史而不重小说的结果。实际上,历史小说家的以历史为题材,也正像现实小说家以现实为题材一样,现实小说不同于现实人物和事件的报导,历史小说也不同于对历史人物和历史事件的报导。历史人物和历史事件在历史小说家这里的地位和作用正同现实人物

中国现代历史小说论（五）

和现实事件在现实小说家那里的地位和作用。它们是素材而不是标准，是模特儿而不是临摹的范本。历史家才应是历史人物和历史事件的报导者，他们是以历史人物和历史事件自身的存在及存在方式为标准的。历史小说家创作的不是历史，而是小说，它与历史通俗读物的根本区别就在这里。

历史小说是小说的一种重要样式，特别是对于有着悠久历史文化传统、有着丰富的历史素材可资利用的中国作家，它的重要性甚至超过对一个西方小说家的重要性。当前历史小说的创作正有走向新的繁荣的势头。在这里，我们反观中国现代历史小说的创作，注意它的创作经验和教训，我们认为，或许会是有些益处的。

1997年10月15日于韩国汉城
原载《鲁迅研究月刊》1998年第7期

《雷雨》的典型意义和人物塑造

杜勃罗留波夫说："我们认为艺术作品的主要价值是它的生活的真理……如果能够判断作者的眼光在现象的本质里，究竟深入到何种程度，究竟宽阔到何种程度——那么他的才能究竟是否伟大，也可以得到解决了。"[①]曹禺的《雷雨》自发表至今的近半个世纪中，始终保持着经久不衰的新鲜生命力，其原因绝不仅仅在于它情节的新奇、结构的严谨、语言的精练、诗意的浓郁等等纯艺术性的因素，而主要在于他深刻揭示了历史的真实和生活的真理。本文试图结合它的典型人物的塑造探索一下它的典型意义。

一

我认为，理解《雷雨》全部意义的关键在于明确意识到周朴园的存在并对他的典型意义有一个较清晰的了解。离开他，全剧就会变色；离开他，就将失去评判所有其他人物的主要客观依据。

周朴园是一个什么样的人物呢？他是一个非驴非马、亦驴亦马的"怪物"，是旧中国畸形社会历史发展的产物，是半封建半殖民地旧中国的"特产"。

[①]《黑暗的王国》，载《杜勃罗留波夫选集》第1卷，新文艺出版社，1954，第174页。

《雷雨》的典型意义和人物塑造

"周朴园在家庭里是一个顽迷专制的家长,在生产上又是一个懂得榨取、压迫和欺骗工人的方法,口里衔着雪茄烟的资本家。"[1]也就是说,他是社会政治经济关系中的资本家和家庭伦理道德关系中的封建家长的怪诞结合的产物。正是在这怪诞然而又是真实的结合中,存在着他有别于世界文学中同类艺术形象的独立"民族特征",存在着他有别于中国新文学中其他反面艺术形象的独立典型意义。

"资产阶级在它已经取得了统治的地方把一切封建的、宗法的和田园诗般的关系都破坏了。它无情地斩断了把人们束缚于天然尊长的形形色色的封建羁绊,它使人和人之间除了赤裸裸的利害关系,除了冷酷无情的'现金交易',就再也没有任何别的联系了。""资产阶级撕下了罩在家庭关系上的温情脉脉的面纱,把这种关系变成了纯粹的金钱关系。"[2]周朴园这个中国资本家阶级的代表人物,在政治和经济上已经取得了自己的统治地位,但却丝毫没有迹象表明,想要把家庭关系中那封建的、宗法的关系也破坏一下,他仍然热衷于维护着自己的"体面家庭","外表还是一副道德面孔,是慈善家,是社会上的好人物"(《雷雨》第二幕周繁漪语)。他以"天然尊长"的资格君临在周公馆的家长制的宝座上,实行着近代世界上最严酷无情的封建家长制专制统治。这个畸形的"怪物",不但在巴尔扎克的发达资本主义国家社会关系的巨幅画卷《人间喜剧》中难以发现与之类似的面影,即使在易卜生、列夫·托尔斯泰这些不发达资本主义国家的文学大师的作品中,也难以找到和他的本质相同的伙伴。曹禺的《雷雨》,曾受到易卜生剧作的影响,特别是与他的《玩偶之家》更有明显的相似之处,但是,人人可以看到,周朴园与托伐·海尔茂之间,是存在着遥远的思想距离的。海尔茂和娜拉之间,是一种在表面被肯定为"平等"关系中的实质上的不平等,是在"爱情"联系中的玩弄与被玩弄的关系。海尔茂对娜拉的束缚和控制,更多地表现为一种潜在的意识本质,甚至在他自己的潜意识中,也没有将妻子置于他个人

---

[1] 周扬:《论〈雷雨〉和〈日出〉》,《光明》第2卷第8期,1937年。
[2] 马克思、恩格斯:《共产党宣言》,载《马克思恩格斯选集》第1卷,人民出版社,1972,第253、254页。

绝对统治之下的主观动机。所以当娜拉一旦觉醒，他没有利用个人的任何强权制止娜拉的出走。恩格斯在谈到资产阶级的婚姻关系时说："婚姻仍然是阶级的婚姻，但在阶级内部则承认当事者享有某种程度的选择的自由。在纸面上，在道德理论上以及在诗歌描写上，再也没有比认为不以相互性爱和夫妻真正自由同意为基础的任何婚姻都是不道德的那种观念更加牢固而不可动摇了。总之，由爱情而结合的婚姻被宣布为人的权利……"[1]易卜生的《玩偶之家》所暴露的正是这种表面承认"平等"而实质上不平等的资产阶级的婚姻家庭关系。列夫·托尔斯泰的《安娜·卡列尼娜》中的卡列宁也与海尔茂的艺术形象有着较为相近的特征。周朴园较之他们，在经济关系中更带有严格的资产阶级性质，他本人就是一个产业资本家，但在家庭伦理道德关系中则是地地道道的封建专制主义者。他在工人阶级的肉体痛苦中吮吸着自己的物质营养，同时还在自己的妻子儿女的精神痛苦中汲取自己的精神营养。对他来说，不但在政治和经济上，而且在家庭关系中，"平等""人权"都是根本不可理解的字眼儿，他要求的是对他的绝对的、无条件的服从，公开地用严酷的封建等级制威压着自己家庭中的每一个成员。这种非驴非马、亦驴亦马的"怪物"形象，在世界文学的反面人物的画廊中不是独具一格的吗？

但是，周朴园这种"怪物"恰恰反映了中国产业资产阶级的一个非常重要的本质方面。就其主体而言，西欧资产阶级是从中世纪末期的手工业者和作坊主成长起来的，在它正式得到政权之前的几个世纪中，一直处于受压迫、受禁锢的"第三等级"的地位上。为了谋取自身的思想解放和社会解放，在漫长的历史进程中，它一直高举着"自由、平等、博爱"的旗帜与封建贵族阶级的传统观念和专制统治进行着斗争。当它转化为统治阶级之后，它无法也不需要公开抛弃这个自己使用了几个世纪的思想武器，而只是以保留了经济上的不平等关系而蚀空了它的大部分实际内容。可是，中国的产业资产阶级，远没有这么"光荣的""出身"，也没有经历过如此长期的反封建斗争。它主要是在外国资本主义的

---

[1] 恩格斯：《家庭、私有制和国家的起源》，载《马克思恩格斯选集》第4卷，人民出版社，1972，第77页。

《雷雨》的典型意义和人物塑造

刺激之下，由封建官僚和农村的封建地主阶级投资于城市工业资本或兼营工业资本而产生的。所以，从它一开始，便具有浓厚的封建性质，洋务派"中学为体，西学为用"的思想是它当时的指导思想。在此后的发展中，它受到帝国主义和封建主义的双重压迫，有反帝反封建的政治经济要求，但刚刚脱胎于封建地主阶级的中国产业资本家，对中国反封建伦理道德的思想斗争，并没有表现出更大的积极性。我们可以看到，反封建思想革命的义旗首先是由进步的小资产阶级知识分子举起的，其中有在外国进步思潮影响下的知识分子，有广大的青年学生，有在封建家庭受到严重束缚的青年男女。在争取个性解放的反封建思想斗争中，他们一直是主要的力量。应当说，中国产业资产阶级的这一典型特征，在中国新文学作品中表现得是不很充分的。巴金的"激流三部曲"，生动地描绘了封建大家庭内部封建与反封建的思想斗争；茅盾的《子夜》，重点反映了民族资产阶级与买办资产阶级的经济斗争。关于《子夜》的开端，朱自清先生曾经指出："书中以'父与子'的冲突开始，便是封建道德与资本主义道德的冲突。但作者将吴荪甫的老太爷，写得那么不经事，一到上海，便让上海给气死了，未免干脆得不近情理。"[①] 很显然，除了结构方面的考虑之外，作者主要是在象征意义上使用这一细节的。它标志着封建道德观念和封建势力在大上海的灭亡，资产阶级道德观念和资产阶级势力在大上海的胜利。但严格讲来，这在本质上是不真实的：一、封建道德观念的实质不是厌恶丑恶，而是在虚伪的外表下掩盖住最可耻的丑行和最肮脏龌龊的心迹，吴老太爷那种"真诚的"态度并不能代表这一观念本身，鲁迅《肥皂》中的四铭一面下意识地想着用肥皂"咯支咯支遍身洗一洗"的孝女，一面大谈其维持风化才是中国传统封建道德的本质表现；二、思想观念和意识形态比经济制度具有更大的稳固性和灵活性，大上海资本主义经济的胜利绝不能宣布封建道德观念影响的消失，它依然会寄存在封建地主阶级之外的人们身上而继续发挥自己的影响。这虽不能影响《子夜》整体的杰出意义，但它却客观上说

[①] 朱自清：《〈子夜〉》，《文学季刊》第1卷第2期，1934年4月。

明了，当时人们在重视描写中国产业资产阶级政治、经济上动摇性和软弱性的同时，却往往忽略它在道德观念上与封建地主阶级的历史联系，而这正是它思想软弱性和妥协性的典型表现。在这方面填补了中国新文学的空白的，是曹禺的《雷雨》。不论就其形象的鲜明性上，还是就其思想含义的丰富性上，周朴园都是新文学史上屈指可数的同类人物的一个突出代表，是有其不可代替的独立典型意义的。

当然，曹禺对周朴园这一典型形象的塑造，绝非从对中国社会历史发展的理性分析和逻辑判断中引申出来的，而是从具体的、真实的生活感受和现实经验中提炼出来的。他说："周朴园是由封建家庭（大地主）的子弟转化为成功的资本家的。"[1]更重要的是，曹禺以异常敏锐的感觉，在周朴园这类产业资本家的身上清晰地嗅出了一股浓郁的封建伦理道德观念的陈腐恶臭的气味。正像周恩来指出的那样："演《雷雨》，不熟悉封建社会的生活，演成资本主义社会的家庭，就不像了。"[2]之所以如此，是因为周朴园虽然在社会经济关系上已经成为资本家阶级的代表人物，但在家庭伦理关系上，他依然是一个典型的封建家长。通过这一典型形象，曹禺不但深刻揭示了中国产业资产阶级的一个非常重要的本质方面，而且以独特的方式表现了中国封建传统观念的顽固性，中国反封建思想革命斗争的长期性和复杂性。《雷雨》向我们表明：在中国有着两千余年思想统治历史的封建伦理道德观念，不但会由它的倡导者封建地主阶级不遗余力地维持着它的存在，而且在本质上属于与封建地主阶级对立的资产阶级的许多代表人物仍会在一个相当长的时期维持着它的统治地位，它还会寄存在其他阶级的人们身上继续生存并施展其无形的桎梏力量。

周朴园这一基本特征在剧本中是怎样显示出来的呢？我认为，曹禺当时对他的具体而又真实的强烈感受，首先决定了这个剧本的整体结构

---

[1]《关于〈雷雨〉在苏联上演的通信——曹禺致阿·柯索夫》，《戏剧报》1958年第9期。

[2] 周恩来：《在文艺工作座谈会和故事片创作会议上的讲话》，载《周恩来论文艺》，人民文学出版社，1979，第102页。

《雷雨》的典型意义和人物塑造

方式。

根据周朴园各方面的社会活动，《雷雨》主要存在着三条不同的情节线，由此也产生了三种不同的主要结构方式：

一、以周朴园和鲁侍萍的矛盾纠葛为主要情节线。这样，剧本就要从周朴园对鲁侍萍始乱终弃开始，在舞台上集中展开他对鲁侍萍母女两代人的摧残和蹂躏。这种结构方式突出表现的是作为一般剥削阶级代表人物的周朴园对被侮辱、被损害者的"小人物"的践踏和压迫，是鲁侍萍一生命运的悲剧。在这种结构方式中，繁漪、大海两个人物最多只能以背景人物出现在舞台上，远不会得到现在这样的重要地位。

二、以周朴园和鲁大海的阶级矛盾和阶级斗争为主要情节线。这样，剧本的主要结构方式就要从周朴园对工人的压榨剥削、工人阶级的痛苦生活写起，以鲁大海领导工人罢工及其最终失败为主要内容。这一情节线展开的是作为资产阶级的代表人物周朴园对工人阶级的鲁大海等工人群众的剥削、压榨和镇压，是工人阶级的觉醒、反抗和斗争。全剧则是一出反映劳资斗争的社会剧。在这种结构方式中，繁漪、侍萍、四凤都将退居于更次要的地位。周萍的思想面貌也要发生很大的变化。

很显然，以上两种结构方式，都没有可能突出表现出周朴园封建性的一面。那么，第三种，也就是现有的结构方式的内在意义也就非常明确了，它有效地揭示了周朴园这个资本家在伦理道德观念上的封建性特征。对于作者采用血缘关系的密网络系剧中人物的方法，曾有很多人感到不很理解，认为它削弱了作品的思想性。岂不知正是因为作者采用了这种独特的处理方法，才把一般的社会矛盾（周朴园与鲁侍萍的矛盾）、资产阶级与工人阶级的矛盾（周朴园与鲁大海的矛盾）全部网罗进了以周朴园的家庭为主要阵地展开的封建伦理道德与反封建伦理道德的思想斗争中来了。而家庭正是中国传统封建道德影响最深刻、统治最严密的领域，是这种道德的藏污纳垢之地。不论作者当时是否意识到，但当他一旦把自己的聚光镜集中到了这一点上，《雷雨》的主要矛盾冲突就确定不移了。其他的矛盾只能从属于这种矛盾，服从于这种矛盾，剧中的人物也要被放在这种中心矛盾中去塑造、衡量和评判。

二

假若脱离开《雷雨》的反封建伦理道德的中心矛盾冲突，脱离开周朴园这个反面艺术形象，蘩漪简直是一个十恶不赦的无耻女人。她践行了世界上最令人作呕的丑恶罪行，与自己的儿子（虽然是名义上的）通奸犯科；她厚颜无耻，丧尽了任何羞耻心，恬不知耻地死缠住周萍不放；她有着那些恶毒的女人所能有的最强烈的嫉妒心，为了保住周萍的爱情而不惜千方百计支走自己的情敌——四凤，不惜冒着倾盆大雨跟踪监视周萍，并且反关上窗户把周萍置于危险的境地；她是蔑视劳动人民的资本家太太、极端的个人主义者、庸俗的爱情至上主义者，是一个连自己的亲生儿子也不顾及的无情女人……总之，在她身上，体现着人类所能有的最恶劣的情欲。但是，却正是这个人物，深深地震撼了人们的心，她像一个魔鬼一样抓住读者和观众，猛烈地搅动你平静的心，用死力拽出你内心深处似乎不情愿交出的同情心。甚至连那些素以德性坚定而自满自足、见到蘩漪这类女人会下意识地马上用手捂住眼睛的人，也会由于抑压不住的好奇心而从指缝间偷偷瞧她一眼。

这是为什么呢？

恩格斯在肯定了黑格尔所说的"恶是历史发展的动力借以表现出来的形式"这一命题之后，接着解释说："这里有双重的意思，一方面，每一种新的进步都必然表现为对某一神圣事物的亵渎，表现为对陈旧的、日渐衰亡的、但为习惯所崇奉的秩序的叛逆；另一方面，自从阶级对立产生以来，正是人的恶劣的情欲——贪欲和权势欲成了历史发展的杠杆，关于这方面，例如封建制度的和资产阶级的历史就是一个独一无二的持续不断的证明。"[1]恩格斯所说的这双重意义，对于蘩漪都是适用的。作者正是在全剧的中心冲突中，在她的行为与周朴园所施加的封建窒息力量的关联中，在她的反叛对周朴园所维护的封建家长制"正常"

---

[1] 恩格斯：《路德维希·费尔巴哈与德国古典哲学的终结》，载《马克思恩格斯选集》第4卷，人民出版社，1972，第233页。

《雷雨》的典型意义和人物塑造

伦理秩序的威慑力量中，才使读者在她的"不正常"的行为中看到了带有必然性的正常的一面，看到了她值得怜悯和同情乃至应当支持和引导的东西。在繁漪身上，善恶因素是如此复杂地交织在一起，以致我们难以把它们截然分开。几乎她的每一个行动、每一句台词，都既非绝对的恶，又非绝对的善。我认为，这种善恶因素的复杂交织，就是繁漪性格的第一个特征。

繁漪善恶因素的复杂交织，是通过她的第二个主要特征即软弱性与执拗热烈的结合具体体现出来的。

按照曹禺后来的设想，她受的是旧式的家庭教育，也接受了"五四"以来的新思想的影响[①]。但她为什么竟肯屈服于父母之命而嫁给自己并不爱的周朴园呢？是由于她的软弱；她为什么长期甘愿幽囚在令人窒息的周公馆里而不敢毅然冲破周朴园的禁锢，到广大的人世间寻求自己的爱之所在呢？也是由于她的软弱。繁漪"有她的纤弱的一面。只要有周萍的爱，这'闷死人'的屋子也会使她留恋，她会安于虚伪和欺骗的不自然的关系里"[②]。可以说，繁漪原来要求个性解放、争取自由的愿望并不是异常强烈的，假若她能在周朴园身上得到哪怕像易卜生的《玩偶之家》中托伐·海尔茂对娜拉的那么一丁点儿情爱，尽管这种情爱实际是虚伪的、不平等的，甚或假若周朴园对她少施加些封建性的束缚和禁锢，恐怕她素性软弱的心灵中也不会迸发出如此强烈的愤怒火花。但是，中国封建的伦理道德对妇女的禁锢是如此的严密，体现着这种道德的周朴园对她的精神压迫也便是不会有任何止境的了。她软弱到什么程度，他就会压迫到什么程度，甚至她要下楼来，也要受到谴责了，她是否需要吃药，也要听从于周朴园的命令了。这种压迫像一个用沉重的力按下来的活塞一样，总是要把原来稀薄疏散的空气压缩到最小体积的。在这时，软弱势必会转化为执拗，文静也势必转化为热烈。但是，当繁漪已经蓄足了反抗的力，再也难耐周公馆窒息人的气息的时候，她已经被密闭在了周公馆这个狭小的容器中了。在这里只有一个周萍，是她唯

[①] 参见《曹禺谈〈雷雨〉》，《人民戏剧》1979年第3期。
[②] 周扬：《论〈雷雨〉和〈日出〉》，《光明》第2卷第8期，1937年。

一可以托付爱情与命运的对象，她也便必然地践行了与自己名义上的儿子私通的"丑行"。而这种"丑行"，恰恰是封建伦理道德观念的压迫的沉重性造成的，是周朴园实行最严酷的封建统治的结果。假若说这是"丑恶"的话，这实际是封建伦理道德最易导致的"丑恶"，而对于蘩漪，则是她向这种道德、向周朴园维护的封建秩序的第一次严重挑战，是具有进步意义的一种行动。

在这里，我们描述一下周朴园这个反面人物的第二个主要特征。在剧中，他体现着中国传统的伦理道德观念，同时也具备着这种道德的固有特性：虚伪性和残酷性。他表面道貌岸然，却隐瞒着自己所犯下的最可怕的罪行；他一副道德面孔，却实行着政治、经济和精神上的最惨无人道的统治。周朴园的这一性格特征和全剧的反对封建伦理道德的中心矛盾冲突，必然形成这样一种情势：在剧中，谁能不但在言词上而且在行动上彻底破坏周朴园维持着的"正常"封建伦理道德关系，谁能最坚决、最尖锐地公开抓破周朴园在伦理道德上的虚伪面皮，谁能无情地挞伐封建伦理道德的合理性和合法性，谁就会最强烈地吸引住读者和观众的注意力，谁也就会获得他们在感情上的呼应。在《雷雨》中，这个人物是谁呢？是蘩漪！作者认为她是"最雷雨"的性格："她有火炽的热情，一颗强悍的心，她敢冲破一切的桎梏，做一次困兽的斗。"[1]表面看来，她在全剧中一直在追求的是爱情，但这种追求本身，就是对周朴园封建夫权的直接挑战，就是埋在周公馆下面的十万两无烟火药，就是对封建伦理道德的最果决的叛逆。在剧中，她第一个向读者、观众和周萍宣布并控诉了周公馆的罪恶，第一个公开声称自己不是周朴园的妻子，表示了对现行封建伦理关系的无视。在剧中，她是为封建伦理道德、为周朴园下的一副毒性剂。我认为，这就是为什么她能得到读者和观众的强烈关注的根本原因，也是作者成功地塑造了这一人物形象的根本原因。她带着她本阶级的许多局限性，她有着很多不可避免的弱点，但在她对封建伦理道德所做的大胆叛逆面前，在她于剧本中心矛盾中所起的

---

[1] 曹禺：《〈雷雨〉序》，载《雷雨》，文化生活出版社，1936。

《雷雨》的典型意义和人物塑造

巨大作用面前,都退居到了次要的地位。

关于周萍,作者说:"他的行为不会获得一般观众的同情的,而性格又是很复杂的……演他的人要设法替他找同情。"①这是为什么呢?我认为,他在剧中是一个犹疑徘徊在蘩漪与周朴园这对立的两极之间的中介线上的人,他再向前跨出一步,哪怕是极其微小的一步,都会使他成为周朴园思想领地的人。他自始至终被各种矛盾关系牵制着,他犹豫,迟疑,随时准备跨出这关键的一步,他已经抬起腿来,把腿伸了过去,但临终又缩回来,停在了中介线的这一侧。因为他处于中介线上,所以他不易获得人们的同情;因为他被各种矛盾关系所牵掣,所以他性格中充满了矛盾,是复杂的。但他到底没有跨过这关键性的一步,所以演他的人还要"设法替他找同情"。他的第一个也是最基本的一个性格特征便是这种复杂的矛盾性和向对立面过渡的趋向性。由此派生的第二个主要特征便是软弱性和动摇性。假若说蘩漪的软弱属于过去,那么他的软弱代表现在;假若说蘩漪现在的软弱主要属于她的阶级,那么他的软弱既属于他的阶级,也属于他的个人;假若说蘩漪的软弱里包着一个岩样的硬核,那么他的软弱简直只是一摊烂泥,一把抓去,连点扎手的东西也没有,只是到了剧终,人们才感到里面多少有一点类似胶状物的东西。而对他的理解,关键又在于如何看待他对蘩漪和四凤的爱情纠葛。

很多同志都倾向于笼统地否定周萍对蘩漪和四凤的爱情,很可能作者现在也改持了这种观点。我认为这将导致对全剧理解的紊乱。在原剧中,作者异常明确地告诉我们,周萍对蘩漪的爱伴随着的是对封建伦理道德观念的反抗,是对周朴园的憎恨;而对蘩漪的离弃,伴随着的则是对封建伦理道德的妥协和对周朴园的屈服:

蘩:你忘记了在这屋子里,半夜,你说的话么?你说你恨你的父亲,你说过,你愿他死,就是犯了灭伦的罪也干。

萍:你忘了,那是我年轻,我一时冲动,说出来这样糊涂的话。

萍:你没有权利说这种话,你是冲弟弟的母亲。

---

① 曹禺:《〈雷雨〉序》,载《雷雨》,文化生活出版社,1936。

蘩：我不是！我不是！自从我把我的性命，名誉，交给你，我什么都不顾了。我不是他的母亲，不是，不是，我也不是周朴园的妻子。

萍：（冷冷地）如果你以为你不是父亲的妻子，我自己还承认我是我父亲的儿子。

蘩：（不曾想到他会说这一句话，呆了一下）哦，你是你父亲的儿子。——这些日子，你特别不来看我，是怕你的父亲？

萍：也可以说是怕他，才这样的吧。

蘩：你这一次到矿上去，也是学着你父亲的英雄的榜样，把一个真正明白你，爱你的人丢开不管么？

萍：这样解释也未尝不可。

蘩：（冷冷地）这么说，你到底是你父亲的儿子。（笑）父亲的儿子！（忽然冷静地）哼，都是些没有用，胆小怕事，不值得人为他牺牲的东西！我恨我早没有知道你！①

这段台词很清晰地使我们看到，周萍和蘩漪的结合，绝不仅仅是一种性关系的结合，也不仅仅是纯爱情的结合，同时还是一种思想的结合。当初的周萍，不是现在这种犹疑动摇的周萍，他曾无视于周公馆的封建伦理关系，无视周朴园的封建家长制的威严，所以当现在他声称自己是"父亲的儿子"的时候，连蘩漪也是没有料到的。周萍对蘩漪的离弃，我们可以为之找到种种借口，例如年龄的差距、四凤的吸引、感情的易变等等，但其根本原因却是他有慑于社会的强大封建力量，受到这种思想的严重浸染，失去了抗争的勇气，开始向周朴园及其代表的封建秩序投降了。后来，他还曾对鲁大海说："那时我太糊涂，以后我越过越怕，越恨，越厌恶。我恨这种不自然的关系，你懂吗？我要离开她……"（《雷雨》第四幕）他分明是由于怕，由于"恨这种不自然的关系"，才抛弃了对蘩漪的爱，他离开了蘩漪，向周朴园的一侧走去。

---

① 《雷雨》第二幕。引自1954年人民文学出版社版《曹禺剧本选》，该版本除一些文字的变动，基本保留了原来的思想面貌，以下对剧本的引文皆依这个版本。

《雷雨》的典型意义和人物塑造

但是，他的退却暂时还不表现为变成周朴园式的封建秩序和封建道德的自觉维护者，他只是不再想亲自与它对立并破坏它。而对四凤的爱情，就是企图在蘩漪和周朴园之间找一个中立点或曰避风港憩息下来。对一个"下等人"女儿的爱，也是与封建的联姻制有所抵牾的，但到底没有直接破坏封建人伦关系那样的尖锐性质。我们也不能否认他对四凤爱情的诚心，否则我们便无法理解他最后的自杀。可牵动人心弦的是他的出走。他的软弱、他的向周朴园的屈服，使他不敢公开争取自己与四凤的爱情结合，而现在的出走，则随时使人感到四凤有重蹈鲁侍萍覆辙的可能。四凤要求把她带走，他怎么敢呢？他抬起腿来，时刻有迈出这关键性一步的可能，迈出这一步，我们便会在台上看到第二个周朴园。但由于情势的变化，他终于收回了自己的腿，并准备带走四凤，而这时，他也就走到了自己生命的尽头。

周萍是站在中介线上的人物，所以对我们分析评判《雷雨》及其人物的标准十分敏感。在对《雷雨》的分析中，我们离不开两个标准：一、政治立场的标准，二、阶级的伦理道德的标准。依照第一种标准，周朴园是资产阶级，剧中也就仅存在着资产阶级和工人阶级及普通劳动群众的两种立场，不但周萍将被划入反动派的一边，蘩漪也不能予以肯定。依照第二种标准，则剧中出现了三种意识形态，一是周朴园为代表的封建伦理道德，二是以蘩漪为代表的资产阶级个性解放者的伦理道德，三是以鲁大海、鲁侍萍为代表的劳动群众的伦理道德。我认为，在《雷雨》这样一个以反封建思想为中心矛盾冲突的剧本中，应当以阶级的伦理道德标准为基本的标准，也就是说，只有属于封建伦理道德的自觉维护者的周朴园才完全属于反面的典型形象，而第二、三类人物都不应当予以简单的否定，当然，在第二、三类人物的评价中，我们还要参照政治立场的标准，但作为人物在剧中可能起到的作用（并非对人物的具体评价），仍然要取决于他在反封建思想斗争中的立场和地位。所以，这个基本标准是贯穿始终的。模糊了这个基本标准，我们在评价剧中人物时就将陷入混乱，而周萍则将是我们笔下的第一个牺牲品。很显然，曹禺在创作《雷雨》的当时，激动着他的心的也主要是封建伦理道德对人们的桎梏作用和扼杀作用，这就是为什么吃药的场面会首先浮现在他脑际的主要原因。我认为,正是曹禺这种观照现实的审美态度,使他在与周朴园所体现的封建伦理道德观念的关系变化中塑造和把握周萍这个人物,具体地描绘他,表现他,把他塑造成了一个虽然复杂而仍然有血有肉的鲜明人物形象。这个人物充分体现了那些剥削阶级家庭出身的青年在反封建思想斗争中的软弱性,显示了他们时刻有向封建思想投降的发展趋向性。

鲁侍萍是一个被侮辱与被损害的劳动妇女形象。她的存在,对封建制度的残酷性是一个证明,对封建伦理道德的虚伪性是一个揭露,对周公馆的正常封建秩序是一个威胁,对周朴园是一个严峻的抗议。整个剧中的暴风雨,有赖于她的出现而酝酿成熟;整个剧本的悲剧结局,有赖于她的出现而得以完成。周朴园一得知面前站的是她,便立即露出了惶恐的神色,为了使她永不返回周公馆,他不惜做出任何牺牲。这就是这个人物在剧中主要矛盾冲突中起到的主要作用。但这种作用,是鲁侍萍一生命运的客观事实本身蕴蓄的,而不是她主观追求的目的。作为鲁侍萍这个人物,在舞台的现实斗争中并没有与周朴园体现的封建伦理道德观念进行有目的的斗争。她恨周朴园,但仍夹杂着淡淡的留恋;她抗议自己不幸的命运,但也流露着宿命论的观念。更重要的是,她并没有意识到封建制度和封建伦理道德是她一生悲惨命运的根本原因。甚至在得知四凤和周萍的爱情关系之后,她还认为是自己的过错。

> 鲁:(低声)啊,天知道谁犯了罪,谁造的这种孽! ——他们都是可怜的孩子,不知道自己做的是什么。天哪,如果要罚,也罚在我一个人身上;我一个人有罪,我先走错了一步。……
>
> (《雷雨》第四幕)

也正是由于她无法了解自己命运的根本原因,所以她不敢主动揭破自己与周朴园、自己与周萍、周萍与四凤的关系,而这也就影响了她对封建制度、封建道德及其体现者周朴园揭露力量的发挥。这也是周朴园希望她做到的。她之后来嫁给鲁贵,也反映了她对命运的忍从,在与鲁贵相处的家庭关系的描写中,她也表现出了委曲求全的软弱性的一面。

《雷雨》的典型意义和人物塑造

所以，她虽然较之繁漪在这种斗争中处于更加有利的地位，但并没有表现出反封建思想的更炽热的感情和更猛烈的冲击力量。作者通过对她的真实描绘，一方面同情地描写了她一生的悲剧命运，另一方面也表现了她的命运观念等思想弱点，概括了那些尚未觉悟的劳动群众的特点。

四凤表面上没有卷入与周朴园的直接斗争。但她的存在却在两个方面关涉到这种斗争：一、她的真挚、纯真的爱情追求，有她没有阶级觉悟的一面，但这种爱情追求本身，与封建主义的禁欲主义和封建联姻制则是不相调和的；二、她的悲剧结局是封建伦理道德吃人的又一证明。

关于周萍和四凤的悲剧结局，我们有时还被一些表面现象所迷惑。例如，有的同志说："作者在这个社会悲剧中加上了许多性爱和血缘的纠结，给人的印象是，要解开这个结几乎是不可能的。繁漪和周萍的不正常关系，周萍和四凤的血缘关系，都尖锐到只有用主人公的毁灭才能得到解决的地步。好像只因为周萍和四凤是同母兄妹，他们才会得到悲剧的结局，这就不仅掩盖了它的社会性质，而且正如思基同志所说：'周萍自杀的结局对观众没有教育意义，损害了作品的思想性和艺术性。'"[①]实际上，不是剧中的血缘关系掩盖了这个悲剧的社会意义，而是人们没有看到这种血缘关系形成的社会原因。任何成功的近亲恋爱的悲剧都是特定社会的反映。在古希腊，这类悲剧是家庭制形成初期原始杂婚制残余的产物；在资本主义社会，这类悲剧是资产阶级荒淫无耻行为的结果。同样，在《雷雨》中，四凤和周萍的恋爱悲剧是周朴园对鲁侍萍始乱终弃罪恶行为造成的，是封建联姻制的产物。不消灭封建联姻制，不消灭周朴园这类的罪恶行径，这个"结"确实是解不开的，作者硬要给它解开，就等于原宥了周朴园，原宥了封建制；消灭了产生它的社会根源，这个"结"也就系不上，也就不存在解不解的问题。在这里，周萍和四凤的个人，几乎是没有任何主动权的。

周冲没有直接卷入剧中的主要矛盾冲突，他也没有这种能力。不论对周朴园，还是对繁漪、周萍和四凤，他都没有发生实际的推动力。他只以自己的美丽的幻想与周朴园代表的丑恶社会和丑恶思想对立着。他

[①] 刘正强：《曹禺的世界观和创作》，《处女地》1958年第6期。

的死亡象征着不切实际的幻想在铁的现实打击下的必然破灭。

以上所说的一群，是自觉不自觉与封建思想对立过或对立着的一群。其中有两个营垒：一、以繁漪为代表的资产阶级个性解放的一翼。他们的目标是狭小的，但行动是自觉的；他们的本质是软弱的，但挣扎是猛烈的；在政治立场上，他们不属于先进阶级，但在思想斗争中，他们在剧中的特定情况下是进步的、正义的。二、以鲁侍萍为代表的被侮辱与被损害的劳动群众的一翼。他们受到的实际残害是沉重的，但对封建思想的本质认识缺乏自觉性；他们自身蕴蓄的实际力量是巨大的，但在思想斗争中还没有得到充分的发挥。周萍就其过去属于前者，四凤部分地属于前者（对爱情的真诚追求），部分地属于后者（在经济地位和思想觉悟上）；周冲不属于任何一翼，但又可属于任何一翼，因为社会实践还没有在他身上打下比较明确的阶级烙印。由该剧反封建思想斗争的基本性质所决定，前一翼在剧中居于更显要的地位。但所有这一群都因其各自不同的弱点而带有软弱性的共同特征，由此决定了全剧的悲剧结局。

表面上，鲁贵与全剧的思想斗争毫无关联，他没有介入于全剧的中心矛盾冲突。但他的不介入正是介入的一种特殊方式。在迄今为止所有以阶级对立为特征的社会中，都会从社会不同阶级的身上排泄出一些社会的渣滓。他们没有持操，不相信任何道德准则；他们会当面恭奉任何强权者，但背后又会诅咒他们；他们专门注视着社会的丑恶，但并不是为着消灭它们，而是借以为自己的卑劣行为辩护；他们没有任何社会理想，一生只追逐着蝇头小利，并为此不惜出卖任何人，包括自己的妻子儿女；他们欺软怕硬，厚颜无耻，卑琐庸俗，保守守旧……鲁贵就是这常被称为"小市民"阶层的一个。严格讲来，他不属于任何阶级，他也并不自觉地维护任何阶级的利益，但又以其自己的卑劣和庸俗而成为所有邪恶势力的社会支柱。就其社会效能而言，他在剧中对周朴园是一个无形的支持。有的同志认为，他"本质上是好的"，"是一个应该同情的人物"。[①]这是不对的。他理应受到作者的鄙夷，我们也应当向他脸上吐痰唾。

---

① 吴仞之：《写在〈雷雨〉演出之前》，《解放日报》1959年8月19日。

《雷雨》的典型意义和人物塑造

上述所有的人物，不论在剧中的地位和作用如何，不论其思想和性格有多大差异，但有一点是共同的，即我们对他们的感情态度和理性要求之间没有多么大的差距，我们再也不感到他们缺乏太多的东西。但对于鲁大海这个人物，新中国成立后有很多同志感到不满足：全剧中唯一一个工人阶级的人物，难道应当是这样的吗？他应当高大得多！1951年开明版的《曹禺选集》中，作者在鲁大海的台词中加入了很多政治术语，力图使鲁大海的形象高大起来，结果却是适得其反，既失去了历史的真实，也严重破坏了这个人物形象的鲜明性和完整性。其内在原因何在呢？我认为，作者本人对鲁大海这个人物的真实社会内涵还没有更自觉、更明确的认识，一些读者、观众乃至评论家对鲁大海提出的一些理性要求，也是违背这个人物所应具有的社会典型意义的。

我认为，鲁大海性格的核心恰恰在于他的不可避免的矛盾性，他是政治立场的鲜明性和思想斗争立场的不明确性的矛盾统一体。他的真实生命在此，他的社会典型意义也在此。在《雷雨》所设置的斗争环境和中心矛盾冲突中，鲁大海这类的工人暂时还不可能以叱咤风云的英雄人物的面目出现，这是由鲁大海自身的条件决定了的，也是由中国历史客观发展规律及其特点规定了的。

在中国现代史上，中国工人阶级遇到了较之西欧工人阶级更加复杂的历史情况，尤其是在社会伦理道德观念斗争的领域里。当西欧工人阶级登上社会政治历史舞台时，西欧资产阶级已经基本为它扫清了封建主义思想的垃圾，它所面临的是单一的批判资产阶级思想的任务。在漫长的资本主义历史发展中，西欧工人阶级不但在力量上壮大了，而且受到了长期资产阶级思想的启蒙教育，接受了一切可以接受的资产阶级反封建主义的思想成果，提高了政治、思想和文化的修养。也就是说，在社会伦理观念的斗争中，西欧工人阶级面临的任务是单一的，而自身的素养则是充足的。但中国工人阶级所面临的思想斗争任务要复杂得多，而自身的素养则薄弱得多。在思想影响上，中国几千年的封建统治者一直遵循着儒家"以道德治国"的路线，用一整套严密的封建伦理道德观念禁锢人心，在整个社会上有着根深蒂固的思想影响。中国没有发生过彻底的资产阶级政治革命，更没有广泛持久的资产阶级思想启蒙运动，中国工人阶级一开始便面临着与封建主义意识形态和资产阶级意识形态的双重矛盾。作为政治经济上中国工人阶级直接对立面的资产阶级，不但在有形的政治斗争中具有双重性的特征（对这一特征我们是经历了一系列痛苦历程才较为明确地认识到了），而且在思想斗争中也具有其双重性（这个无形领域里的特征不但处于自发阶段的中国工人阶级很难敏锐地把握住，而且在政治上进入自觉阶段以后也要有一个由不认识到认识、由不自觉到自觉的漫长而又痛苦的认识过程）。与此同时，中国工人阶级刚刚从受封建思想桎梏较浓厚的农民阶级中脱胎出来，他们虽然在政治经济上备受压迫而具有强烈的政治革命要求，但在思想斗争的领域里，其准备条件是较为薄弱的。在这里，不但需要热情，需要勇气，需要牺牲精神，同时还需要理论修养、历史知识和对中国几千年封建传统的明敏认识。曹禺就是不自觉地把自发斗争的工人鲁大海领到这样一个复杂的领域之中来了。

假若我们不是从主观愿望，而是从具体的人物形象出发，我们便可清晰地看到，鲁大海身上也正体现着中国工人阶级素有的优点和弱点的两个方面。他在周朴园的矿上受到残酷的剥削和压榨，领导工人罢工，斗争是坚决的，阶级立场是明朗的。但是，当他一介入周公馆内进行的这场个性解放的思想斗争，他的弱点的一面就暴露出来了。作为一个象征意义的细节，我们可以举出他的那把手枪。很显然，作者为了暗示他即将走上武装斗争的道路，设置了这把手枪，但它在整个的舞台上，却并没有起到任何实际作用，只是吓唬了一下鲁贵。因为在《雷雨》所展开的这场斗争中，手枪是无用武之地的。相反，鲁大海一侧身于这场斗争，他与任何人，甚至与自己的母亲、妹妹都是隔膜的。这种隔膜，一方面由于他不熟悉这种环境，但更重要的，反映了他缺乏对各种思想表现的分辨能力，而且他自己身上也还潜在着许多属于封建思想性质的因素。他对繁漪、周萍的态度，原因还可说是复杂的，我们难以硬性进行分析，可对周冲的简单拒斥态度，却分明留有封建血统论的思想观念。像周冲这样一个不更事的孩子，即使没有公开表示对罢工工人的同情，也是不应与成人一样对待的，阶级的烙印还不可能鲜明地打在他的身上。鲁大海之所以对他表现出简单粗暴的态度，主要由于他是周朴园家

《雷雨》的典型意义和人物塑造

的人，是资本家的"少爷"。这绝不能认为是无产阶级的阶级观点，而实质是封建血统论，扩大起来，便会成为"地主资本家狗崽子"理论。四凤在爱上周萍之后，心里不但暗暗怕着母亲，也暗暗怕着哥哥，这反射出他们二人都有决定她爱情选择的权力，也反映着他们平时这方面的态度。在原来的剧本中，鲁大海曾对周萍说，他看周朴园还顺眼些，一看到周萍就生气，我觉得，这是颇能说明些问题的……总之，虽然作者并没有自觉地表现他的这一思想侧面，但从人物的自身活动中，从其真实描写上，仍然可以看到他受封建伦理观念影响的蛛丝马迹。由于这些原因，鲁大海在《雷雨》的舞台上是无法以英雄人物的面目出现的，硬要他以这种面目出现，就要损害这一人物形象，违背历史的和细节的真实。周恩来说："有人问：为什么鲁大海不领导工人革命？……让他去说吧，这意见是很可笑的，因为当时工人只有那样的觉悟程度。"[①]《雷雨》对鲁大海这一人物的塑造又一次充分证明：只有真实地反映现实，刻画作者所眼见的真实人物形象，才会具有一定的社会典型意义，尽管这种典型意义是作者当时也可能没有意识到的。假若说鲁大海这个形象还不够很充实、很丰满的话，绝不是因为曹禺没有加给他更高大的英雄面貌，而在于他还没有更深入地把握住这一真实形象的客观内在含义，所以在描写时不够自觉和明确。

三

最后，我们再回到周朴园这个人物身上。

上面我们谈到了他的前两个重要特征：一、政治经济关系中的资本家和伦理道德关系中的封建家长的怪诞结合，二、虚伪性和残酷性的结合。现在我们补叙他的另两个重要特征：三、强固性与虚弱性的结合，四、鲜明的阶级性与内心复杂性的结合。

[①] 周恩来：《对在京的话剧、歌剧、儿童剧作家的讲话》，《文艺研究》1979年第1期。

在剧中，谁是最强固有力的人物呢？是周朴园。不但周萍、周冲、四凤、鲁贵有慑于他的威力，即使繁漪也不得不常常屈服于他的压力，只是在最后，她才更无顾忌地对他的威严显示出公然的反叛。在全剧的结局，周萍、周冲、四凤被严酷的现实和不可解的思想矛盾碾碎了年轻的生命，在初发表时的"序幕"和"尾声"中，繁漪、鲁侍萍患了神经病，鲁大海不知去向，只有周朴园尚健在人世。[①]这实际都说明了封建势力及其伦理道德在当时社会中的强固性。在这种势力面前，以繁漪为代表的软弱的资产阶级个性解放势力，都难免被撞得粉碎而走向悲剧的结局。

但是，周朴园的强固有力是相对的、暂时的，而不是绝对的、永久的。他还有其虚弱性的一面。他的怀念鲁侍萍，因素是复杂的，但其中一个重要的方面是他已深深感到了自己的孤独、寂寞和冷落，是他内心极度虚弱的表现。在雷雨之夜与周冲的一段对话，更充分地显示了他内心的空虚和软弱。虽然他暂时维持着自己在周公馆的家长制统治地位，但在周围人对他的无言的沉默中，他感受到了日益强烈的心的反抗，鲁侍萍的出现，更加深了他的危机感。我认为，正是在周朴园的这种内心虚弱感的真实表现里，在繁漪等人的无望的挣扎反抗中，在鲁大海等工人的罢工斗争的存在中，潜行着《雷雨》的一股昂扬的乐观主义情调。它使我们感到，虽然当时封建思想势力暂时还相当强大，但已是一种渐趋没落腐朽的思想，必将逐渐衰亡下去。

读者和观众都能清楚地看到，周朴园的阶级性特征是异常鲜明的，但他又绝不是这种阶级特征的具象化。作者对这个人物塑造的独特之处在于，他在周朴园的现在的表现里糅进了他一生经历的全部可能存留的因素，从而显示着他的全部复杂性。

要认识周朴园的复杂性，我们必须正确看待他以往的经历和现在的表现。

绝大多数评论家都否认周朴园昔日对鲁侍萍爱情的合理性。我认为欠妥。人的阶级性，不是一生下来就具有的，而是在阶级的实践中逐渐

[①] 参见曹禺：《雷雨四幕剧》，《文学季刊》1934年第3期。

《雷雨》的典型意义和人物塑造

产生和加固的。周朴园出身于封建家庭，但又在外国留过学，也曾接受过一些外国思潮的影响。他在斥责周冲时说："你知道社会是什么？你读过几本关于社会经济的书？我记得我在德国念书的时候，对于这方面，我自命比你这种半瓶醋的社会思想要彻底的多！"（《雷雨》第一幕）说明他当时还不是封建阶级的孝子。他对鲁侍萍的爱，和现在周萍对四凤的爱一样，完全可能是真诚的。这种爱本身不应受到谴责，因为它既有导致现在这种后果的可能性，也有可能导致他背叛本阶级的可能性，这在现实中与文学作品中都是有先例的。但他不敢向封建家长公然争取自己的爱的权利，在阶级与爱情的最后抉择中，他回到了本阶级的立场上，依照封建联姻制结了婚，并为个人的阶级利益迫使鲁侍萍投水自尽。这时，只有这时，他过去的真诚的爱才导致了罪恶的后果。此后的阶级实践加固了他的阶级性特征，但过去的经历也不可能消失得无影无踪，而是以浸透着阶级性的转化形态保留在现在的思想感情中。当已不存在阶级与爱情的对立的抉择时，在这日暮之年的孤独寂寞中，尤其是当他再也没有得到过鲁侍萍曾给予他的爱情和温暖的情况下，他也就自然地产生对鲁侍萍的怀念。在这怀念里，有他自身的虚弱感觉，有他对自己所犯罪行的本能的恐惧，有自欺欺人的赎罪心理，有他对昔日幸福的留恋，也有对鲁侍萍的一丝"真诚的"怀念。因为这时的怀念已没有与他的阶级利益的直接对立性质，所以这种怀念也就与他的阶级性并不矛盾。当真的鲁侍萍又出现在他面前时，他再一次面临着阶级与爱情的对立抉择，他也就很自然地表现出了自己的阶级立场，这也就把他平时的一切怀念之情的虚伪性和欺骗性全部暴露了出来，虽然这是他自己在过去也未曾意识到的。周朴园就是这么一个鲜明地体现着阶级性的人，同时又是一个这么复杂的人。他的阶级性没有影响他的复杂性，他的复杂性也没有消去他的阶级性。作者在他一生的经历中把握他的现在，在他的全部复杂性中把握他的阶级性，从而使他成为一个成功的反面人物形象。

总之，我认为《雷雨》的杰出典型意义在于，它是稍后于《呐喊》《彷徨》的一个历史时期中国城市中进行的反封建伦理道德观念的思想斗争的一面镜子。封建思想依附在其他阶级的剥削者身上继续施展自己窒息人心的社会职能，它的暂时强大，它的日渐虚弱；觉醒的青年男女的挣扎反抗，他们的个性要求，他们的暂时弱小，他们的执着或动摇；劳动群众被吃的悲剧，他们的痛苦，他们的怨恨，他们身上的无形思想枷锁；工人阶级政治上的反抗，他们对中国思想斗争的暂时隔膜和不理解……这一切，在《雷雨》中都或多或少、或直接或间接、或自觉或不自觉地被反映了出来。

原载《文学评论丛刊》第23辑，现代文学专号，1985年2月